© Marise Charron et Les Publications Modus Vivendi inc., 2012

**LES PUBLICATIONS MODUS VIVENDI INC.**
55, rue Jean-Talon Ouest, 2e étage
Montréal (Québec) H2R 2W8
CANADA

www.groupemodus.com

Éditeur : Marc Alain
Éditrice déléguée : Isabelle Jodoin
Designers graphiques : Émilie Houle et Catherine Houle
Photographe : André Noël
Autres sources pour les photos : page 11 © Ambientideas | Dreamstime.com,
page 14 © Melissa Raimondi | Dreamstime.com, page 16 © Omar Algenii | Dreamstime.com,
page 18 © Alekss | Dreamstime.com, page 20 © Alexis Bélec | Dreamstime.com,
page 23 © Elena Elisseeva | Dreamstime.com, page 24 © Danieltaeger | Dreamstime.com,
page 25 © Franziska Krause | Dreamstime.com, page 27 © Kati Molin | Dreamstime.com,
page 29 © Manaemedia | Dreamstime.com, page 31 © Torsten Schon | Dreamstime.com,
page 34 © Pixs4u | Dreamstime.com, page 37 © Nikola Bilic | Dreamstime.com,
page 39 © Svetlana Kolpakova | Dreamstime.com
Styliste culinaire : Gabrielle Dalessandro
Collaboration au stylisme : Nolwenn Gouezel
Réviseure : Germaine Adolphe
Correctrices : Flavie Léger-Roy et Catherine Leblanc-Fredette

ISBN 978-2-89523-676-4

Dépôt légal – Bibliothèque et Archives nationales du Québec, 2012
Dépôt légal – Bibliothèque et Archives Canada, 2012

Tous droits réservés. Aucune section de cet ouvrage ne peut être reproduite, mémorisée dans un système central ou transmise de quelque manière que ce soit ou par quelque procédé, électronique, mécanique, de photocopie, d'enregistrement ou autre, sans la permission écrite de l'éditeur.

Nous reconnaissons l'aide financière du gouvernement du Canada par l'entremise du Fonds du livre du Canada pour nos activités d'édition.

Gouvernement du Québec – Programme de crédit d'impôt pour l'édition de livres – Gestion SODEC

**Imprimé au Canada en juin 2012**

**Plus de 80 recettes de vos plats favoris en version santé**

Marise Charron, nutritionniste-diététiste (Dt.P.)

Mélissa Pépin, chef

MODUS VIVENDI

# TABLE DES MATIÈRES

**Introduction** .......................................................................7

**Section 1 : Les bases de la nutrition... en quelques bouchées !**
Alimentation intuitive ..............................................................10
Signaux de faim et de satiété ......................................................12
Cinq sens .........................................................................14
Lecture des étiquettes .............................................................15
Repas pris à l'extérieur ...........................................................17
Saine gestion de son poids .........................................................18
Portions visuelles d'aliments ......................................................20
Eau ...............................................................................22
Diminution du sel ..................................................................24
Salière sans sel ...................................................................25
Réduction du sucre .................................................................26
Choix de bons gras .................................................................28
Importance du petit-déjeuner .......................................................30
Protéines .........................................................................32
Collations ou repas protéinés ......................................................33
Assiette Harmonie Santé ............................................................34
Fibres au menu .....................................................................36
Légumes au menu ....................................................................38

**Section 2 : Les recettes de fast food santé... à savourer lentement !**
Boissons ..........................................................................42
Petits-déjeuners ou collations ....................................................52
Mets principaux ....................................................................66
Desserts ou collations ............................................................148

**Section 3 : Soyez votre propre chef... rapido presto !**
Repas crusinés ...................................................................176
Verrines .........................................................................178
Salades-repas ....................................................................180
Soupes-repas .....................................................................182
Sandwichs ........................................................................184
Pâtes ............................................................................186
Pizzas express ...................................................................188
Plats sautés .....................................................................190
Plats de légumes grillés .........................................................192
Smoothies aux fruits et aux légumes ..............................................194
Desserts santé ...................................................................196

**À propos de l'auteure** ...........................................................199
**Remerciements** ..................................................................200
**Bibliographie, sites et références** .............................................202
**Glossaire Québec-France** ........................................................204
**Index général (ingrédients et autres)** ..........................................206
**Index visuel des recettes** ......................................................211

# INTRODUCTION

Manger devrait être une activité simple et naturelle de tous les jours. Cependant, la vie accélérée et bien remplie des temps modernes nous empêche souvent de bien nous nourrir et nous amène parfois vers la malbouffe. Il faut également admettre qu'il y a quelque chose de réconfortant dans le *fast food*. Comment alors concilier *fast food* et santé?

Lorsqu'on m'a mandatée pour écrire un livre sur le *fast food* santé, j'ai voulu offrir des informations accessibles en un coup d'œil, afin que le virage santé se fasse dans la simplicité et dans le plaisir.

Cet ouvrage vous offre donc les versions santé de vos plats *fast food* favoris. Il vous permettra de manger de façon simple et nutritive en cuisinant des recettes rapides.

**LA PREMIÈRE PARTIE** traite de divers sujets en nutrition de manière concise. De l'alimentation intuitive à la lecture des étiquettes, vous y retrouverez une foule d'informations faciles à comprendre que vous pourrez mettre en pratique immédiatement.

**LA DEUXIÈME PARTIE** présente les recettes *fast food* les plus en demande, **mais en version santé** : hamburgers, poutines, hot dogs, pizzas, pâtes, chilis, muffins et biscuits (si, si!) à consommer sans culpabilité.

Ces plats contiennent peu d'ingrédients, sont simples à réaliser et possèdent une haute valeur nutritive par rapport aux versions traditionnelles. Mais le plus important, c'est qu'ils sont savoureux – il fallait qu'ils le soient. J'ai donc fait appel à la chef Mélissa Pépin, propriétaire du Gîte au lit de l'Ange à Victoriaville, qui a réussi le pari de façon spectaculaire.

Pour chaque recette, vous pourrez comparer deux tableaux de valeur nutritive : l'un pour la version traditionnelle et l'autre pour la version santé. Préparez-vous à bien des surprises!

**LA TROISIÈME PARTIE** vous encourage à laisser aller votre créativité. Des tableaux d'aliments préétablis vous permettront d'inventer vos propres recettes selon votre inspiration. Eh oui! Vous deviendrez votre propre chef, l'artiste de votre création, en intégrant la quantité et le choix d'aliments que vous voulez. Des milliers de recettes pourront être réalisées avec ces grilles. Faites participer toute la famille et découvrez une multitude de possibilités culinaires.

L'index est imagé afin de rendre le livre encore plus agréable à consulter. En un coup d'œil, vous y verrez toutes les recettes proposées sous forme de photos. Vous n'aurez qu'à choisir celle qui vous inspire le plus selon vos besoins du moment.

Bien qu'il s'agisse de recettes rapides à réaliser, préparez-les avec amour et prenez le temps de les savourer. Elles seront encore meilleures.

Le *fast food* santé… à savourer lentement!

# SECTION I

# LES BASES DE LA NUTRITION...

## en quelques bouchées!

Cette première partie vous offre une foule de renseignements relatifs à la nutrition. Les sujets sont traités individuellement et rédigés en cinq points. Cette façon simple et précise de présenter l'information vise à vous fournir des outils concrets que vous pouvez utiliser immédiatement, afin d'entamer en douceur votre virage santé.

## ALIMENTATION INTUITIVE

Le style de vie d'aujourd'hui ne nous laisse pas suffisamment de temps pour prévoir ce que nous allons manger. Plutôt que de passer de beaux moments autour de la table, nous mangeons souvent en marchant, en travaillant, en lisant ou en regardant la télévision. Bref, nous ne nous concentrons pas sur la qualité de ce que nous mangeons et encore moins sur la quantité.

### Voici 5 suggestions pour une alimentation intuitive :

1. Pour commencer, éliminez ou déprogrammez les vieux schèmes et les conditionnements enregistrés depuis l'enfance, inculqués par la famille, le docteur, la religion, les amis, les profs, la télé, les magazines et même nous, les nutritionnistes. Soyez à l'écoute de votre corps et redécouvrez la sensation légère de la faim.

2. Faites la paix avec la nourriture en vous donnant le droit de manger de tout. Les aliments les plus sains et les plus nutritifs devraient représenter au moins 80 % de votre alimentation. Cela ne vous empêche en rien de manger de temps à autre des aliments d'occasion ou d'exception. Tout aliment a sa place dans une saine alimentation, mais cette place diffère en quantité et en fréquence.

3. Aimez votre corps; c'est la première étape incontournable pour améliorer votre situation. Offrez-vous ce qu'il y a de meilleur. Goûtez et ressentez le bien-être que procure une saine alimentation.

4. Faites de chaque repas une occasion pour relaxer, pour échanger, pour apprécier et savourer lentement chaque bouchée.

5. Mangez quand vous avez faim et arrêtez de manger quand vous n'avez plus faim, même s'il reste de la nourriture dans votre assiette. Encore mieux, arrêtez de manger quelques bouchées avant de n'avoir plus faim. Il faut compter environ 10 minutes après avoir mangé pour que le corps réalise qu'il n'a plus faim. Faites-en le test.

Nous avons beaucoup à apprendre de l'alimentation intuitive. Malheureusement, de nos jours, l'intuition se voit facilement perturbée par l'environnement d'abondance alimentaire dans lequel nous vivons.

Offrons le meilleur à notre corps afin de bien vivre au quotidien. La vie d'aujourd'hui demande un effort de conscience… pour être en santé.

## SIGNAUX DE FAIM ET DE SATIÉTÉ

Le « gargouillement d'estomac » est sans aucun doute le signal de faim le plus connu, mais il y en a d'autres plus subtiles : « p'tit creux », mal de tête, fatigue, étourdissement, malaise général. À l'inverse, le sentiment de satiété, le fait de ne plus avoir faim après avoir mangé un repas ou une collation, est parfois difficile à reconnaître. Beaucoup de personnes ne savent pas quand s'arrêter, grignotent, mangent sans faim et se sentent parfois désagréablement gavées. Pour plusieurs, l'écoute des signaux du corps ne se fait pas de façon naturelle.

Pour favoriser notre santé et notre bien-être, il importe d'être à l'écoute de notre corps.

### Voici les 5 degrés de la faim :
**Avant de manger**

1. Pas faim du tout.
2. Faim à peine perceptible.
3. Faim normale (ex. : petit creux à l'estomac).
4. Faim moyenne.
5. Faim intense ou incontrôlable.

**Essayez de manger lorsque vous ressentez une faim de niveau 2 ou 3.**

### Voici les 5 degrés de la satiété :
**Après avoir mangé**

1. Pas rassasié du tout.
2. Pas tout à fait rassasié ou juste assez rassasié.
3. Agréablement rassasié (après un repas dégusté lentement procurant un plaisir gustatif).
4. Légèrement repu.
5. Désagréablement gavé et même nauséeux.

**Lors d'un repas, visez les niveaux 2 ou 3.**

Sachez toutefois faire la distinction entre une faim physique et une faim émotionnelle.

Lorsque vous savourez un aliment plaisir, prenez de petites bouchées dans une petite assiette avec de petits ustensiles. Vous mangerez plus lentement tout en prolongeant votre plaisir. Cela vous aidera à réduire vos portions sans nuire à votre satisfaction.

## CINQ SENS

Le plaisir de manger de bons aliments doit impliquer tous vos sens : la vue d'un bon plat, son odeur parfumée, son goût sucré ou amer, le croquant des légumes, et même les bruits ambiants.

**Pour apprécier davantage le plaisir de manger, utilisez vos cinq sens :**

1. **La vue :** Elle renseigne sur l'aspect, la forme et la couleur des aliments, ce qui vous permet d'anticiper leur goût et influence votre désir de les manger. Pour agrémenter vos repas, optez pour une belle présentation des aliments dans votre assiette, choisissez un joli napperon ou une nappe colorée et recherchez un environnement agréable, telle une pièce avec vue sur l'extérieur.

2. **L'odorat :** Il est responsable de 80 % de la perception du goût des aliments. En effet, sans le nez, les papilles ont beaucoup de difficulté à différencier les saveurs. Qui n'a pas remarqué qu'avec un nez congestionné, les aliments changent de goût? Prenez donc le temps de respirer durant votre repas et d'en apprécier le parfum.

3. **Le goût :** Il correspond à l'ensemble des sensations gustatives et olfactives. Savourez lentement vos aliments afin de ressentir les cinq saveurs sur votre langue : sucré, salé, acide, amer et umami (acide glutamique).

4. **Le toucher :** Il vous permet d'identifier la texture des aliments (mou, ferme, dur, friable, craquant, collant, onctueux, tendre, coriace).

5. **L'ouïe :** Une musique agréable favorise la détente et permet de mieux apprécier le repas. Cela peut aussi être l'écoute du croquant des noix dans une salade.

Ayez du plaisir à manger en faisant appel à vos cinq sens.

## LECTURE DES ÉTIQUETTES

Le tableau de la valeur nutritive et la liste des ingrédients présentent toutes les informations dont vous avez besoin pour faire des choix éclairés. Toutefois, n'en faites pas une obsession!

**Avant même de sélectionner vos aliments selon leur valeur nutritive, voici quelques bonnes habitudes à adopter lorsque vous faites votre épicerie :**

1. Au supermarché, priorisez les aliments disposés autour des allées; ce sont généralement les aliments de base les moins transformés (légumes, fruits, lait et substituts, viandes et noix en vrac).

2. Privilégiez les produits saisonniers qui sont hautement nutritifs, plus frais et moins coûteux; ils apportent fraîcheur, couleur et variété.

3. Comparez les produits entre eux et optez pour ceux qui ont une liste courte d'ingrédients, peu d'additifs et un tableau de valeur nutritive indiquant un pourcentage élevé en vitamines et minéraux.

### Voici 5 conseils à suivre lors de la lecture des étiquettes alimentaires :

1. Allez au-delà des calories, même si elles sont importantes; il faut voir l'ensemble du tableau.

2. Comparez la portion inscrite sur le tableau de la valeur nutritive avec celle de l'emballage du produit ou avec la portion que vous consommez normalement. Vous serez étonné de constater que le poids de l'aliment correspond parfois au double de la portion indiquée sur le tableau.

3. Comparez la teneur en protéines, en gras saturés, en fibres et en sodium de produits similaires, et ce, pour une même portion.

4. Consultez la colonne de pourcentage de la valeur quotidienne (% VQ) pour savoir si l'aliment contient peu ou beaucoup d'un nutriment (5 % ou moins étant peu et 15 % ou plus étant beaucoup). La valeur quotidienne représente la valeur qu'on devrait consommer durant une journée basée sur une moyenne.

5. Lisez la liste des ingrédients qui apparaissent en ordre décroissant de poids (du plus élevé au plus bas). Si le sucre est en début de liste, cela signifie qu'il est l'ingrédient le plus présent dans le produit.

**Recette actuelle**
**Valeur nutritive**
**Pour 1 verre de sangria**

| Teneur | % valeur quotidienne |
|---|---|
| **Calories** 60 | |
| **Lipides** 0,1 g | 0 % |
| saturés 0 g | |
| oméga-3 0 g | |
| **Cholestérol** 0 mg | 0 % |
| **Sodium** 5 mg | 0 % |
| **Potassium** 160 mg | 5 % |
| **Glucides** 8 g | 3 % |
| fibres 1 g | 4 % |
| sucres 5 g | |
| **Protéines** 1 g | |
| Vitamine A 12 ER | 2 % |
| Vitamine C 36 mg | 60 % |
| Calcium 22 mg | 2 % |
| Fer 0,3 mg | 2 % |
| Phosphore 15,4 mg | 2 % |

## REPAS PRIS À L'EXTÉRIEUR

Parfois, manger à l'extérieur nous fait gagner du temps et nous donne l'occasion de socialiser tout en dégustant d'autres mets cuisinés par des chefs ou des amis. Selon Statistique Canada, près de 25 % des dépenses alimentaires sont dédiées aux restaurants.

**Voici 5 suggestions pour faire de bons choix lorsque vous mangez à l'extérieur :**

1. **Surveillez la grosseur de vos portions :** Les portions servies au restaurant sont généralement plus grosses que celles consommées chez soi. Partagez votre plat avec vos amis ou ramenez les surplus à la maison. Prenez l'habitude d'arrêter de manger dès que votre sensation de faim s'estompe. Surtout, n'attendez pas de vous sentir gavé.

2. **Consommez des aliments non frits :** Recherchez des mets cuits au four, grillés, braisés, pochés ou rôtis, plutôt que des mets frits à la poêle ou dans une friteuse. La friture augmente considérablement la quantité de calories et de matières grasses. Au restaurant, optez pour du poisson, car il contient des gras oméga-3 essentiels à la santé.

3. **Allégez les sauces et les vinaigrettes :** Commandez les sauces à part et utilisez une fourchette, plutôt qu'une cuillère, pour en arroser votre plat. Vous serez ainsi moins porté à exagérer. Pensez à utiliser du jus de citron. Il rehausse agréablement la saveur des mets. Préférez-le aux vinaigrettes légères, souvent fades, qui renferment une foule d'additifs alimentaires non nécessaires à l'organisme.

4. **Posez des questions sur votre commande et personnalisez-la :** Sentez-vous à l'aise de poser des questions au serveur sur ce que l'on vous sert. Spécifiez que vous désirez que les légumes occupent la moitié de l'assiette; vous pourrez les arroser de jus de citron et d'un soupçon de beurre – un délice peu gras à découvrir.

5. **Buvez de l'eau citronnée en alternance avec le vin :** Si vous aimez le vin, alternez entre un verre de vin et un verre d'eau citronnée. Avec le temps, vous apprécierez autant l'eau citronnée que le vin. Prenez l'habitude de boire au moins deux verres d'eau durant votre repas.

Prenez du plaisir à déguster des mets savoureux, remplis de couleurs et de saveurs.

## SAINE GESTION DE SON POIDS

En suivant les conseils présentés dans ce livre, vous favoriserez l'atteinte d'un poids santé. Souvent, des changements simples, maintenus au quotidien, entraînent de grands bénéfices à la fin de l'année.

**Voici 5 suggestions pour mieux gérer votre poids :**

1. **Prenez connaissance des facteurs qui influencent votre poids :** L'environnement, le sel, le sucre et le gras ajoutés aux aliments, le stress, la fatigue, la dépression, la relation avec vos pairs et le sommeil ont tous une influence sur la manière dont vous vous alimentez. En étant conscient de ces facteurs, vous serez plus en mesure de trouver des solutions concrètes, spécifiques et adaptées à vos besoins.

2. **Évitez de vous affamer ou de vous sentir trop gavé :** Lorsqu'on a trop faim, il devient difficile de faire des choix éclairés et on a tendance à surconsommer. Évitez de sauter les repas, espacez-les de quatre à six heures et prenez une collation deux à trois heures après un repas si vous avez trop faim, et pour ne pas arriver affamé au prochain. Favorisez les collations avec fibres ou protéines. Ayez toujours sous la main des aliments nutritifs (légumes, fruits, yogourt, fromage, lait ou boisson de soya, céréales entières). N'ayez pas peur d'avoir un peu faim; cet état aide à prendre conscience de son corps. Si vous avez des rages alimentaires, c'est que vous avez trop attendu ou que vous n'avez pas planifié de collation. Observez-vous!

3. **Utilisez le pèse-personne comme un ami :** Le pèse-personne, s'il est bien utilisé, est un allié de taille, c'est le cas de le dire, qui peut vous aider à perdre des kilos ou à maintenir votre poids. Percevez-le comme un baromètre qui vous indique les fluctuations de votre poids. Se peser une fois par semaine peut suffire pour constater où vous en êtes. Faites le bilan de votre semaine et passez à l'action dans la semaine qui suit. Outre le chiffre indiqué par le pèse-personne, concentrez-vous sur les changements concrets et positifs que vous avez effectués. Par ailleurs, la sensation dans vos vêtements est un autre excellent baromètre. Le tour de taille est de loin le meilleur indicateur pour la prévention des maladies chroniques. Observez votre poids et voyez comment le stress peut l'influencer. Si vous êtes en perte ou en maintien de poids, apprivoisez le pèse-personne sans obsession et avec l'amour de soi.

4. **Faites de l'exercice en joignant l'utile à l'agréable :** Le fait de bouger augmente le métabolisme, déplace l'attention de l'appétit et donne de la vitalité. N'oubliez pas que c'est votre masse musculaire qui contribue le plus à votre dépense en énergie. Faites votre entretien ménager avec une musique entraînante que vous aimez particulièrement. Mettez vos écouteurs en jardinant. Vous ne verrez plus jamais vos tâches comme une corvée. Prévoyez à votre horaire des moments pour faire de l'exercice, et donnez-vous ce rendez-vous santé. Ils sont tout aussi importants que le temps accordé à la planification et à la préparation de vos repas.

**5.** **Fixez-vous des objectifs SMART (Spécifiques, mesurables, atteignables, réalistes et temporellement définis) :** Par exemple, mon objectif est de boire deux verres d'eau de plus par jour, en m'apportant une bouteille d'eau réutilisable au travail la semaine et en buvant un verre d'eau en accompagnement de mes repas du midi et du soir la fin de semaine; ou encore, de perdre tant de centimètres ou de pouces de tour de taille en 8 mois. Visualisez votre objectif de l'extérieur vers l'intérieur, regardez votre corps comme vous le souhaitez; ressentez cette visualisation à l'intérieur de votre corps comme si c'était vrai. Le subconscient est un allié puissant dans la démarche; servez-vous-en!

En général, nous accordons du temps à ce qui est vraiment prioritaire ou vital pour nous; mettez-vous donc en tête de liste et prenez soin de vous. Allez chercher de l'aide auprès d'une équipe de professionnels si vous n'y parvenez pas seul. Pour un réel changement, le fait d'être accompagné aide beaucoup. Le support est souvent nécessaire lors d'une démarche de perte et de maintien de poids. Débutez seul et, si vous manquez de motivation, faites-vous le cadeau d'aller chercher de l'aide.

## PORTIONS VISUELLES D'ALIMENTS

Prenez un petit moment pour comparer la grosseur des portions que vous avez l'habitude de consommer par rapport à celles qui sont recommandées. On mange souvent trop sans s'en rendre compte. Le fait de réduire légèrement la taille des portions peut aider à perdre des kilos ou à maintenir son poids au fil des années.

Pour un repas, choisissez cinq aliments (un dans chaque groupe); pour le petit-déjeuner, choisissez-en trois; et pour une collation, choisissez-en deux (l'un des deux aliments devrait faire partie de la catégorie viandes et substituts ou produits laitiers et substituts).

Ces exemples de portions représentent des références rapides pour vous permettre de juger si vos portions sont trop grosses. Bien entendu, la grosseur de la portion nécessaire pour combler vos besoins vous est personnelle. Utilisez ces exemples comme des guides.

**Voici les 5 groupes alimentaires :**

### 1. VIANDES ET SUBSTITUTS

| Aliments | Portions | Exemples |
|---|---|---|
| Volailles, viandes maigres, poissons et fruits de mer cuits | 90 g (3 oz) | Un paquet de cartes, la paume de la main en épaisseur et en superficie |
| Tofu | 150 g (¾ tasse) | Une rondelle de hockey |
| Légumineuses cuites | 115 g (¾ tasse) | Une balle de tennis |
| Noix et graines écalées | 30 g (¼ tasse) | Un œuf |
| Beurre d'arachide ou de noix | 30 ml (2 c. à soupe) | Une balle de ping-pong |

### 2. LÉGUMES

| Aliments | Portions | Exemples |
|---|---|---|
| Légumes frais ou surgelés | 50 g (½ tasse) | Une souris d'ordinateur |
| Légumes feuillus cuits | 70 g (1 tasse) | Une balle de baseball, votre poing |
| Légumes feuillus crus | 30 g (½ tasse) | Une souris d'ordinateur |

### 3. FRUITS

| Aliments | Portions | Exemples |
|---|---|---|
| Fruits frais ou surgelés | 1 fruit, ½ banane ou 70 g (½ tasse) | Une souris d'ordinateur |
| Jus 100 % pur ou compote de fruits sans sucre ajouté | 125 ml (½ tasse) | Une souris d'ordinateur |

### 4. PRODUITS CÉRÉALIERS ET LÉGUMES FÉCULENTS

| Aliments | Portions approximatives | Exemples |
|---|---|---|
| Pain à grains entiers ou germés | 1 tranche, ½ bagel, ½ pita ou ½ tortilla | Un CD et l'épaisseur d'un petit doigt |
| Riz brun, boulgour, quinoa, avoine, sarrasin, pâtes alimentaires à grains entiers ou couscous de blé entier cuits | 60 à 90 g (⅓ à ½ tasse) | Une souris d'ordinateur |
| Légumes féculents (ex. : pomme de terre, patate douce, panais, maïs, pois verts, igname, courge d'hiver, banane plantain) | 70 g (½ tasse) | Une souris d'ordinateur |

### 5. PRODUITS LAITIERS ET SUBSTITUTS

| Aliments | Portions | Exemples |
|---|---|---|
| Fromage à moins de 20 % M.G. | 50 g (1 ½ oz) | Quatre dés, une tranche de la largeur et de l'épaisseur de deux doigts (index et majeur) |
| Lait ou boisson de soya enrichie | 250 ml (1 tasse) | Une balle de baseball, votre poing |
| Yogourt et kéfir | 180 ml (¾ tasse) | Une balle de tennis |

## EAU

L'eau est le principal constituant du corps. Elle est un élément vital pour l'organisme, car elle permet d'éliminer les toxines et elle participe à toutes les réactions métaboliques. Pour garder l'équilibre hydrique, l'eau perdue doit toujours être remplacée; il est donc essentiel de boire de l'eau régulièrement.*

**Quelles sont les recommandations ?**

L'eau est la base d'une saine alimentation. Il est recommandé d'en boire 1 à 2 litres (4 à 8 tasses) par jour, mais les besoins varient selon la température et l'activité physique. Les besoins en eau sont de 1 ml par calorie consommée, en considérant l'eau provenant des aliments dans le calcul.

**Voici 5 suggestions pour bien vous hydrater :**

1. Filtrez l'eau du robinet le plus possible, car elle contient du chlore, des minéraux provenant des tuyaux qui vieillissent, des traces de polluants, de médicaments et d'autres substances moins nécessaires à votre santé.

2. Ayez toujours une bouteille d'eau à portée de la main, que vous remplirez régulièrement. Buvez de petites gorgées, fréquemment, tout au long de la journée. Laissez un pichet de 1 à 2 litres (4 à 8 tasses) d'eau, glacée si vous le désirez, sur votre bureau de travail et buvez-le entièrement au cours de la journée.

3. Personnalisez votre eau. Ajoutez-y un peu de jus de fruits, des fruits surgelés, de l'essence de menthe, de l'anis étoilé, du zeste de citron, de lime et d'orange.

4. Infusez une poche de thé vert, aux propriétés antioxydantes, ou une poche de tisane pour transformer le goût de votre eau.

5. Mangez vos 5 à 10 portions de légumes et fruits chaque jour. Très riches en eau, ils contribueront à vous hydrater en plus de vous apporter des fibres, des vitamines et des minéraux.

L'eau, comme la nourriture, est essentielle à la vie! Voyez l'eau comme votre douche intérieure. Désaltérez-vous bien.

* Si vous souffrez d'un problème de restriction liquidienne, ne suivez pas ces conseils; respectez les recommandations des professionnels de la santé qui connaissent votre situation médicale.

## DIMINUTION DU SEL

Une alimentation comprenant un maximum de 2300 mg de sodium par jour est recommandée, soit l'équivalent d'environ une cuillère à thé (5 ml) de sel. Malheureusement, plusieurs personnes consomment plus de sodium que nécessaire et risquent de souffrir d'hypertension ou en souffrent déjà. En améliorant vos habitudes alimentaires, vous réduirez automatiquement votre consommation de sel.

**Voici 5 suggestions pour réduire le sodium dans votre alimentation :**

1. **Traquez le sodium :** Lisez les étiquettes et choisissez les produits dont le pourcentage de la valeur quotidienne pour le sodium est le moins élevé. Méfiez-vous des aliments transformés, car plusieurs contiennent beaucoup de sodium. Recherchez les produits sans sel ou réduits en sel.

2. **Assaisonnez avec les fines herbes :** Utilisez des mélanges de fines herbes ou d'épices sans sel pour rehausser la saveur de vos mets (plats en casserole, soupes, ragoûts, chilis, sauces pour pâtes alimentaires).

3. **Rincez le sodium :** Rincez sous l'eau froide tous les aliments en conserve (légumes, légumineuses, thon, etc.) avant de les ajouter à vos recettes. Bien sûr, manger des aliments frais plutôt qu'en conserve reste toujours la meilleure option.

4. **Personnalisez vos demandes au restaurant :** Demandez qu'on n'ajoute pas de sel à votre plat. Par ailleurs, les sauces et les vinaigrettes sont souvent riches en sodium. Demandez qu'on vous les serve à part et utilisez votre fourchette au lieu de votre cuillère pour en arroser votre plat; ainsi, vous en consommerez moins.

5. **Mangez plus d'aliments riches en potassium :** Le potassium peut aider à contrer une hausse de la tension artérielle occasionnée par le sodium. Par conséquent, augmentez votre consommation d'aliments contenant du potassium comme les bananes, les patates douces, les épinards et les pêches.

Utilisez le sel avec parcimonie. Que ce soit du sel de mer, du sel de table ou de la fleur de sel, les sels sont riches en sodium et ceux qui souffrent d'hypertension doivent faire attention.

## SALIÈRE SANS SEL

### Des idées pour remplacer le sel

En plus d'apporter du goût, de la saveur, de la couleur et une bonne odeur aux plats, certaines épices et fines herbes ont des propriétés antioxydantes et anticancéreuses. Quoi de mieux pour diminuer le sel, tout en conservant la saveur, que de cuisiner avec des épices et des fines herbes?

### Salière sans sel

Pour obtenir une salière sans sel, mélangez tous les ingrédients suivants :

- 1 c. à soupe de moutarde sèche
- 1 c. à soupe de poudre d'ail
- 1 c. à soupe de poudre d'oignon
- 1 c. à soupe de paprika
- 1 c. à thé de poivre
- 1 c. à thé de basilic
- 1 c. à thé de thym

**Voici 5 suggestions de fines herbes et d'épices pour transformer votre salière sans sel :**

| | |
|---|---|
| **À l'italienne :** | Ajoutez 1 c. à soupe de fines herbes italiennes |
| **À la française :** | Ajoutez 1 c. à soupe de fines herbes de Provence |
| **À la québécoise :** | Ajoutez 1 c. à soupe de ciboulette séchée |
| **À la mexicaine :** | Ajoutez 1 c. à thé de poivre de Cayenne |
| **À la japonaise :** | Ajoutez 1 c. à soupe de graines de sésame moulues |

Testez, goûtez, ajoutez, mélangez, savourez, sentez, apprivoisez les herbes et les épices… mettez-les dans vos salières !

## RÉDUCTION DU SUCRE

Avant tout, il importe de faire la distinction entre le sucre naturellement présent dans les aliments et le sucre raffiné. Ce dernier, bien qu'extrait d'aliments, peut s'avérer nocif pour la santé et créer un désordre des signaux corporels lorsque consommé en grande quantité. Des études réalisées sur des rats ont démontré que le sucre stimule les centres du plaisir du cerveau de façon similaire à la cocaïne. Le sucre est emmagasiné dans notre mémoire gustative comme quelque chose de chaud, de rassurant, d'apaisant et de sécurisant, tel le lait maternel. Mais vous conviendrez avec moi que la modération a bien meilleur goût.

**Voici 5 suggestions pour réduire votre consommation de sucre :**

**1.** Diminuez graduellement la quantité de sucre que vous mettez dans votre café, votre thé, vos céréales, votre gruau, votre pamplemousse, etc. Vos sens s'habitueront rapidement et vous en serez le premier étonné. On estime qu'il faut environ 25 jours pour s'habituer à une diminution de sucre.

**2.** Remplacez le sucre de vos recettes par de la purée de fruits (bananes mûres, pommes, dattes, pruneaux) ou des fruits séchés (raisins secs, canneberges sans additifs).

**3.** Ajoutez de la saveur à votre gruau, votre pain doré ou vos desserts au lait (yogourt, pouding, pouding au riz ou au tapioca) en utilisant de la cannelle, de la muscade, du gingembre, de la cardamome, de la vanille, des zestes de fruits citrins ou de l'eau de fleur d'oranger. Garnissez de fruits frais de votre choix.

**4.** Éliminez graduellement les boissons gazeuses, les cocktails de jus et les punchs de votre liste d'épicerie. Vous ferez ainsi des économies substantielles et verrez votre santé s'améliorer.

**5.** Coupez de moitié la quantité de sucre de vos recettes et optez pour du miel ou du sirop d'érable. Puisqu'il s'agit de sources de sucres concentrés, il en faut moins que du sucre blanc pour ressentir la saveur sucrée. Débutez par 5 ml (1 c. à thé) par portion. Par exemple, pour 12 muffins, mettez 60 ml (¼ tasse) de miel ou de sirop. Procédez de même pour un yogourt, un pouding ou un autre entremets.

## CHOIX DE BONS GRAS

Il est déconseillé d'éliminer les gras de notre alimentation, car nous en avons tous besoin. Il est fortement recommandé de consommer les bons gras, bien qu'ils contiennent le double de calories par rapport aux glucides et aux protéines. Si vous abusez de gras lors d'un repas, mangez-en moins lors du prochain, mais mangez-en quand même.

**Voici les 5 sources de gras par ordre d'importance, du meilleur au moins bon :**

1. **Gras oméga-3** (graines de chia, graines de lin, poissons gras…) : Ils auraient un effet positif sur le système cardiovasculaire et le cerveau (meilleure humeur).

2. **Gras polyinsaturés** (noix, graines…) : Ils sont souvent essentiels, car le corps ne peut en produire; il faut donc aller puiser ces gras dans l'alimentation.

3. **Gras monoinsaturés** (olives, avocat…) : Ils auraient un effet positif sur le système cardio-vasculaire.

4. **Gras trans d'origine naturelle** (lait, viandes…) : Ils semblent avoir peu d'effets sur la santé cardiovasculaire par rapport aux gras trans qui ont subi une transformation (hydrogénation).

5. **Gras saturés et gras trans** (gras de noix de coco, chocolat, beurre, viandes grasses, pâtisseries commerciales…) : Ils peuvent nuire à la santé cardiovasculaire même si on a besoin de gras saturés. Toutefois, certains gras saturés comme l'acide laurique et l'acide stéarique présents dans la noix de coco et le chocolat auraient peu d'effets nuisibles sur la santé cardio-vasculaire. À consommer toutefois avec modération.

**Et voici 5 aliments riches en bons gras et bons pour votre cœur et votre corps :**

1. Noix de Grenoble
2. Amandes
3. Avocat
4. Graines de chia ou de lin moulues
5. Olives

**Conseil :** Utilisez le plus souvent possible l'aliment gras le moins transformé; par exemple, il vaut mieux consommer les noix ou les olives que leur huile. Tartinez vos sandwichs ou vos craquelins de beurre de noix, de guacamole (purée d'avocat) ou de tapenade (purée d'olive). Miam, un vrai délice!

Tableau montrant la quantité de gras dans certains plats populaires
(1 cuillère à thé équivaut à 4-5 g de gras)

| Une portion normale en moyenne | 1 ou moins | 1 à 3 | 4 à 6 | 7 à 9 | 10 et plus |
|---|---|---|---|---|---|
| 30 frites | | | 4 | | |
| Beigne | | 3 | | | |
| Couscous, boulgour | ½ | | | | |
| Croustade | | 2 | | | |
| Fettucine Alfredo | | | 4 | | |
| Gruau d'avoine | 1 | | | | |
| Muffin du commerce | | 3 | | | |
| Muffin maison | 1 | | | | |
| Pâté au poulet | | | | 7 | |
| Pâtes à la sauce tomate | | 1¾ | | | |
| Poisson pané | | | 4 | | |
| Pomme | 0 | | | | |
| Poutine | | | | | 10 |
| Riz frit aux amandes | | | | 8 | |
| Salade César | | | 5 | | |
| Salade grecque | | 3 | | | |
| Tarte aux pommes | | 3½ | | | |

Visitez le site **abcdelices.com** pour visualiser le nombre de cuillérées à thé de gras contenu dans plus de 20 000 aliments.

## IMPORTANCE DU PETIT-DÉJEUNER

Le premier repas de la journée aide à faire le plein d'énergie et à se sentir bien. Après une nuit de sommeil, le corps a besoin d'être alimenté pour se mettre en marche. Le glucose est à son niveau le plus bas et doit être renouvelé afin que le cerveau et le système nerveux, dont il est le principal carburant, puissent fonctionner de façon optimale.

Bien que le petit-déjeuner soit la meilleure façon de commencer la journée, plusieurs personnes mentionnent ne pas avoir faim le matin. Le fait de manger tard ou copieusement la veille peut engendrer un manque d'appétit au lever. Changer ses habitudes pourrait être une solution au problème. On peut y aller progressivement, en faisant des essais et en étant à l'écoute de ses besoins.

**Voici 5 raisons de prendre un petit-déjeuner :**

1. Améliorer la capacité cognitive; il a été prouvé que les personnes qui sautent leur petit-déjeuner ont de la difficulté avec leur mémoire et leur concentration.

2. Aider à une meilleure stabilité de l'humeur et des émotions.

3. Favoriser la perte et le maintien de poids par une meilleure répartition des calories.

4. Augmenter le métabolisme.

5. Éviter le grignotage durant la journée et la surconsommation aux repas du midi et du soir.

Si vous manquez de temps le matin, prenez l'habitude de préparer votre petit-déjeuner la veille pour l'emporter avec vous le lendemain. Vous pouvez aussi vous réveiller 10 minutes plus tôt pour vous préparer un petit-déjeuner rapide.

**Voici 5 suggestions de petits-déjeuners santé rapides, économiques et nutritifs :**

1. Un smoothie comprenant des fruits frais, du lait ou de la boisson de soya enrichie et, si désiré, du beurre d'amande (5 ml [1 c. à thé] par portion).

2. Du gruau cuit dans une boisson de soya ou d'amandes, ou dans du lait peu gras, avec une poignée de noix, des graines de lin, des pommes tranchées, du germe de blé et de la cannelle.

3. Rôties de grains entiers, avec du beurre de noix et une banane.

4. Du yogourt grec nature avec des morceaux de fruits frais, des noix et des graines de chia ou de lin.

5. Des œufs, avec un fromage au choix et des légumes (omelette matinale).

**Et voici 5 suggestions de petits-déjeuners festifs faciles à préparer :**

**1.** Des galettes ou des muffins santé faits maison, avec des brochettes de fruits frais et un yogourt; congelez les surplus pour de prochains petits-déjeuners ou pour des collations.

**2.** Des crêpes de grains entiers avec un choix de garnitures, par exemple : poire, yogourt nature et sirop d'érable; petits fruits et crème anglaise; pomme, fromage de chèvre et noix; jambon sans nitrite, asperges et cheddar fort.

**3.** Un muffin anglais aux œufs et une salade de fruits.

**4.** Une coupe à dessert garnie de yogourt grec, de fromage cottage, de fruits frais et de céréales de type granola ou muesli.

**5.** Une omelette aux fruits ou aux légumes (épinards, tomates, oignons verts, champignons), accompagnée d'un demi-bagel multigrains.

Variez vos petits-déjeuners. Laissez aller votre imagination au-delà du traditionnel bol de céréales. Et profitez des matins de fin de semaine ou de congé pour préparer un brunch relaxant.

## PROTÉINES

Les protéines sont d'une importance capitale pour la santé. Il faut en consommer suffisamment pour en retirer les bienfaits.

Ils servent à la construction et au maintien des muscles et d'autres tissus et au bon fonctionnement du système immunitaire. Les protéines sont aussi un constituant de nombreuses enzymes et hormones, et aident à mieux contrôler le taux de sucre sanguin. En plus, elles sont une source d'énergie durable et prolongent la sensation de satiété, ce qui peut aider à mieux contrôler la quantité d'aliments que vous mangez et, par ricochet, les calories consommées pendant la journée.

### Besoins en protéines

Les besoins en protéines correspondent en moyenne à 0,8 gramme pour chaque kilogramme de poids. La valeur est variable selon l'âge, le sexe et le niveau d'activité physique. Un athlète aura des besoins plus grands qu'une personne alitée. Ce n'est donc qu'une moyenne. Ainsi, si vous pesez 55 kg (121 lb), vos besoins sont de 44 g de protéines par jour, soit environ 15 g de protéines par repas.

**Les 5 principales sources alimentaires de protéines animales :**

| Aliments | Portions | Protéines |
|---|---|---|
| 1. Viande, volaille, poisson, fruits de mer cuits | 100 g (3½ oz) | 21 à 28 g |
| 2. Fromage cottage ou yogourt grec nature | 125 ml (½ tasse) | 12 à 14 g |
| 3. Lait écrémé, 1 %, 2 % ou 3,25 % M.G. | 250 ml (1 tasse) | 8 g |
| 4. Yogourt | 180 ml (¾ tasse) | 8 g |
| 5. Œuf | 1 œuf | 6 g |

**Les 5 principales sources alimentaires de protéines végétales :**

| Aliments | Portions | Protéines |
|---|---|---|
| 1. Tofu ferme ou extra ferme régulier | 100 g (3½ oz) | 14 g |
| 2. Haricots (blancs, mungos, noirs, pintos, rouges) ou lentilles | 180 ml (¾ tasse) | 11 à 13 g |
| 3. Pois chiches ou fèves de soya rôties | 30 g (¼ tasse) | 11 g |
| 4. Beurre d'arachide ou de noix | 30 ml (2 c. à soupe) | 7,5 g |
| 5. Noix de toutes sortes | 30 g (¼ tasse) | 4,5 g |

Source : Santé Canada. Fichier canadien sur les éléments nutritifs, version 2010.

Pour vous éviter des calculs et vous simplifier la vie, fiez-vous à la paume de votre main. Une quantité adéquate de viande au repas correspond à votre paume en épaisseur et en superficie.

La plupart des gens consomment suffisamment de protéines. Toutefois, la répartition de celles-ci est importante pour en ressentir les bienfaits. Assurez-vous de consommer des aliments protéinés à chaque repas et aussi lors des collations. Et gardez à l'esprit qu'un excédent de protéines va tout droit dans les réserves de graisses corporelles.

## COLLATIONS OU REPAS PROTÉINÉS

Les collations ou les repas protéinés assurent un niveau d'énergie et de concentration constant tout au long de la journée et permettent de combler la faim entre les repas, évitant ainsi la surconsommation alimentaire aux repas.

Une bonne collation est composée d'une source de glucides (produits céréaliers, légumes et fruits, lait et ses substituts) et d'une source de protéines (lait, viande et leurs substituts). Elle doit aussi être nutritive (riche en vitamines, en minéraux et en fibres), sans être trop calorique. Les collations ne conviennent pas à tous, mais elles peuvent aider les personnes qui veulent perdre du poids et celles qui sont diabétiques ou hypoglycémiques.

**Voici 5 collations rapides à base protéinée :**

**1. Yogourt grec nature** sans sucre avec un soupçon de vanille et un fruit au choix.

**2. Œuf cuit dur** et crudités.

**3.** Pain de grains entiers et **beurre d'arachide, d'amande ou d'autres noix** (sans sel ni sucre ajouté).

**4. Petite poignée de noix et de graines** (amandes, noix de Grenoble, graines de tournesol, etc.) et un fruit au choix.

**5.** Pain pita de grains entiers et **houmous, végé-pâté ou autres tartinades de légumineuses.**

**En voici 5 autres pour ajouter des aliments protéinés aux collations ou aux repas :**

**1.** Un petit bol de céréales de type granola ou muesli avec **lait, yogourt nature ou yogourt grec**.

**2.** Un petit muffin maison comprenant des **noix** et des fruits avec une boisson de **soya**.

**3.** Une pomme ou une grappe de raisins et un morceau de **fromage à moins de 20 % M.G**.

**4.** Un smoothie maison à base de fruits, **de lait et de yogourt**, avec 5 ml (1 c. à thé) de **beurre de noix** (amande, arachide, etc.) par portion.

**5.** Fraises ou framboises et **fromage cottage** garnis de **noix et de graines** de lin moulues ou de son d'avoine.

Laissez aller votre inspiration et observez votre corps pour déterminer si vous avez besoin de collations. Variez vos fruits, vos légumes, votre sorte de pain, vos noix et vos graines. Parmi les milliers de combinaisons d'aliments possibles, trouvez les meilleures pour vous !

## ASSIETTE HARMONIE SANTÉ

L'assiette santé a été conçue par un groupe de nutritionnistes (Groupe Harmonie Santé) afin d'illustrer, d'une manière simple, la saine alimentation. En ayant la moitié de l'assiette remplie de légumes, on augmente le volume de ce qu'on mange tout en ne consommant pas trop de calories. Autrement dit, on mange plus pour moins de calories. Donnez une place de choix aux légumes.

**Voici les 5 avantages d'utiliser l'assiette santé :**

**1.** Cet outil simple vous permet de combler vos besoins tout en vous rassasiant et en vous assurant une satiété optimale entre les repas.

**2.** Il vous indique rapidement dans quelles proportions les aliments devraient se retrouver dans votre assiette. La moitié de celle-ci devrait se composer de légumes; un quart, de sources d'aliments protéinés; et l'autre quart, de produits céréaliers de grains entiers ou de légumes féculents (pommes de terre, maïs). Pour combler tous vos besoins, cette assiette s'accompagne d'un grand verre d'eau, d'un verre de lait ou de ses substituts (boisson de soya enrichie, yogourt, dessert au lait) et d'un fruit. Vous pouvez prendre le lait ou son substitut, le fruit et les noix (bons gras) en collation si vous n'avez plus faim après le repas. Toutefois, sachez que ces proportions peuvent varier d'une journée à une autre. Il importe d'écouter ses signaux corporels.

**3.** Cette assiette a été conçue pour les adultes en santé, mais il est toujours possible de la personnaliser selon vos besoins, votre âge ou le stade de votre vie (ex. : grossesse). Vous pourriez faire ⅓, ⅓, ⅓ si c'est ce que votre corps a envie de manger. Ajustez en fonction de votre besoin, une journée à fois.

**4.** Ce modèle de la saine alimentation est facile à suivre partout où vous allez : au restaurant, à la cafétéria ou chez vos amis.

**5.** Avec ses superbes illustrations, cette assiette vous donne des idées pour ajouter de la couleur à vos plats et les rendre plus attrayants et appétissants.

## FIBRES AU MENU

Les fibres alimentaires jouent plusieurs rôles dans l'organisme. Elles facilitent le transit intestinal des aliments, ainsi que la formation et l'évacuation des selles. Elles contribuent également à diminuer le risque de développer des maladies cardiovasculaires et le diabète de type 2, abaissent le taux de cholestérol sanguin et préviennent l'apparition de certains types de cancer. De plus, les fibres rassasient et prolongent le sentiment de satiété entre les repas, permettant ainsi un meilleur contrôle du poids. Malgré cela, la grande majorité des gens ne consomment pas suffisamment de fibres alimentaires, alors que l'apport quotidien jugé adéquat est de 25 g pour les femmes et de 38 g pour les hommes.

Les fibres insolubles ont un impact direct pour contrer la constipation.

**Voici 5 exemples d'aliments riches en fibres insolubles :**

| Aliments | Portions | Fibres |
| --- | --- | --- |
| 1. Son de blé | 5 g (1 c. à soupe) | 1,6 g de fibres |
| 2. Pain de blé entier | 2 tranches | 4,8 g de fibres |
| 3. Lentilles cuites | 140 g (¾ tasse) | 6,2 g de fibres |
| 4. Pois chiches | 130 g (¾ tasse) | 5,5 g de fibres |
| 5. Légumes | 50 g (1 tasse) de laitue ou 50 g (½ tasse) d'autres légumes | 2,0 g de fibres |

Les fibres solubles ont un effet sur le cholestérol sanguin et favorisent un meilleur contrôle du taux de sucre sanguin.

**Voici 5 exemples d'aliments riches en fibres solubles :**

| Aliments | Portions | Fibres |
| --- | --- | --- |
| 1. Psyllium en flocons | 5 g (1 c. à soupe) | 3,4 g de fibres |
| 2. Son d'avoine | 15 g (3 c. à soupe) | 1,8 g de fibres |
| 3. Fruits contenant de la pectine (pomme, orange, fraise) | 50 g (½ tasse) | 2,5 g de fibres |
| 4. Légumes (asperges, haricots, pois verts, choux de Bruxelles, carottes) | 50 g (½ tasse) | 2,0 g de fibres |
| 5. Légumineuses, quinoa ou orge mondé cuits | 90 g (½ tasse) | 2,0 g de fibres et plus |

**Voici 5 suggestions rapides pour consommer plus de fibres alimentaires :**

**1.** Choisissez des aliments contenant 2 g de fibres et plus par portion.

**2.** Ajoutez dans vos aliments de 15 à 30 ml (1 à 2 c. à soupe) de son d'avoine, de psyllium ou de son de blé.

**3.** Recherchez les aliments à grains entiers : riz brun, riz sauvage, orge, quinoa, avoine entière, seigle entier, pâtes de blé entier et boulgour.

**4.** Remplacez la farine blanche par de la farine de blé entier ou du quinoa dans vos recettes.

**5.** Au repas, remplissez la moitié de votre assiette de légumes.

N'oubliez pas que pour bien faire leur travail, les fibres ont besoin d'eau. Il faut donc boire beaucoup d'eau pour profiter de leurs bienfaits.

## LÉGUMES AU MENU

Quoi de plus merveilleux que de voir une assiette colorée remplie de vitamines et de minéraux provenant de nos légumes préférés : brocoli, tomates, carottes, poivrons, laitue, etc.

**Voici 5 suggestions rapides pour vous aider à intégrer davantage de légumes dans votre quotidien :**

1. Préparez une trempette avec du yogourt grec, du tofu soyeux ou du fromage à la crème et accompagnez-la de légumes.

2. Concoctez des soupes ou des potages avec différents légumes.

3. Ajoutez des légumes râpés dans votre pain de viande, votre hamburger et même vos muffins.

4. Faites revenir vos légumes dans l'huile de votre choix, avec des fines herbes, et ajoutez-y du miso ou du bouillon de légumes.

5. Faites griller vos légumes au four à 180 °C (350 °F), de 20 à 30 minutes, sur une plaque légèrement huilée. Assaisonnez de mélange d'épices ou avec la salière sans sel (page 25).

Profitez de la variété de légumes propre à chaque saison et faites des économies du même coup!

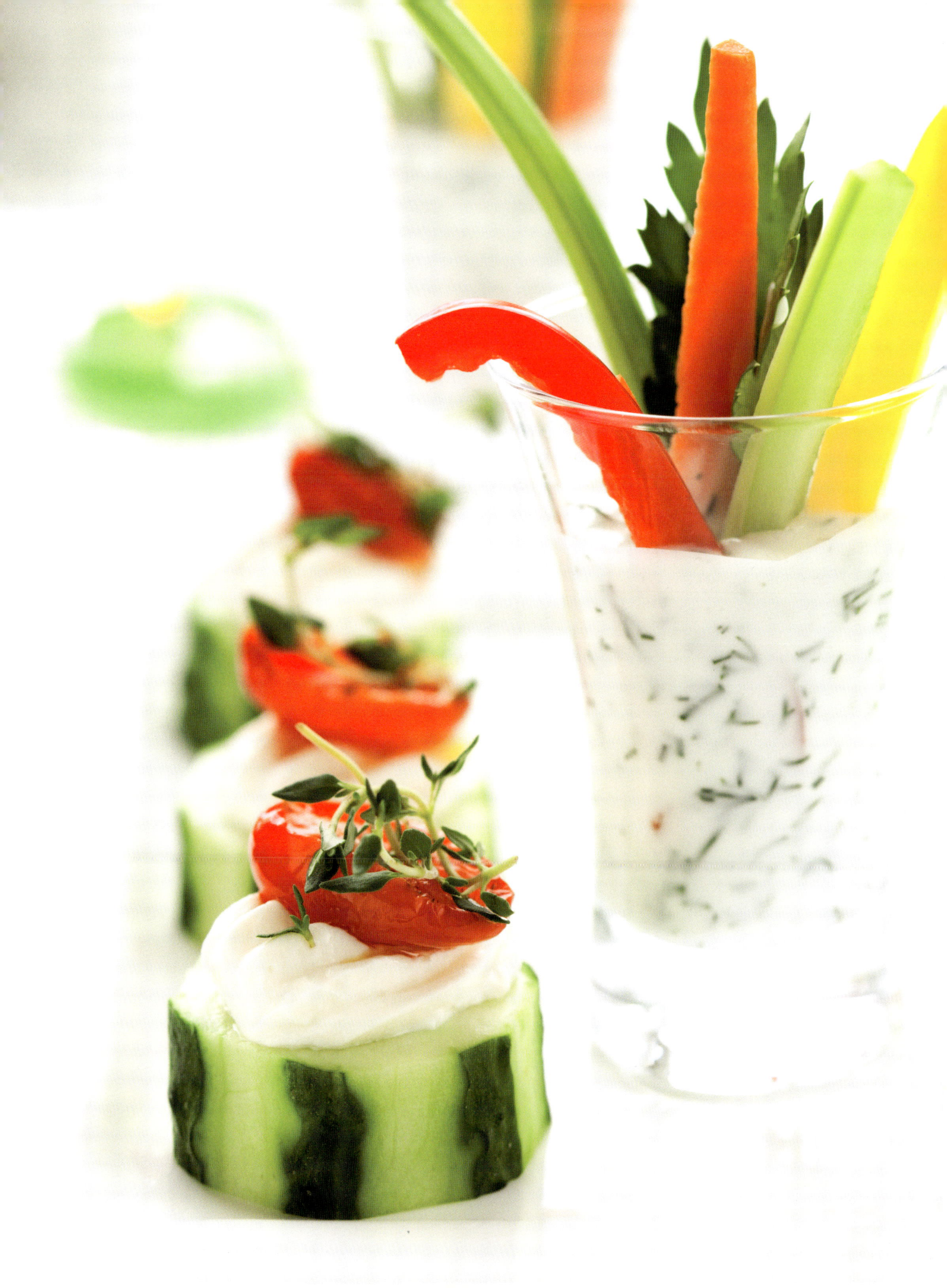

# SECTION 2

# LES RECETTES DE FAST FOOD SANTÉ...

## à savourer lentement!

Cette section propose des recettes comprenant peu d'ingrédients, faciles et rapides à préparer. Vous y trouverez des hamburgers, de la poutine, des hot dogs, de la pizza, etc., mais en version santé, avec une valeur nutritive nettement plus haute que celle de la recette traditionnelle.

Afin de rendre les recettes encore plus délectables, le talent de la chef Mélissa Pépin a été mis à contribution. Sa touche savoureuse vous ravira.

Belles découvertes culinaires!

# THÉ SIMPLE CITRONNÉ versus THÉ AVEC SUCRE ET CRÈME

4 portions de 250 ml (1 tasse) • **Temps de préparation** : 5 minutes • **Temps de cuisson** : aucun
**Congélation** : oui • **Niveau de difficulté** : facile

| | |
|---|---|
| 1 | Poche de thé à infuser |
| 1 l (4 tasses) | Eau bouillante |
| 1 | Citron, en tranches |

**1.** Faire infuser le thé dans l'eau bouillante.

**2.** Déposer les tranches de citron dans la préparation et laisser tremper.

**3.** Servir.

**Avantages nutritifs par rapport à la recette traditionnelle :**

- 96 % moins de lipides totaux
- 92 % moins de sucres

### Recette actuelle
**Valeur nutritive**
**Pour 250 ml (1 tasse)**

| Teneur | % valeur quotidienne |
|---|---|
| **Calories** 10 | |
| **Lipides** 0,1 g | 0 % |
| saturés 0 g | |
| oméga-3 0 g | |
| **Cholestérol** 0 mg | 0 % |
| **Sodium** 5 mg | 0 % |
| **Potassium** 55 mg | 2 % |
| **Glucides** 2 g | 1 % |
| fibres 1 g | 4 % |
| sucres 1 g | |
| **Protéines** 0,3 g | |
| Vitamine A 0 ER | 0 % |
| Vitamine C 11 mg | 20 % |
| Calcium 11 mg | 0 % |
| Fer 0,1 mg | 2 % |
| Phosphore 5 mg | 0 % |

### Recette traditionnelle
**Valeur nutritive**
**Pour 250 ml (1 tasse)**

| Teneur | % valeur quotidienne |
|---|---|
| **Calories** 90 | |
| **Lipides** 2,5 g | 4 % |
| saturés 1,5 g | |
| oméga-3 0 g | |
| **Cholestérol** 10 mg | 3 % |
| **Sodium** 10 mg | 0 % |
| **Potassium** 75 mg | 2 % |
| **Glucides** 15 g | 5 % |
| fibres 1 g | 4 % |
| sucres 13 g | |
| **Protéines** 1 g | |
| Vitamine A 22 ER | 2 % |
| Vitamine C 11 mg | 20 % |
| Calcium 26 mg | 2 % |
| Fer 0,2 mg | 2 % |
| Phosphore 18,4 mg | 2 % |

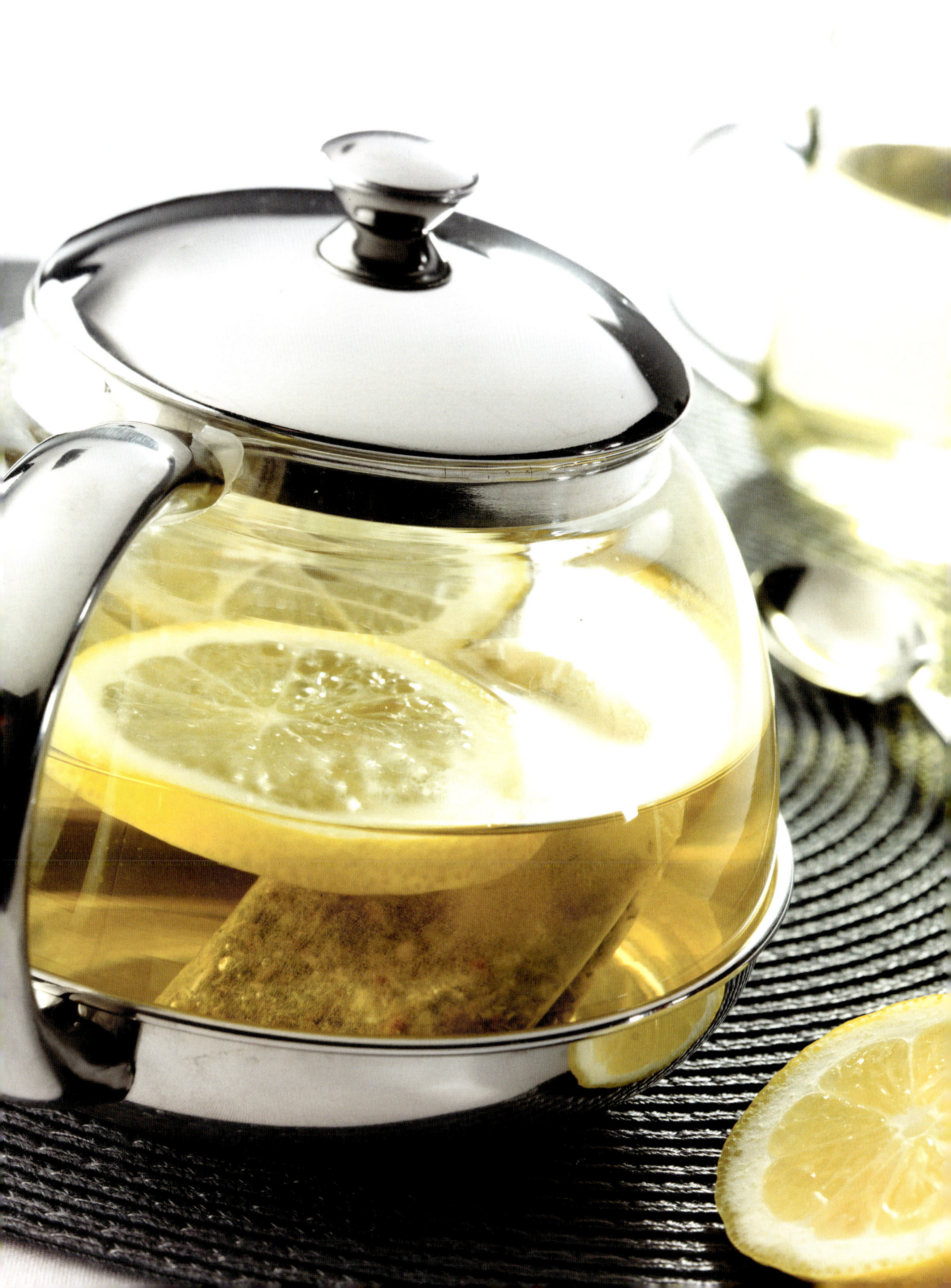

# CAFÉ CHOCOLAT SIMPLE

VERSUS

# CAFÉ AVEC SUCRE ET CRÈME

1 portion de 250 ml (1 tasse) • **Temps de préparation** : 5 minutes • **Temps de cuisson** : aucun
**Congélation** : oui • **Niveau de difficulté** : facile

| | |
|---|---|
| 1 c. à thé | Chocolat noir, râpé |
| 250 ml (1 tasse) | Café infusé, chaud |

**1.** Déposer le chocolat noir dans le café chaud afin de le faire fondre.

**2.** Remuer et déguster.

**Note** : Vous pouvez ajouter du sucre, mais essayez de vous en passer. Allouez 25 jours pour ce changement d'habitude.

**Avantages nutritifs par rapport à la recette traditionnelle :**

- 33 % moins de lipides saturés
- 100 % moins de sucres

### Recette actuelle
**Valeur nutritive**
**Pour 250 ml (1 tasse)**

| Teneur | % valeur quotidienne |
|---|---|
| **Calories** 20 | |
| **Lipides** 1,5 g | 2 % |
|   saturés 1 g | |
|   oméga-3 0 g | |
| **Cholestérol** 0 mg | 0 % |
| **Sodium** 5 mg | 0 % |
| **Potassium** 150 mg | 4 % |
| **Glucides** 1 g | 0 % |
|   fibres 0 g | 0 % |
|   sucres 0 g | |
| **Protéines** 1 g | |
| Vitamine A 1 ER | 0 % |
| Vitamine C 0 mg | 0 % |
| Calcium 8 mg | 0 % |
| Fer 0,5 mg | 4 % |
| Phosphore 18,7 mg | 2 % |

### Recette traditionnelle
**Valeur nutritive**
**Pour 250 ml (1 tasse)**

| Teneur | % valeur quotidienne |
|---|---|
| **Calories** 80 | |
| **Lipides** 2,5 g | 4 % |
|   saturés 1,5 g | |
|   oméga-3 0 g | |
| **Cholestérol** 10 mg | 3 % |
| **Sodium** 10 mg | 0 % |
| **Potassium** 125 mg | 4 % |
| **Glucides** 13 g | 4 % |
|   fibres 0 g | 0 % |
|   sucres 13 g | |
| **Protéines** 1 g | |
| Vitamine A 21 ER | 2 % |
| Vitamine C 0 mg | 0 % |
| Calcium 20 mg | 2 % |
| Fer 0 mg | 0 % |
| Phosphore 20 mg | 2 % |

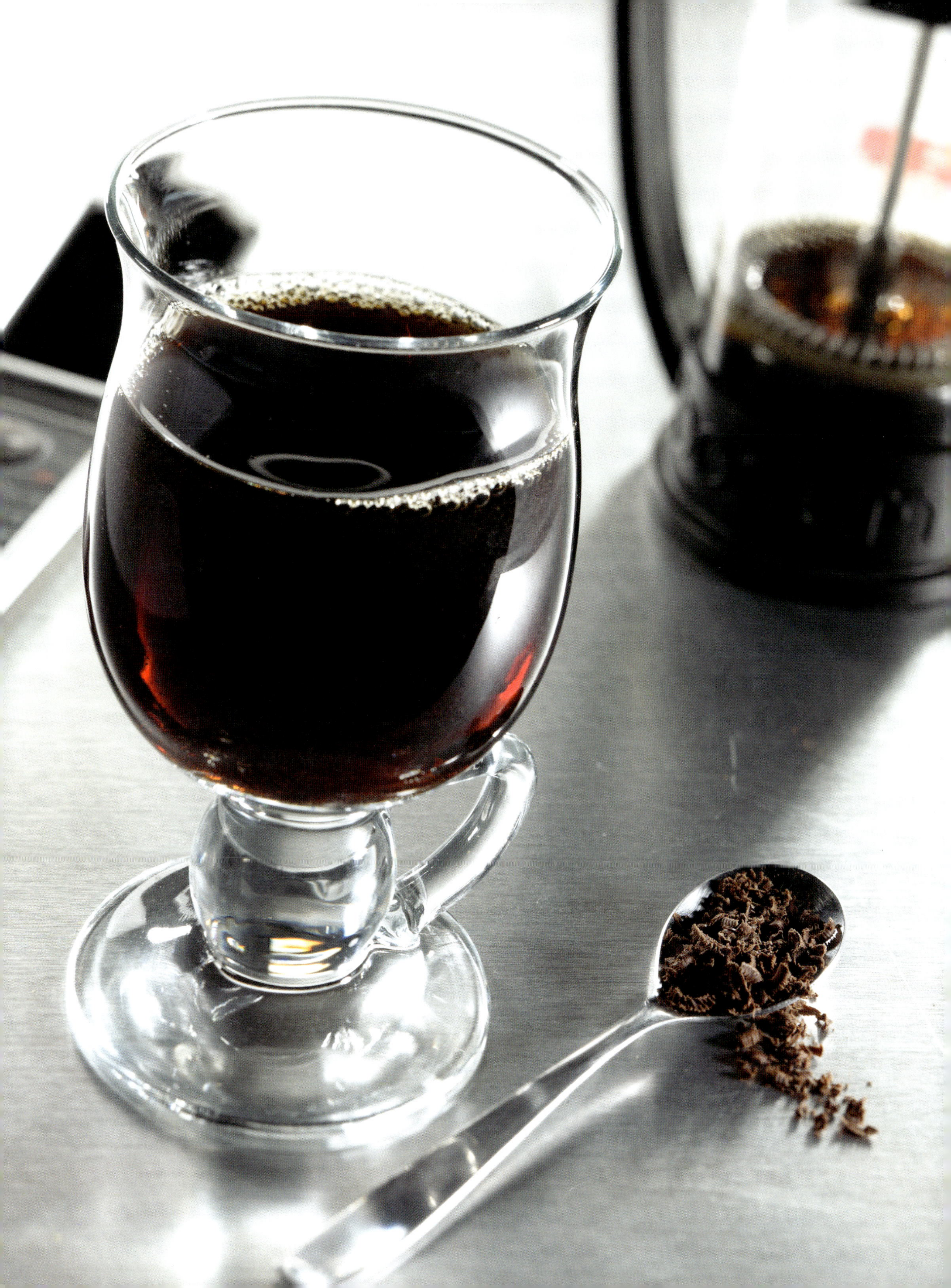

# SANGRIA EXPRESS VERSUS SANGRIA TRADITIONNELLE

8 verres de sangria d'environ 180 ml (¾ tasse) chacun • **Temps de préparation :** 10 minutes
**Temps de cuisson :** aucun • **Congélation :** oui • **Niveau de difficulté :** facile

| | |
|---|---|
| 1 | Citron, en tranches |
| 1 | Orange, en tranches |
| 1 l (4 tasses) | Eau pétillante |
| 250 ml (1 tasse) | Vin au choix |
| 250 ml (1 tasse) | Jus de fruits ou d'orange |
| | Sirop d'érable (facultatif) |

**1.** Mélanger tous les ingrédients dans un grand pichet.

**2.** Servir avec des glaçons.

**Avantages nutritifs par rapport à la recette traditionnelle :**

- 65 % moins de calories
- 9 % plus de vitamine C

### Recette actuelle
**Valeur nutritive**
Pour 1 verre de sangria

| Teneur | % valeur quotidienne |
|---|---|
| **Calories** 60 | |
| **Lipides** 0,1 g | 0 % |
|   saturés 0 g | |
|   oméga-3 0 g | |
| **Cholestérol** 0 mg | 0 % |
| **Sodium** 5 mg | 0 % |
| **Potassium** 160 mg | 5 % |
| **Glucides** 8 g | 3 % |
|   fibres 1 g | 4 % |
|   sucres 5 g | |
| **Protéines** 1 g | |
| Vitamine A 12 ER | 2 % |
| Vitamine C 36 mg | 60 % |
| Calcium 22 mg | 2 % |
| Fer 0,3 mg | 2 % |
| Phosphore 15,4 mg | 2 % |

### Recette traditionnelle
**Valeur nutritive**
Pour 1 verre de sangria

| Teneur | % valeur quotidienne |
|---|---|
| **Calories** 170 | |
| **Lipides** 0,2 g | 0 % |
|   saturés 0 g | |
|   oméga-3 0 g | |
| **Cholestérol** 0 mg | 0 % |
| **Sodium** 10 mg | 0 % |
| **Potassium** 280 mg | 8 % |
| **Glucides** 10 g | 3 % |
|   fibres 1 g | 4 % |
|   sucres 5 g | |
| **Protéines** 1 g | |
| Vitamine A 10 ER | 2 % |
| Vitamine C 33 mg | 50 % |
| Calcium 21 mg | 2 % |
| Fer 0,8 mg | 6 % |
| Phosphore 31,2 mg | 2 % |

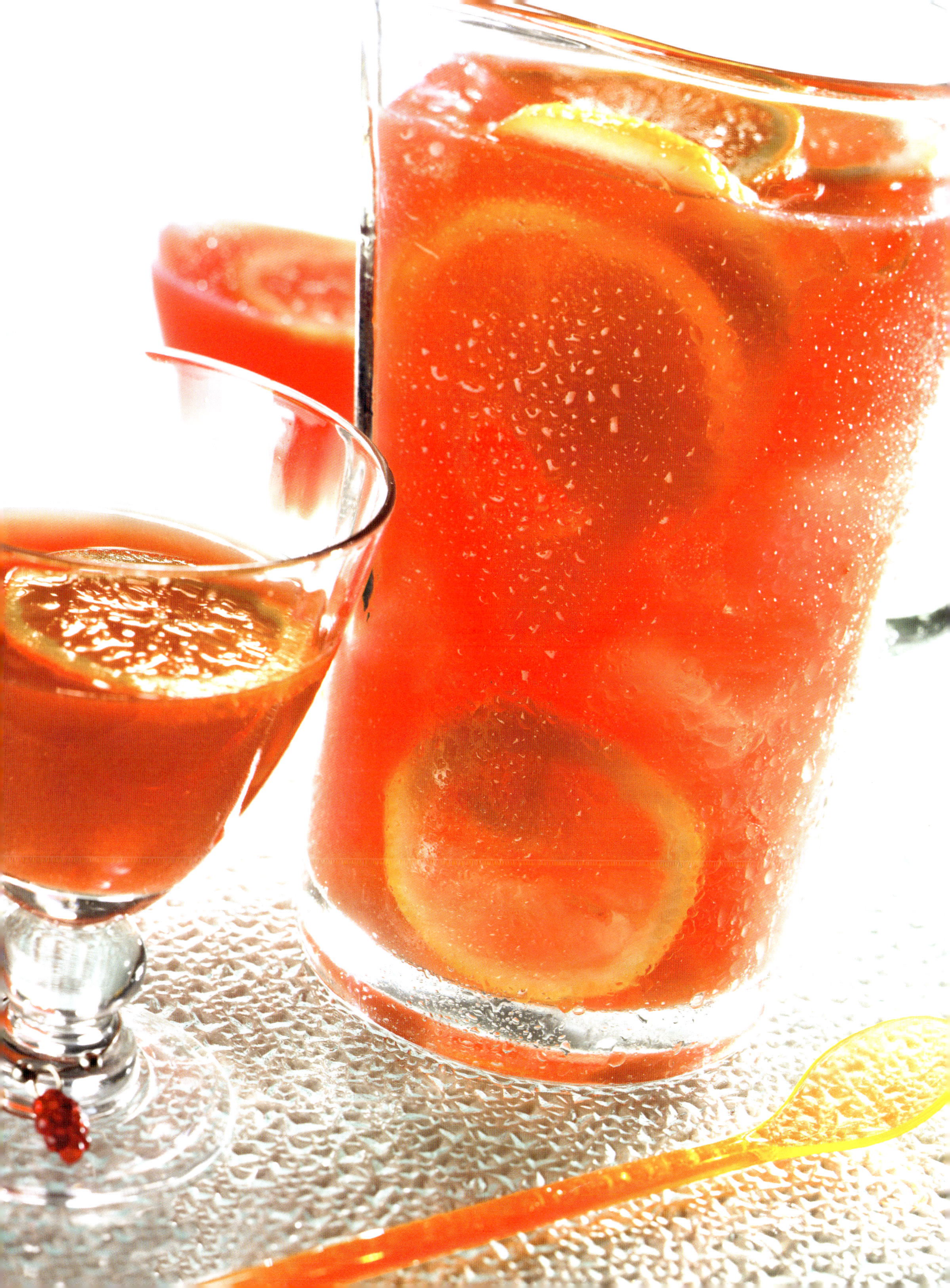

# LIMONADE PEU SUCRÉE VERSUS LIMONADE COMMERCIALE

4 verres de limonade de 250 ml (1 tasse) chacun • **Temps de préparation :** 10 minutes
**Temps de cuisson :** aucun • **Congélation :** oui • **Niveau de difficulté :** facile

| | |
|---|---|
| 4 | Citrons ou limes, en tranches |
| 1 l (4 tasses) | Eau pétillante |
| | Sirop d'érable (facultatif) |

**1.** Mélanger les ingrédients ensemble dans un pichet et servir.

## Avantages nutritifs par rapport à la recette traditionnelle :

- 83 % moins de calories
- 96 % moins de sucres

### Recette actuelle
**Valeur nutritive**
Pour 1 verre de limonade

| Teneur | % valeur quotidienne |
|---|---|
| **Calories** 40 | |
| **Lipides** 0,3 g | 0 % |
|   saturés 0 g | |
|   oméga-3 0 g | |
| **Cholestérol** 0 mg | 0 % |
| **Sodium** 5 mg | 0 % |
| **Potassium** 115 mg | 3 % |
| **Glucides** 8 g | 3 % |
|   fibres 2 g | 8 % |
|   sucres 2 g | |
| **Protéines** 1 g | |
| Vitamine A 2 ER | 0 % |
| Vitamine C 45 mg | 70 % |
| Calcium 27 mg | 2 % |
| Fer 0,5 mg | 4 % |
| Phosphore 13,4 mg | 2 % |

### Recette traditionnelle
**Valeur nutritive**
Pour 1 verre de limonade

| Teneur | % valeur quotidienne |
|---|---|
| **Calories** 230 | |
| **Lipides** 0,3 g | 0 % |
|   saturés 0 g | |
|   oméga-3 0 g | |
| **Cholestérol** 0 mg | 0 % |
| **Sodium** 15 mg | 1 % |
| **Potassium** 350 mg | 10 % |
| **Glucides** 55 g | 18 % |
|   fibres 2 g | 8 % |
|   sucres 50 g | |
| **Protéines** 1 g | |
| Vitamine A 22 ER | 2 % |
| Vitamine C 76 mg | 130 % |
| Calcium 33 mg | 4 % |
| Fer 0,6 mg | 4 % |
| Phosphore 29,6 mg | 2 % |

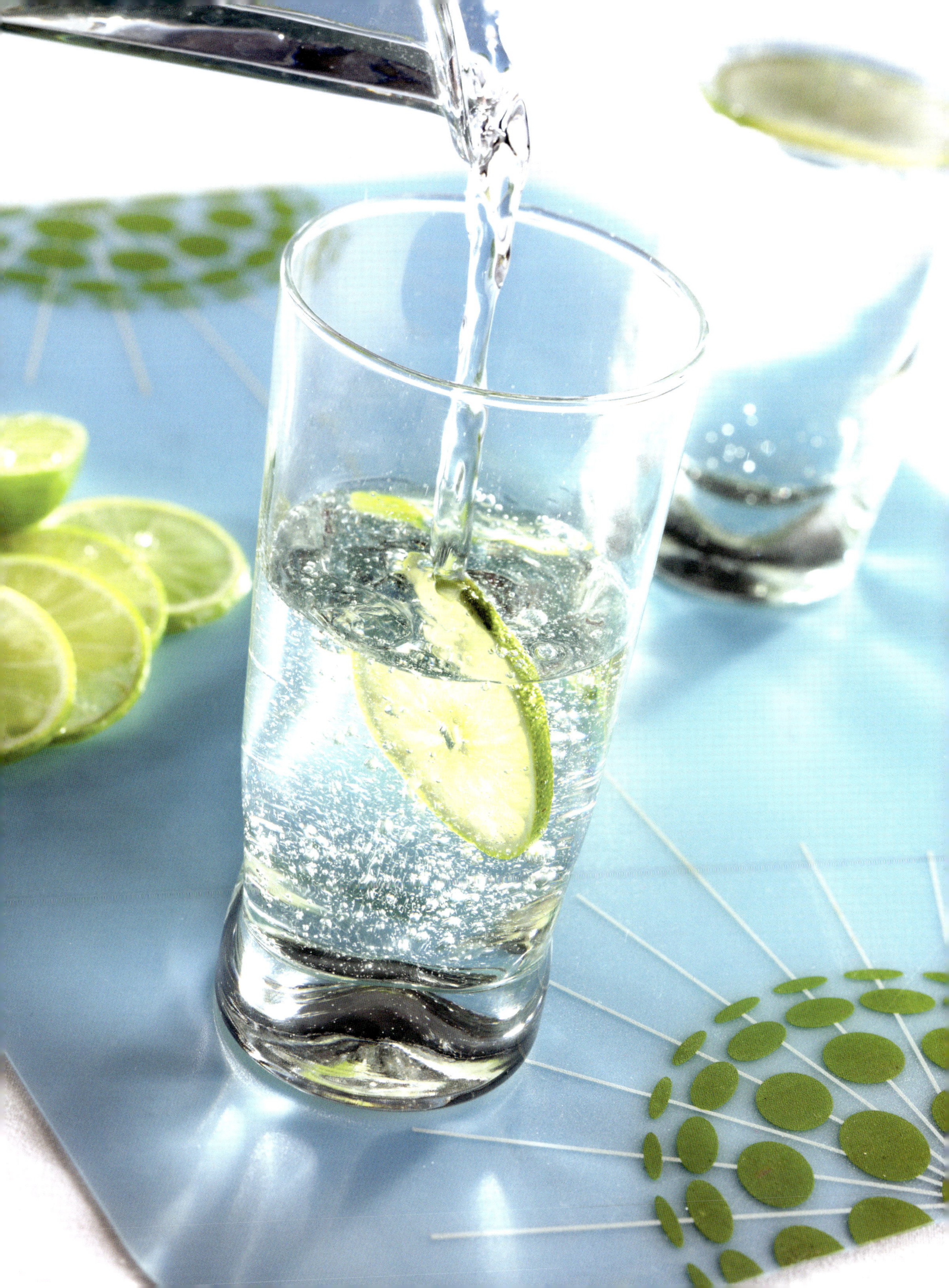

# BOISSON GAZEUSE AUX BAIES ROUGES versus BOISSON GAZEUSE COLA COMMERCIALE

6 verres de boisson gazeuse • **Temps de préparation :** 10 minutes • **Temps de cuisson :** aucun
**Congélation :** oui • **Niveau de difficulté :** facile

| | |
|---|---|
| 250 ml (1 tasse) | Jus de citron |
| 1 l (4 tasses) | Eau pétillante |
| 250 ml (1 tasse) | Framboises en purée |

**1.** Passer tous les ingrédients dans un tamis au-dessus d'un pichet, afin d'enlever les graines des framboises.

**2.** Servir immédiatement pour garder la boisson pétillante.

### Avantages nutritifs par rapport à la recette traditionnelle :

- 59 % moins de calories
- 3 g de plus de fibres
- 89 % moins de sucres
- 31 mg de plus de vitamine C

**Recette actuelle**
Valeur nutritive
Pour 250 ml (1 tasse)

| Teneur | % valeur quotidienne |
|---|---|
| **Calories** 45 | |
| **Lipides** 0,3 g | 0 % |
|   saturés 0 g | |
|   oméga-3 0,1 g | |
| **Cholestérol** 0 mg | 0 % |
| **Sodium** 4 mg | 0 % |
| **Potassium** 120 mg | 3 % |
| **Glucides** 9 g | 3 % |
|   fibres 3 g | 12 % |
|   sucres 3 g | |
| **Protéines** 1 g | |
| Vitamine A 2 ER | 0 % |
| Vitamine C 31 mg | 50 % |
| Calcium 17 mg | 2 % |
| Fer 0,3 mg | 2 % |
| Phosphore 15,1 mg | 2 % |

**Recette traditionnelle**
Valeur nutritive
Pour 250 ml (1 tasse)

| Teneur | % valeur quotidienne |
|---|---|
| **Calories** 110 | |
| **Lipides** 0 g | 0 % |
|   saturés 0 g | |
|   oméga-3 0 g | |
| **Cholestérol** 0 mg | 0 % |
| **Sodium** 10 mg | 0 % |
| **Potassium** 3 mg | 0 % |
| **Glucides** 28 g | 9 % |
|   fibres 0 g | 0 % |
|   sucres 28 g | |
| **Protéines** 0,1 g | |
| Vitamine A 0 ER | 0 % |
| Vitamine C 0 mg | 0 % |
| Calcium 8 mg | 0 % |
| Fer 0 mg | 0 % |
| Phosphore 33,8 mg | 4 % |

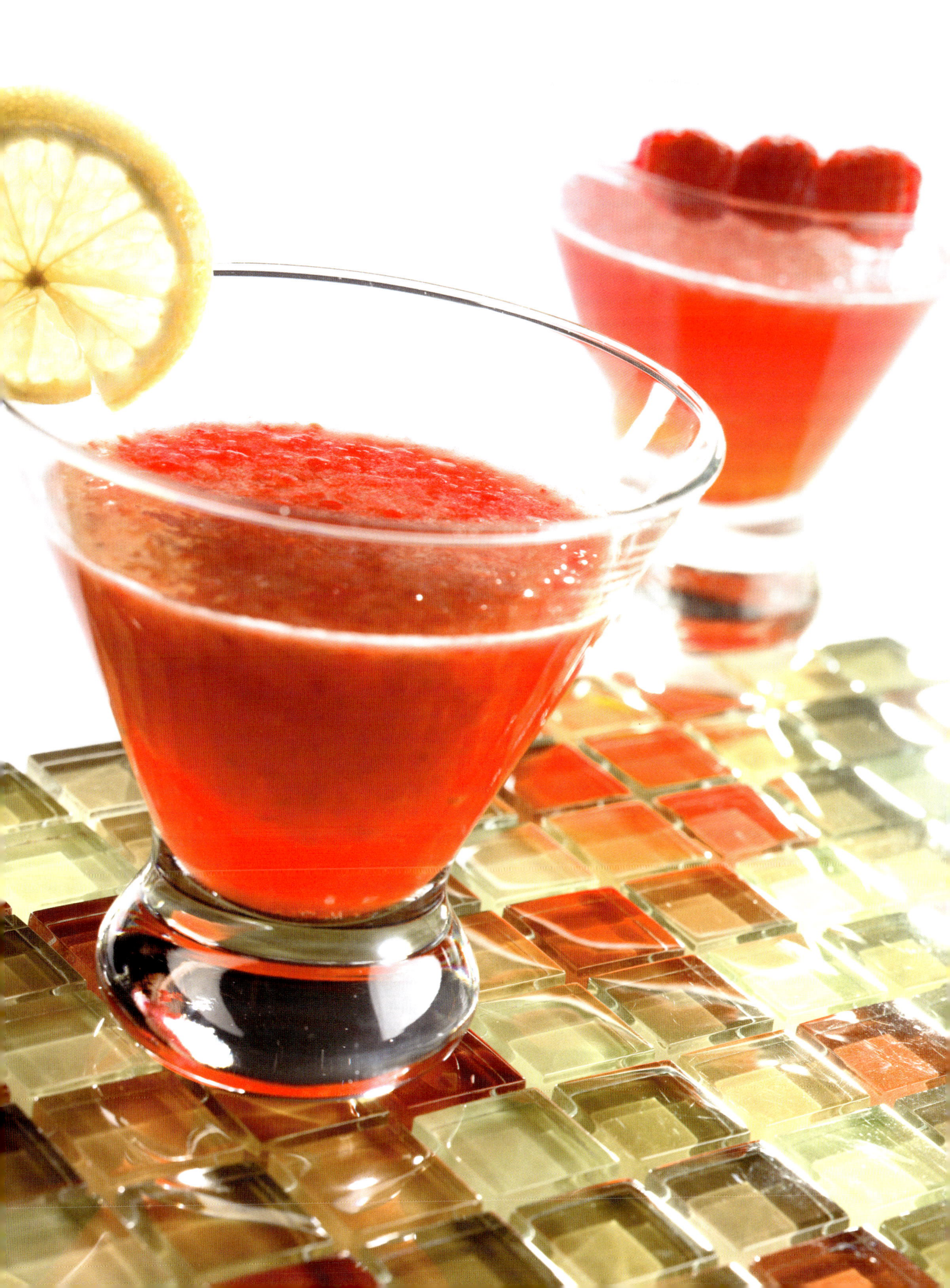

# SANDWICH PETIT-DÉJEUNER OUVERT AUX ŒUFS

VERSUS

# SANDWICH PETIT-DÉJEUNER AUX ŒUFS TRADITIONNEL

4 sandwichs • **Temps de préparation :** 5 minutes • **Temps de cuisson :** 5 minutes
**Congélation :** non • **Niveau de difficulté :** facile

| | |
|---|---|
| 2 | Muffins anglais de grains entiers, coupés en deux |
| 20 ml (4 c. à thé) | Huile au choix (olive, canola bio ou autre) |
| 4 | Œufs |
| 4 tranches | Fromage (20 % M.G. et moins) |
| 1 | Tomate, en rondelles |

**1.** Faire griller les 4 moitiés de muffins anglais.

**2.** Pendant ce temps, chauffer l'huile dans une poêle.

**3.** Cuire les 4 œufs jusqu'à ce que les blancs soient bien cuits, mais que les jaunes restent coulants.

**4.** Sur chaque moitié de muffin grillé, déposer une tranche de fromage, une rondelle de tomate et un œuf.

**Avantages nutritifs par rapport à la recette traditionnelle :**

- 35 % moins de calories
- 32 % moins de lipides totaux

### Recette actuelle
**Valeur nutritive**
Pour 1 sandwich à petit-déjeuner

| Teneur | % valeur quotidienne |
|---|---|
| **Calories** 280 | |
| **Lipides** 17 g | 26 % |
| saturés 6 g | |
| oméga-3 0,2 g | |
| **Cholestérol** 240 mg | 80 % |
| **Sodium** 470 mg | 20 % |
| **Potassium** 190 mg | 5 % |
| **Glucides** 15 g | 5 % |
| fibres 2 g | 8 % |
| sucres 4 g | |
| **Protéines** 16 g | |
| Vitamine A 137 ER | 15 % |
| Vitamine C 4 mg | 6 % |
| Calcium 283 mg | 25 % |
| Fer 1,9 mg | 15 % |
| Phosphore 307,3 mg | 30 % |

### Recette traditionnelle
**Valeur nutritive**
Pour 1 sandwich à petit-déjeuner

| Teneur | % valeur quotidienne |
|---|---|
| **Calories** 430 | |
| **Lipides** 25 g | 38 % |
| saturés 11 g | |
| oméga-3 0,3 g | |
| **Cholestérol** 270 mg | 88 % |
| **Sodium** 1280 mg | 53 % |
| **Potassium** 300 mg | 9 % |
| **Glucides** 28 g | 9 % |
| fibres 2 g | 8 % |
| sucres 3 g | |
| **Protéines** 24 g | |
| Vitamine A 172 ER | 15 % |
| Vitamine C 0 mg | 0 % |
| Calcium 315 mg | 30 % |
| Fer 2,4 mg | 15 % |
| Phosphore 29,6 mg | 2 % |

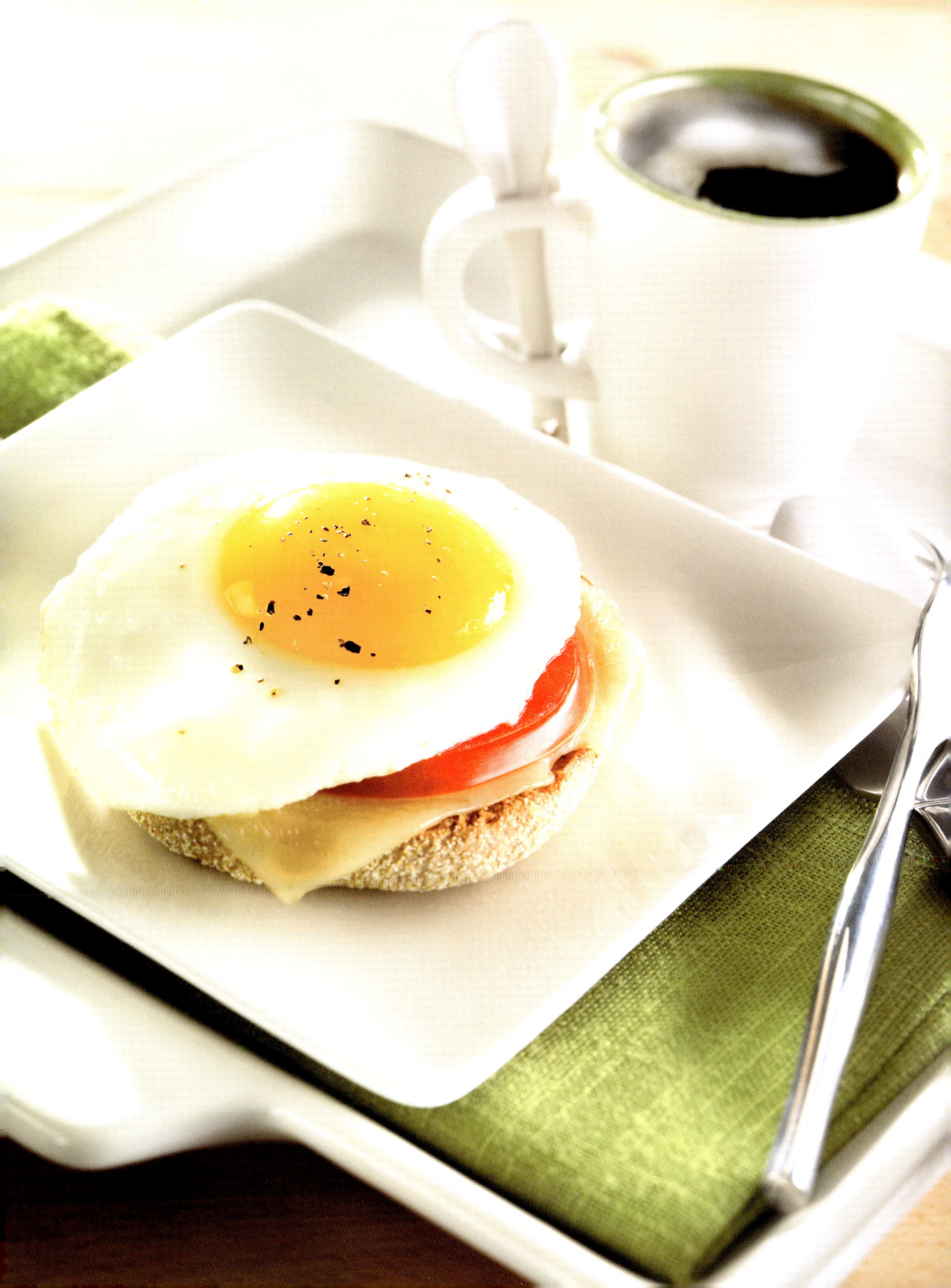

# OMELETTE SANTÉ AUX ÉPINARDS VERSUS OMELETTE WESTERN

4 portions • **Temps de préparation :** 5 minutes • **Temps de cuisson :** 4 à 6 minutes
**Congélation :** non • **Niveau de difficulté :** facile

| | |
|---|---|
| 5 | Œufs |
| 65 g (2 tasses) | Épinards frais |
| 15 ml (1 c. à soupe) | Huile au choix (olive, canola bio ou autre) |
| 60 g (½ tasse) | Oignon rouge haché |
| | Poivre, sel ou autres épices au goût |

**1.** Battre les œufs dans un grand bol.

**2.** Hacher grossièrement les épinards et les déposer dans le bol avec les œufs.

**3.** Chauffer l'huile à feu vif dans une poêle et y faire revenir l'oignon 2 minutes, ou jusqu'à ce qu'il soit translucide.

**4.** Verser le mélange d'œufs et d'épinards dans la poêle.

**5.** Cuire de 1 à 2 minutes de chaque côté. Poivrer et saler.

**6.** Glisser l'omelette sur un plat, sans la plier, et la couper en quatre.

**Avantages nutritifs par rapport à la recette traditionnelle :**
- 38 % moins de lipides saturés
- 55 % moins de sodium

### Recette actuelle
**Valeur nutritive**
Pour ¼ d'omelette

| Teneur | % valeur quotidienne |
|---|---|
| **Calories** 130 | |
| **Lipides** 9 g | 14 % |
|   saturés **2,5 g** | |
|   oméga-3 0,1 g | |
| **Cholestérol** 230 mg | 78 % |
| **Sodium** **90 mg** | 4 % |
| **Potassium** 190 mg | 5 % |
| **Glucides** 3 g | 1 % |
|   fibres 1 g | 4 % |
|   sucres 1 g | |
| **Protéines** 8 g | |
| Vitamine A 233 ER | 25 % |
| Vitamine C 5 mg | 8 % |
| Calcium 50 mg | 4 % |
| Fer 1,2 mg | 8 % |
| Phosphore 95,2 mg | 8 % |

### Recette traditionnelle
**Valeur nutritive**
Pour ¼ d'omelette

| Teneur | % valeur quotidienne |
|---|---|
| **Calories** 170 | |
| **Lipides** 10 g | 15 % |
|   saturés **4 g** | |
|   oméga-3 0,1 g | |
| **Cholestérol** 250 mg | 82 % |
| **Sodium** **200 mg** | 9 % |
| **Potassium** 350 mg | 10 % |
| **Glucides** 8 g | 3 % |
|   fibres 1 g | 4 % |
|   sucres 6 g | |
| **Protéines** 12 g | |
| Vitamine A 121 ER | 10 % |
| Vitamine C 4 mg | 8 % |
| Calcium 45 mg | 4 % |
| Fer 1 mg | 8 % |
| Phosphore 93 mg | 8 % |

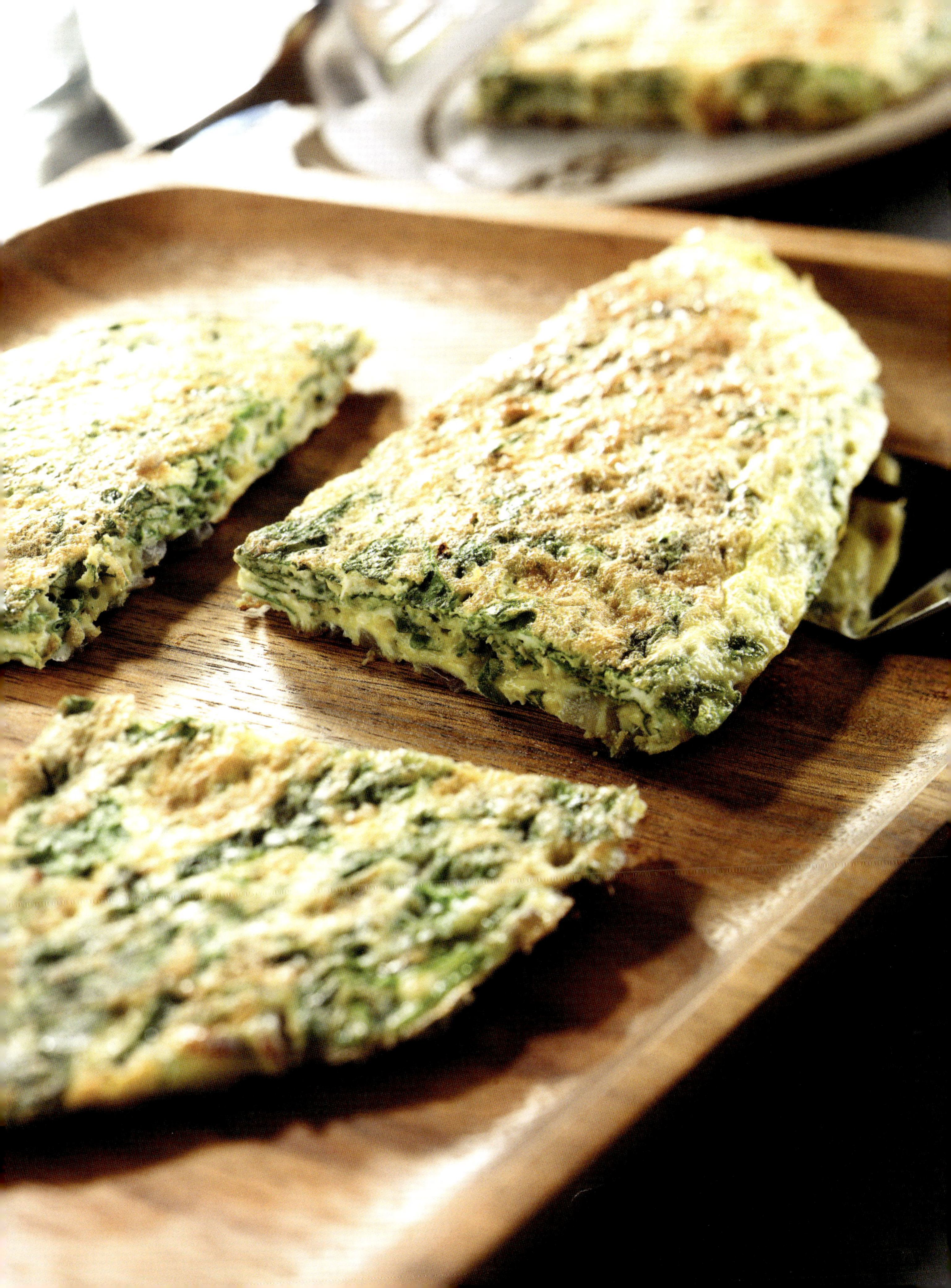

# LE MÉLIS SANDWICH AU FROMAGE GRILLÉ

VERSUS

# SANDWICH AU FROMAGE GRILLÉ TRADITIONNEL

4 sandwichs • **Temps de préparation :** 5 minutes • **Temps de cuisson :** 5 minutes
**Congélation :** non • **Niveau de difficulté :** facile

| | |
|---|---|
| 20 ml (4 c. à thé) | Huile au choix (olive, canola bio ou autre) |
| 60 g (½ tasse) | Oignon jaune haché |
| 8 tranches | Pain de grains entiers |
| 4 tranches | Fromage (20 % M.G. et moins) |
| 2 | Poires mûres, en tranches |

**1.** Dans une poêle, chauffer à feu moyen 5 ml (1 c. à thé) d'huile et y faire revenir l'oignon 2 minutes, ou jusqu'à ce qu'il soit transparent.

**2.** Avec le restant d'huile, badigeonner les tranches de pain des deux côtés.

**3.** Pour préparer les quatre sandwichs, déposer successivement une tranche de pain, une tranche de fromage, 15 g (2 c. à soupe) d'oignon grillé, quelques tranches de poire et une autre tranche de pain.

**4.** Griller les sandwichs de chaque côté dans la poêle et servir sans délai.

**Avantages nutritifs par rapport à la recette traditionnelle :**

- 88 % moins de lipides saturés
- 44 % moins de sodium
- 6 g de plus de fibres

**Recette actuelle**
**Valeur nutritive**
Pour 1 sandwich

| Teneur | % valeur quotidienne |
|---|---|
| **Calories** 320 | |
| **Lipides** 9 g | 14 % |
|   saturés 2,5 g | |
|   oméga-3 0,1 g | |
| **Cholestérol** 5 mg | 2 % |
| **Sodium** 500 mg | 21 % |
| **Potassium** 270 mg | 8 % |
| **Glucides** 45 g | 15 % |
|   fibres 7 g | 28 % |
|   sucres 15 g | |
| **Protéines** 14 g | |
| Vitamine A 21 ER | 2 % |
| Vitamine C 5 mg | 8 % |
| Calcium 198 mg | 20 % |
| Fer 2,6 mg | 20 % |
| Phosphore 275,9 mg | 25 % |

**Recette traditionnelle**
**Valeur nutritive**
Pour 1 sandwich

| Teneur | % valeur quotidienne |
|---|---|
| **Calories** 460 | |
| **Lipides** 35 g | 54 % |
|   saturés 21 g | |
|   oméga-3 0,3 g | |
| **Cholestérol** 90 mg | 30 % |
| **Sodium** 890 mg | 37 % |
| **Potassium** 115 mg | 3 % |
| **Glucides** 24 g | 8 % |
|   fibres 1 g | 4 % |
|   sucres 2 g | |
| **Protéines** 11 g | |
| Vitamine A 282 ER | 30 % |
| Vitamine C 0 mg | 0 % |
| Calcium 230 mg | 20 % |
| Fer 1,5 mg | 10 % |
| Phosphore 211,3 mg | 20 % |

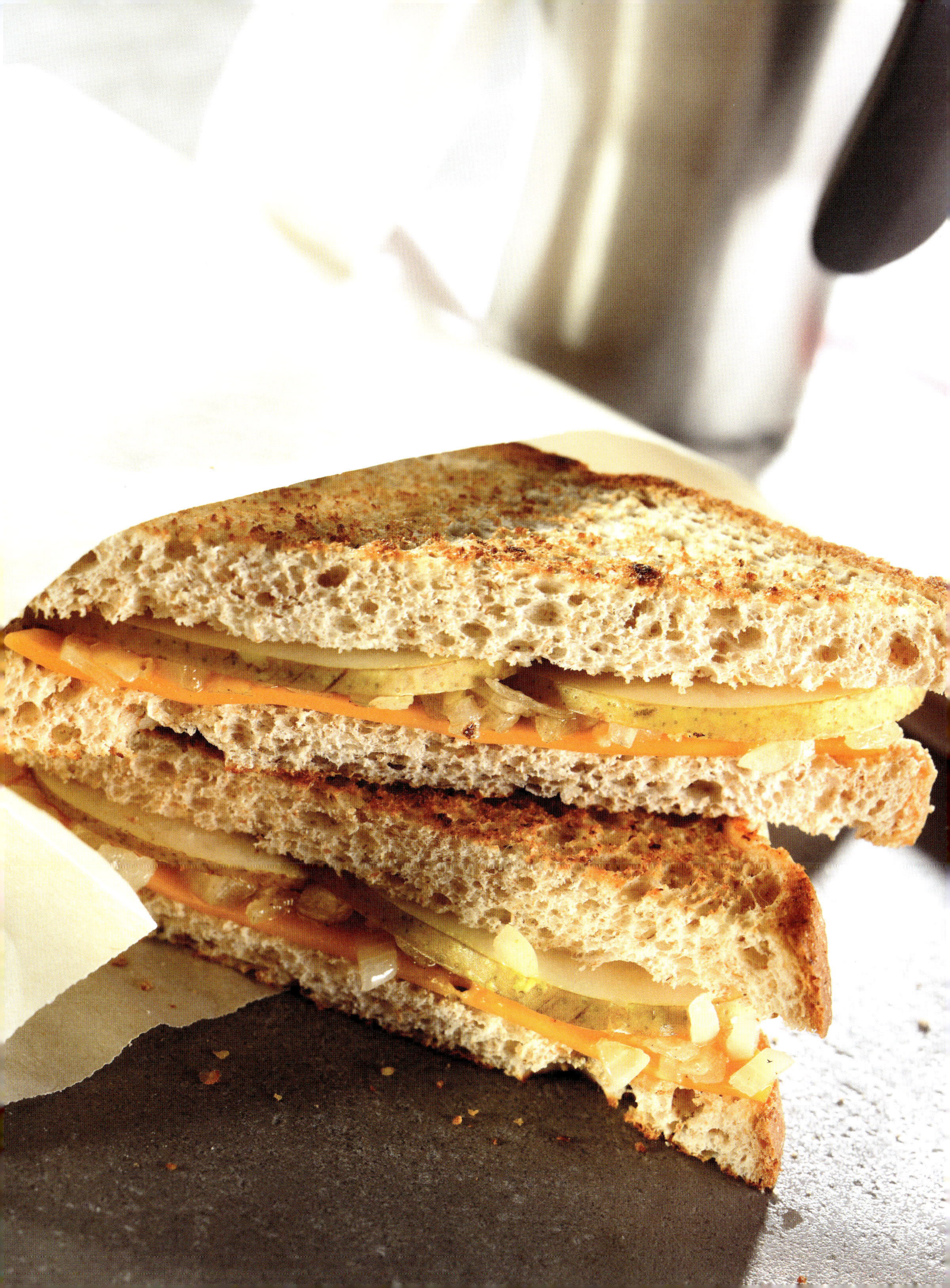

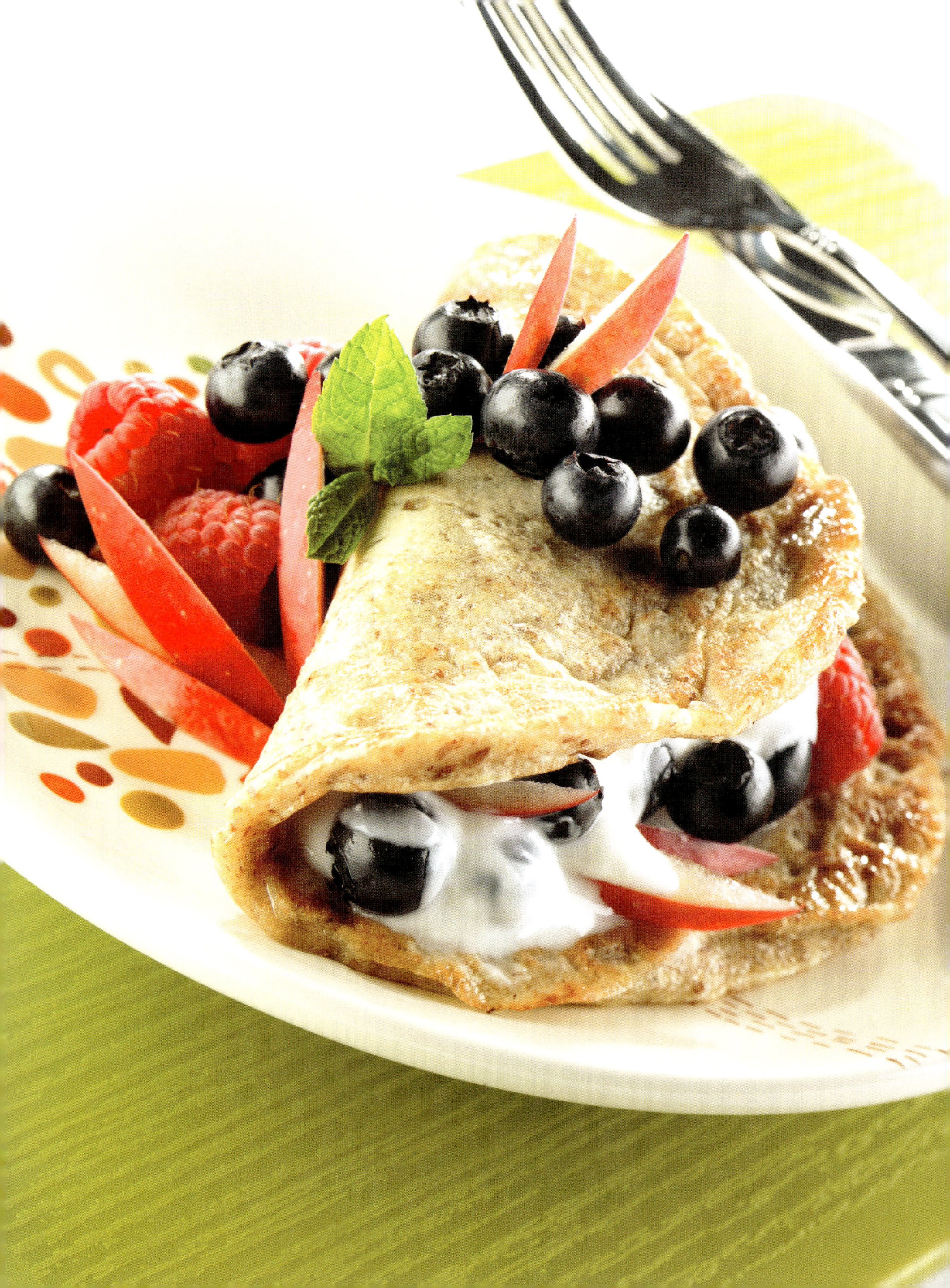

# CRÊPES AUX GRAINES DE LIN ET AUX FRUITS
## VERSUS
# CRÊPES TRADITIONNELLES AUX FRUITS

6 crêpes • **Temps de préparation :** 10 minutes • **Temps de réfrigération :** 15 minutes
**Temps de cuisson :** 2 à 4 minutes par crêpe • **Congélation :** oui, sans la garniture de fruits
**Niveau de difficulté :** facile

| | |
|---|---|
| 20 g (3 c. à soupe) | Graines de lin moulues |
| 3 | Œufs, battus |
| 375 ml (1½ tasse) | Eau |
| 125 g (1 tasse) | Farine de blé entier à pâtisserie |
| 30 g (¼ tasse) | Farine de quinoa ou d'avoine |
| 30 ml (2 c. à soupe) | Huile au choix (olive, canola bio ou autre) |
| 445 g (3 tasses) | Fruits frais au choix |
| 180 ml (¾ tasse) | Yogourt nature ou à la vanille |
| | Fruits et feuilles de menthe, pour décorer |
| | Crème 15 % M.G. (facultatif) |

**1.** Dans un bol, fouetter les 5 premiers ingrédients. Laisser reposer la pâte au moins 15 minutes au réfrigérateur.

**2.** Chauffer l'huile dans une poêle à feu moyen.

**3.** Verser environ 80 ml (⅓ tasse) de pâte pour chaque crêpe.

**4.** Cuire la crêpe de 1 à 2 minutes de chaque côté, ou jusqu'à ce qu'elle soit bien dorée. Réserver au chaud.

**5.** Déposer 75 g (½ tasse) de fruits au choix sur la moitié de chaque crêpe.

**6.** Étaler 30 ml (2 c. à soupe) de yogourt sur les fruits.

**7.** Replier la crêpe sur la garniture et décorer de quelques fruits et feuilles de menthe.

**8.** Servir immédiatement avec un filet de crème, si désiré.

**Avantages nutritifs par rapport à la recette traditionnelle :**

- 3 g de plus de fibres
- 36 % moins de sucres

### Recette actuelle
**Valeur nutritive**
Pour 1 crêpe

| Teneur | % valeur quotidienne |
|---|---|
| **Calories** 250 | |
| **Lipides** 9 g | 14 % |
|   saturés 1,5 g | |
|   oméga-3 0,5 g | |
| **Cholestérol** 95 mg | 32 % |
| **Sodium** 60 mg | 2 % |
| **Potassium** 340 mg | 10 % |
| **Glucides** 33 g | 11 % |
|   fibres **6 g** | 24 % |
|   sucres 9 g | |
| **Protéines** 10 g | |
| Vitamine A 39 ER | 4 % |
| Vitamine C 19 mg | 30 % |
| Calcium 96 mg | 8 % |
| Fer 1,8 mg | 15 % |
| Phosphore 173,4 mg | 15 % |

### Recette traditionnelle
**Valeur nutritive**
Pour 1 crêpe

| Teneur | % valeur quotidienne |
|---|---|
| **Calories** 290 | |
| **Lipides** 10 g | 15 % |
|   saturés 5 g | |
|   oméga-3 0,1 g | |
| **Cholestérol** 115 mg | 38 % |
| **Sodium** 135 mg | 6 % |
| **Potassium** 310 mg | 9 % |
| **Glucides** 40 g | 13 % |
|   fibres **3 g** | 12 % |
|   sucres 14 g | |
| **Protéines** 9 g | |
| Vitamine A 119 ER | 10 % |
| Vitamine C 19 mg | 30 % |
| Calcium 50 mg | 4 % |
| Fer 1,9 mg | 15 % |
| Phosphore 146 mg | 15 % |

# GAUFRES MAISON DE GRAINS ENTIERS VERSUS GAUFRES COMMERCIALES

8 gaufres • **Temps de préparation :** 10 minutes • **Temps de cuisson :** 3 à 5 minutes par gaufre
**Congélation :** oui • **Niveau de difficulté :** facile-moyen

| | |
|---|---|
| 65 g (⅔ tasse) | Farine d'épeautre ou de kamut |
| 30 g (⅓ tasse) | Farine de quinoa, d'épeautre ou de kamut |
| 35 g (¼ tasse) | Sucre d'érable |
| 5 g (1 c. à thé) | Levure chimique |
| 180 ml (¾ tasse) | Lait (2 % M.G. et moins) |
| 1 | Jaune d'œuf |
| 5 ml (1 c. à thé) | Huile au choix (olive, canola bio ou autre) |
| 1 | Blanc d'œuf frais |
| 295 g (2 tasses) | Fruits au choix |
| 125 ml (½ tasse) | Sirop d'érable (facultatif) |

1. Dans un bol, mélanger les 4 premiers ingrédients.
2. Mélanger le lait, le jaune d'œuf et l'huile, et incorporer au mélange précédent.
3. Dans un autre bol, monter le blanc d'œuf en neige jusqu'à formation de pics fermes, puis incorporer à la pâte en pliant à l'aide d'une spatule.
4. Faire cuire dans un gaufrier chaud, huilé au besoin, de 3 à 5 minutes ou jusqu'à ce qu'il n'y ait plus de vapeur.
5. Garnir chaque gaufre de fruits mélangés et de sirop d'érable, si désiré.

### Recette actuelle
**Valeur nutritive**
Pour 1 gaufre

| Teneur | % valeur quotidienne |
|---|---|
| **Calories** 170 | |
| **Lipides** 2,5 g | 4 % |
| saturés 0,5 g | |
| oméga-3 0 g | |
| **Cholestérol** 25 mg | 8 % |
| **Sodium** 85 mg | 3 % |
| **Potassium** 200 mg | 6 % |
| **Glucides** 34 g | 11 % |
| fibres 2 g | 8 % |
| sucres 15 g | |
| **Protéines** 4 g | |
| Vitamine A 128 ER | 15 % |
| Vitamine C 13 mg | 20 % |
| Calcium 95 mg | 8 % |
| Fer 1 mg | 6 % |
| Phosphore 53,9 mg | 4 % |

### Recette traditionnelle
**Valeur nutritive**
Pour 1 gaufre

| Teneur | % valeur quotidienne |
|---|---|
| **Calories** 170 | |
| **Lipides** 3 g | 5 % |
| saturés 0,5 g | |
| oméga-3 0,1 g | |
| **Cholestérol** 10 mg | 3 % |
| **Sodium** 260 mg | 11 % |
| **Potassium** 190 mg | 5 % |
| **Glucides** 34 g | 11 % |
| fibres 2 g | 8 % |
| sucres 17 g | |
| **Protéines** 2 g | |
| Vitamine A 23 ER | 2 % |
| Vitamine C 13 mg | 20 % |
| Calcium 90 mg | 8 % |
| Fer 1 mg | 6 % |
| Phosphore 52 mg | 4 % |

**Avantages nutritifs par rapport à la recette traditionnelle :**

- 67 % moins de sodium
- 100 % plus de protéines

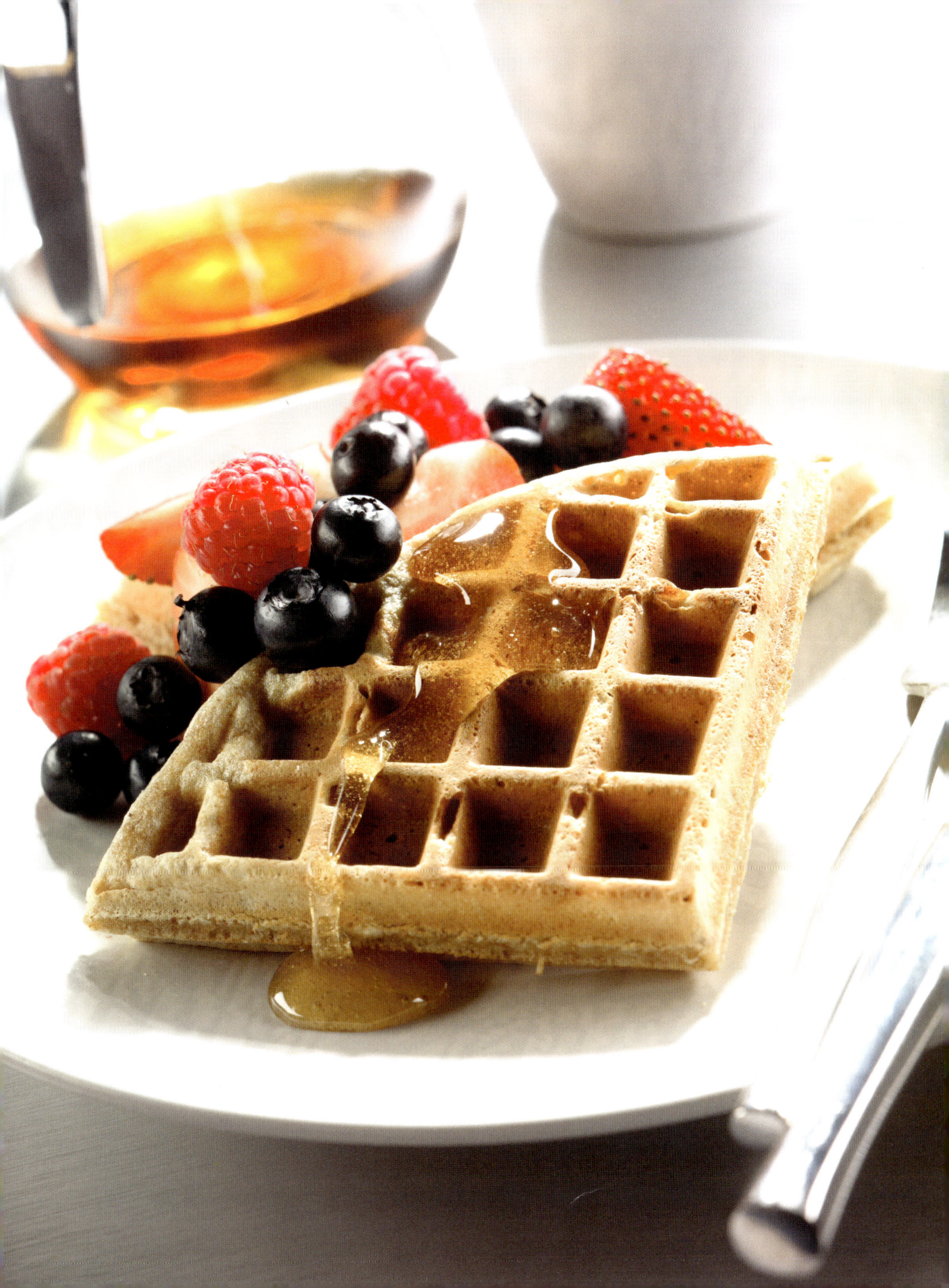

# PAIN DORÉ AUX RAISINS ET AUX FRUITS VERSUS PAIN DORÉ TRADITIONNEL

8 pains dorés • **Temps de préparation :** 10 minutes • **Temps de cuisson :** 30 minutes
**Congélation :** oui, sans la garniture de fruits • **Niveau de difficulté :** facile-moyen

### Crème anglaise
| | |
|---|---|
| 500 ml (2 tasses) | Lait (2 % M.G. et moins) |
| 2 | Œufs |
| 35 g (¼ tasse) | Sucre d'érable ou de miel |
| | Vanille, au goût |

### Pain doré
| | |
|---|---|
| 3 | Œufs |
| 500 ml (2 tasses) | Eau |
| 20 ml (4 c. à thé) | Huile au choix (olive, canola bio ou autre) |
| 8 tranches | Pain aux raisins |
| 300 g (2 tasses) | Fruits frais au choix |

1. Dans une casserole ou un bain-marie, porter le lait à ébullition.
2. Pendant ce temps, mélanger les œufs avec le sucre d'érable ou le miel et la vanille.
3. Lorsque le lait bout, verser la préparation aux œufs à petit filet, en fouettant vigoureusement.
4. Battre pendant 3 minutes, ou jusqu'à ce que la crème anglaise épaississe et nappe une cuillère de bois. Réserver.
5. Dans un bol, fouetter les 3 œufs avec l'eau.
6. Chauffer l'huile (la quantité peut varier) dans une poêle à feu moyen.
7. Plonger les tranches de pain dans le mélange d'œufs pour bien les imbiber.
8. Dans la poêle, griller le pain environ 2 minutes de chaque côté, ou jusqu'à ce qu'il soit doré au goût.
9. Au moment de servir, napper de crème anglaise et garnir de fruits frais (framboises, bleuets, etc.).

**Recette actuelle**
Valeur nutritive
Pour 1 pain doré

| Teneur | % valeur quotidienne |
|---|---|
| **Calories** 280 | |
| **Lipides** 9 g | 14 % |
| saturés 2,5 g | |
| oméga-3 0,1 g | |
| **Cholestérol** 120 mg | 40 % |
| **Sodium** 270 mg | 11 % |
| **Potassium** 340 mg | 10 % |
| **Glucides** 40 g | 13 % |
| fibres 3 g | 12 % |
| sucres 13 g | |
| **Protéines** 10 g | |
| Vitamine A 81 ER | 8 % |
| Vitamine C 10 mg | 15 % |
| Calcium 135 mg | 10 % |
| Fer 2,1 mg | 15 % |
| Phosphore 167 mg | 15 % |

**Recette traditionnelle**
Valeur nutritive
Pour 1 pain doré

| Teneur | % valeur quotidienne |
|---|---|
| **Calories** 320 | |
| **Lipides** 11 g | 17 % |
| saturés 5 g | |
| oméga-3 0 g | |
| **Cholestérol** 65 mg | 22 % |
| **Sodium** 270 mg | 11 % |
| **Potassium** 240 mg | 7 % |
| **Glucides** 50 g | 17 % |
| fibres 1 g | 4 % |
| sucres 26 g | |
| **Protéines** 6 g | |
| Vitamine A 80 ER | 8 % |
| Vitamine C 9 mg | 15 % |
| Calcium 74 mg | 6 % |
| Fer 1,6 mg | 10 % |
| Phosphore 86 mg | 8 % |

**Avantages nutritifs par rapport à la recette traditionnelle :**

- 2 g de plus de fibres
- 50 % moins de sucres
- 67 % plus de protéines

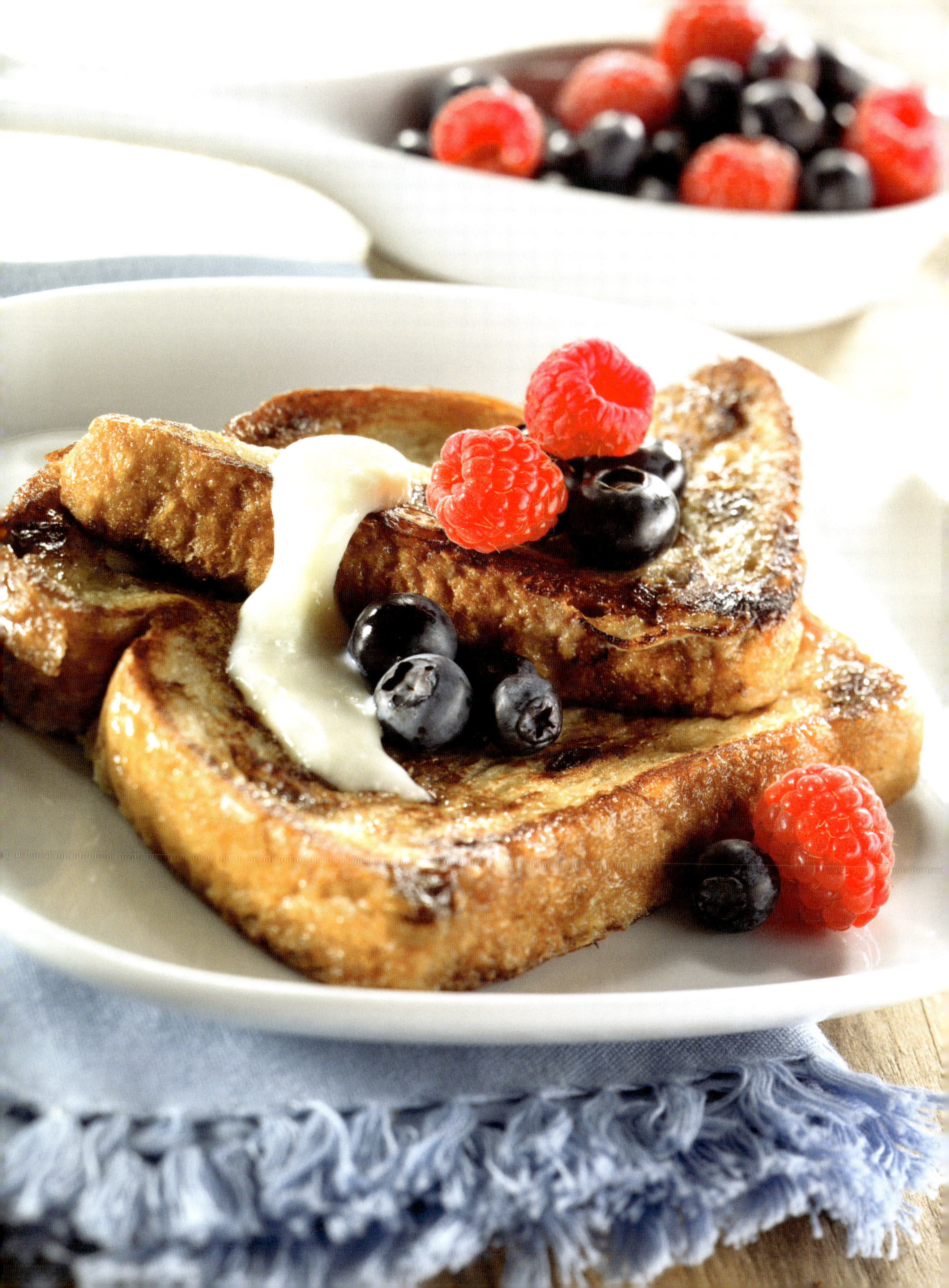

# GRUAU FRUITÉ versus GRUAU CRÈME

1 gruau • **Temps de préparation :** 2 minutes • **Temps de cuisson :** 5 minutes
**Congélation :** non • **Niveau de difficulté :** facile

| | |
|---|---|
| 25 g (¼ tasse) | Flocons d'avoine rapide |
| 60 ml (¼ tasse) | Lait (2 % M.G. et moins) ou boisson de soya |
| 5 g (1 c. à soupe) | Graines de lin moulues |
| 1 | Pomme, en petits morceaux |
| 1 pincée | Cannelle |
| | Flocons d'érable (facultatif) |

**1.** Cuire les flocons d'avoine dans le lait ou la boisson de soya 5 minutes à feu doux sur la cuisinière, ou 2 minutes au four à micro-ondes.

**2.** Une fois les flocons cuits, garnir de graines de lin moulues, de morceaux de pomme et d'une pincée de cannelle.

**3.** Si désiré, saupoudrer de flocons d'érable, ou ajouter plus de lait au besoin.

**Avantages nutritifs par rapport à la recette traditionnelle :**

- 56 % moins de calories
- 81 % moins de lipides totaux
- 81 % moins de lipides saturés

### Recette actuelle
**Valeur nutritive**
Pour 1 gruau

| Teneur | % valeur quotidienne |
|---|---|
| **Calories** 220 | |
| **Lipides** 6 g | 9 % |
|   saturés 1,5 g | |
|   oméga-3 0,5 g | |
| **Cholestérol** 5 mg | 2 % |
| **Sodium** 30 mg | 1 % |
| **Potassium** 310 mg | 9 % |
| **Glucides** 35 g | 12 % |
|   fibres 6 g | 24 % |
|   sucres 14 g | |
| **Protéines** 7 g | |
| Vitamine A 46 ER | 4 % |
| Vitamine C 5 mg | 8 % |
| Calcium 113 mg | 10 % |
| Fer 1,5 mg | 10 % |
| Phosphore 192,6 mg | 20 % |

### Recette traditionnelle
**Valeur nutritive**
Pour 1 gruau

| Teneur | % valeur quotidienne |
|---|---|
| **Calories** 500 | |
| **Lipides** 32 g | 49 % |
|   saturés 8 g | |
|   oméga-3 0,4 g | |
| **Cholestérol** 25 mg | 8 % |
| **Sodium** 45 mg | 2 % |
| **Potassium** 360 mg | 10 % |
| **Glucides** 44 g | 15 % |
|   fibres 6 g | 24 % |
|   sucres 14 g | |
| **Protéines** 9 g | |
| Vitamine A 91 ER | 10 % |
| Vitamine C 8 mg | 15 % |
| Calcium 92 mg | 8 % |
| Fer 2,6 mg | 20 % |
| Phosphore 264,2 mg | 25 % |

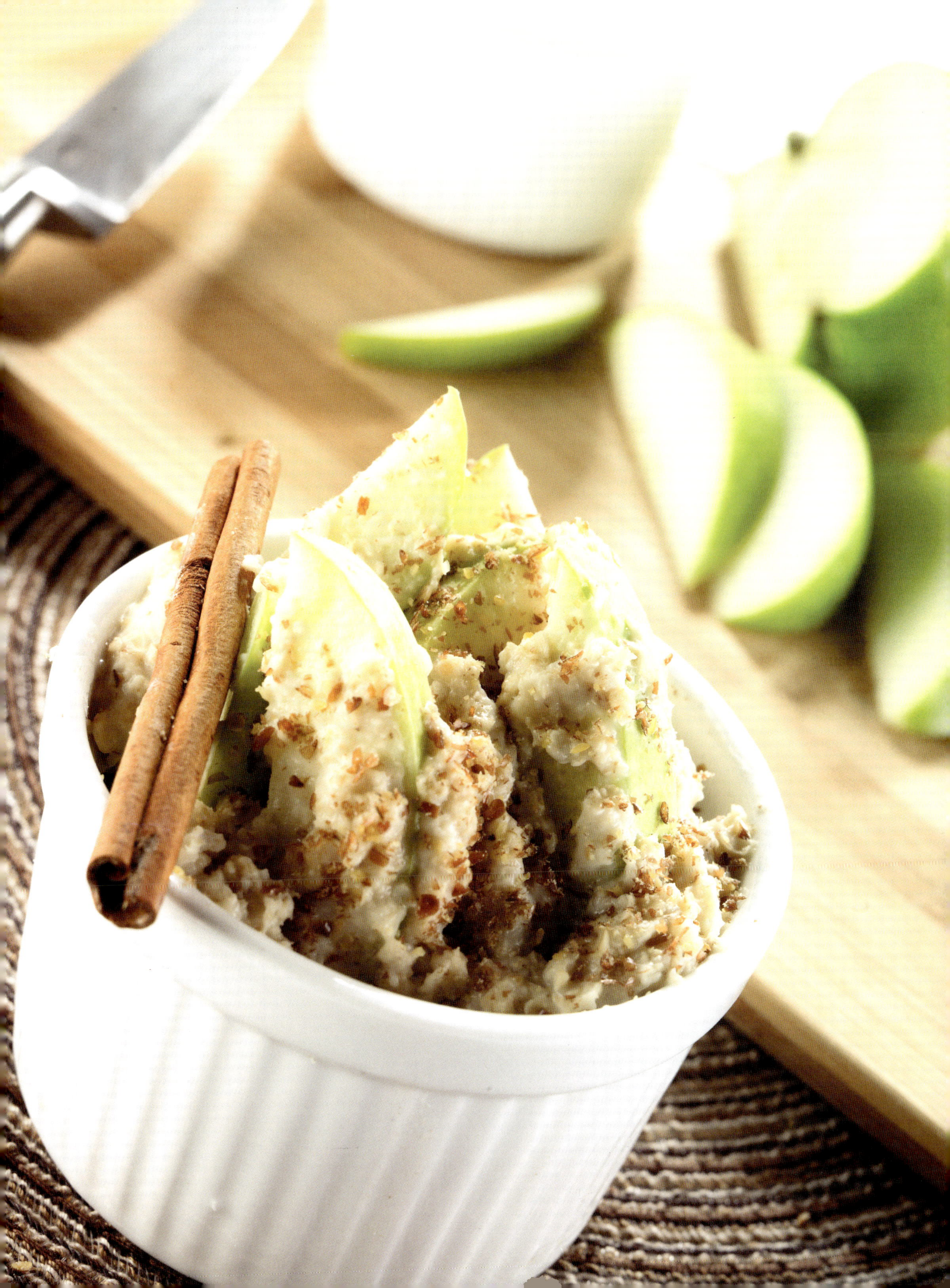

# SOUPE À L'OIGNON GRATINÉE

VERSUS

# SOUPE À L'OIGNON TRADITIONNELLE

4 soupes • **Temps de préparation :** 10 minutes • **Temps de cuisson :** 25 à 30 minutes
**Congélation :** oui • **Niveau de difficulté :** facile

| | |
|---|---|
| 4 | Oignons jaunes, émincés |
| 2 | Gousses d'ail, hachées finement |
| 5 ml (1 c. à thé) | Huile au choix (olive, canola bio ou autre) |
| 1 l (4 tasses) | Bouillon de poulet maison |
| 1 c. à thé | Thym séché |
| | Poivre, sel ou autres épices au goût |
| 4 petites tranches | Baguette de blé entier, grillées |
| 30 g (¼ tasse) | Fromage râpé (20 % M.G. et moins) |

1. Préchauffer le four à 180 °C (350 °F).
2. Faire dorer légèrement les oignons et l'ail avec l'huile dans une casserole. Au besoin, ajouter un peu d'eau ou de bouillon.
3. Ajouter le bouillon et les assaisonnements.
4. Cuire à découvert, à feu doux, environ 20 minutes.
5. Verser dans de petits bols allant au four et couvrir d'une tranche de baguette grillée.
6. Saupoudrer de fromage râpé.
7. Griller au four de 5 à 10 minutes, ou jusqu'à ce que le dessus soit doré.

**Recette actuelle**
**Valeur nutritive**
Pour 1 soupe

| Teneur | % valeur quotidienne |
|---|---|
| **Calories** 100 | |
| **Lipides** 3 g | 5 % |
| saturés 1 g | |
| oméga-3 0 g | |
| **Cholestérol** 4 mg | 2 % |
| **Sodium** 480 mg | 20 % |
| **Potassium** 140 mg | 4 % |
| **Glucides** 13 g | 4 % |
| fibres 2 g | 8 % |
| sucres 5 g | |
| **Protéines** 4 g | |
| Vitamine A 14 ER | 2 % |
| Vitamine C 5 mg | 8 % |
| Calcium 81 mg | 8 % |
| Fer 0,6 mg | 4 % |
| Phosphore 85,2 mg | 8 % |

**Recette traditionnelle**
**Valeur nutritive**
Pour 1 soupe

| Teneur | % valeur quotidienne |
|---|---|
| **Calories** 140 | |
| **Lipides** 4,5 g | 7 % |
| saturés 1,5 g | |
| oméga-3 0,1 g | |
| **Cholestérol** 5 mg | 2 % |
| **Sodium** 1470 mg | 61 % |
| **Potassium** 110 mg | 3 % |
| **Glucides** 18 g | 6 % |
| fibres 2 g | 8 % |
| sucres 5 g | |
| **Protéines** 8 g | |
| Vitamine A 14 ER | 2 % |
| Vitamine C 2 mg | 2 % |
| Calcium 90 mg | 8 % |
| Fer 1,3 mg | 10 % |
| Phosphore 57,8 mg | 6 % |

**Avantages nutritifs par rapport à la recette traditionnelle :**

- 33 % moins de lipides saturés
- 67 % moins de sodium

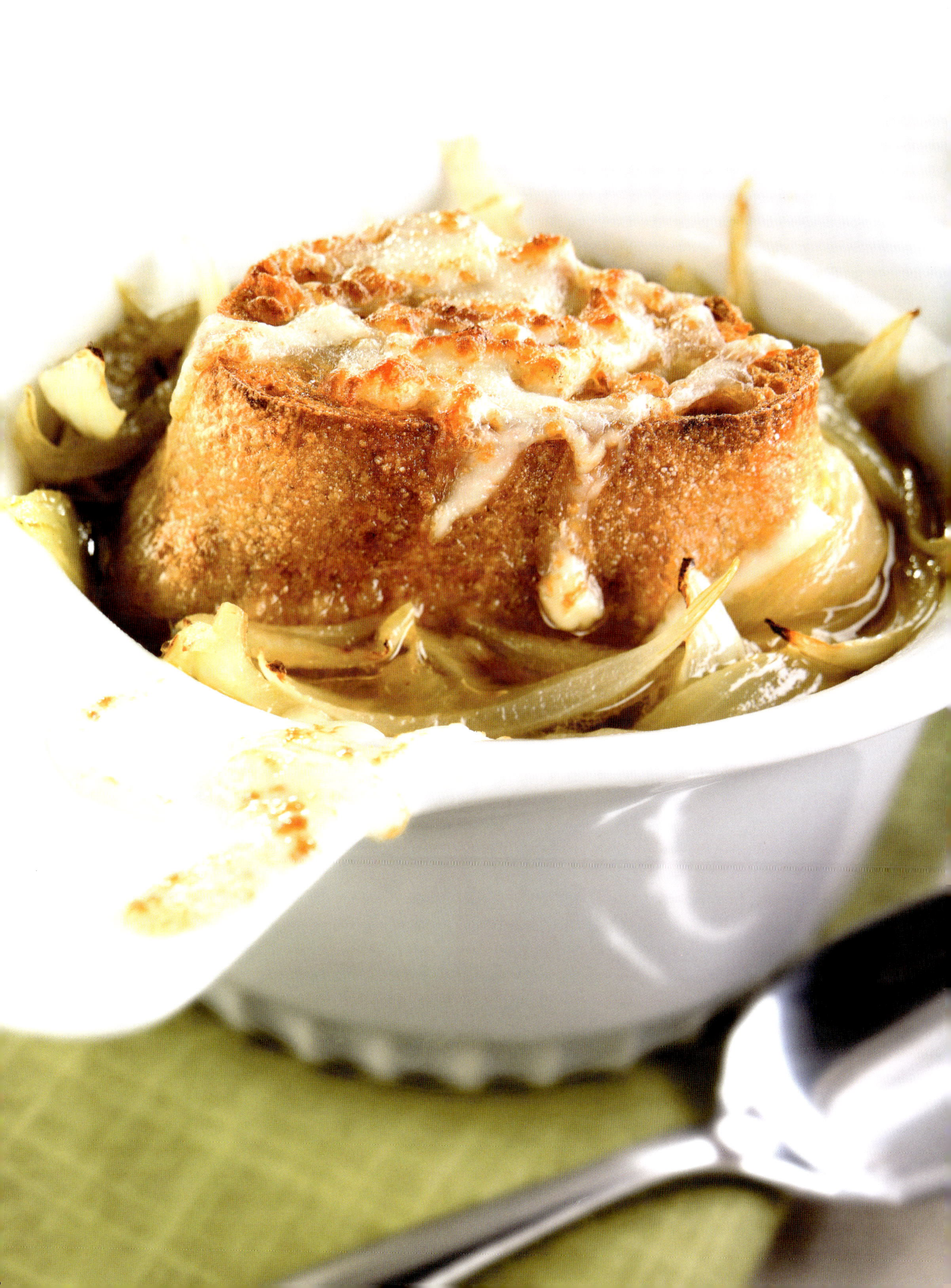

# BRUSCHETTA AU THON versus BRUSCHETTA TRADITIONNELLE

24 bruschettas • **Temps de préparation** : 10 minutes • **Temps de cuisson** : aucun
**Congélation** : oui • **Niveau de difficulté** : facile

| | |
|---|---|
| 120 g (1 tasse) | Bocconcinis, en petits dés ou en rondelles |
| 1 boîte de 170 g (6 oz) | Thon émietté, égoutté (ou poulet) |
| 1 | Poivron rouge, en petits dés |
| 15 ml (1 c. à soupe) | Pesto au choix |
| 15 ml (1 c. à soupe) | Yogourt nature (2 % M.G. et moins) |
| | Poivre, sel ou autres épices au goût |
| 1 | Baguette de blé entier, coupée en 24 |
| | Ciboulette et persil frais, au goût |

**1.** Dans un bol, combiner le fromage, le thon, le poivron, le pesto et le yogourt nature.

**2.** Assaisonner.

**3.** Déposer la préparation sur les tranches de pain grillées.

**4.** Parsemer de ciboulette et de persil au goût. Déguster.

**Avantages nutritifs par rapport à la recette traditionnelle :**
- 54 % moins de sodium
- 1 g de plus de fibres
- 50 % plus de protéines

| Recette actuelle | | |
|---|---|---|
| **Valeur nutritive** | | |
| **Pour 1 bruschetta** | | |
| Teneur | | % valeur quotidienne |
| **Calories** 50 | | |
| **Lipides** 2 g | | 3 % |
|    saturés 1 g | | |
|    oméga-3 0,1 g | | |
| **Cholestérol** 5 mg | | 2 % |
| **Sodium** 65 mg | | 3 % |
| **Potassium** 50 mg | | 1 % |
| **Glucides** 5 g | | 2 % |
|    fibres 1 g | | 4 % |
|    sucres 2 g | | |
| **Protéines** 3 g | | |
| Vitamine A 32 ER | | 4 % |
| Vitamine C 13 mg | | 20 % |
| Calcium 29 mg | | 2 % |
| Fer 0,4 mg | | 2 % |
| Phosphore 35,4 mg | | 4 % |

| Recette traditionnelle | | |
|---|---|---|
| **Valeur nutritive** | | |
| **Pour 1 bruschetta** | | |
| Teneur | | % valeur quotidienne |
| **Calories** 60 | | |
| **Lipides** 3 g | | 5 % |
|    saturés 1 g | | |
|    oméga-3 0 g | | |
| **Cholestérol** 5 mg | | 2 % |
| **Sodium** 140 mg | | 6 % |
| **Potassium** 40 mg | | 1 % |
| **Glucides** 6 g | | 2 % |
|    fibres 0 g | | 0 % |
|    sucres 1 g | | |
| **Protéines** 2 g | | |
| Vitamine A 23 ER | | 2 % |
| Vitamine C 1 mg | | 2 % |
| Calcium 44 mg | | 4 % |
| Fer 0,4 mg | | 4 % |
| Phosphore 30,8 mg | | 2 % |

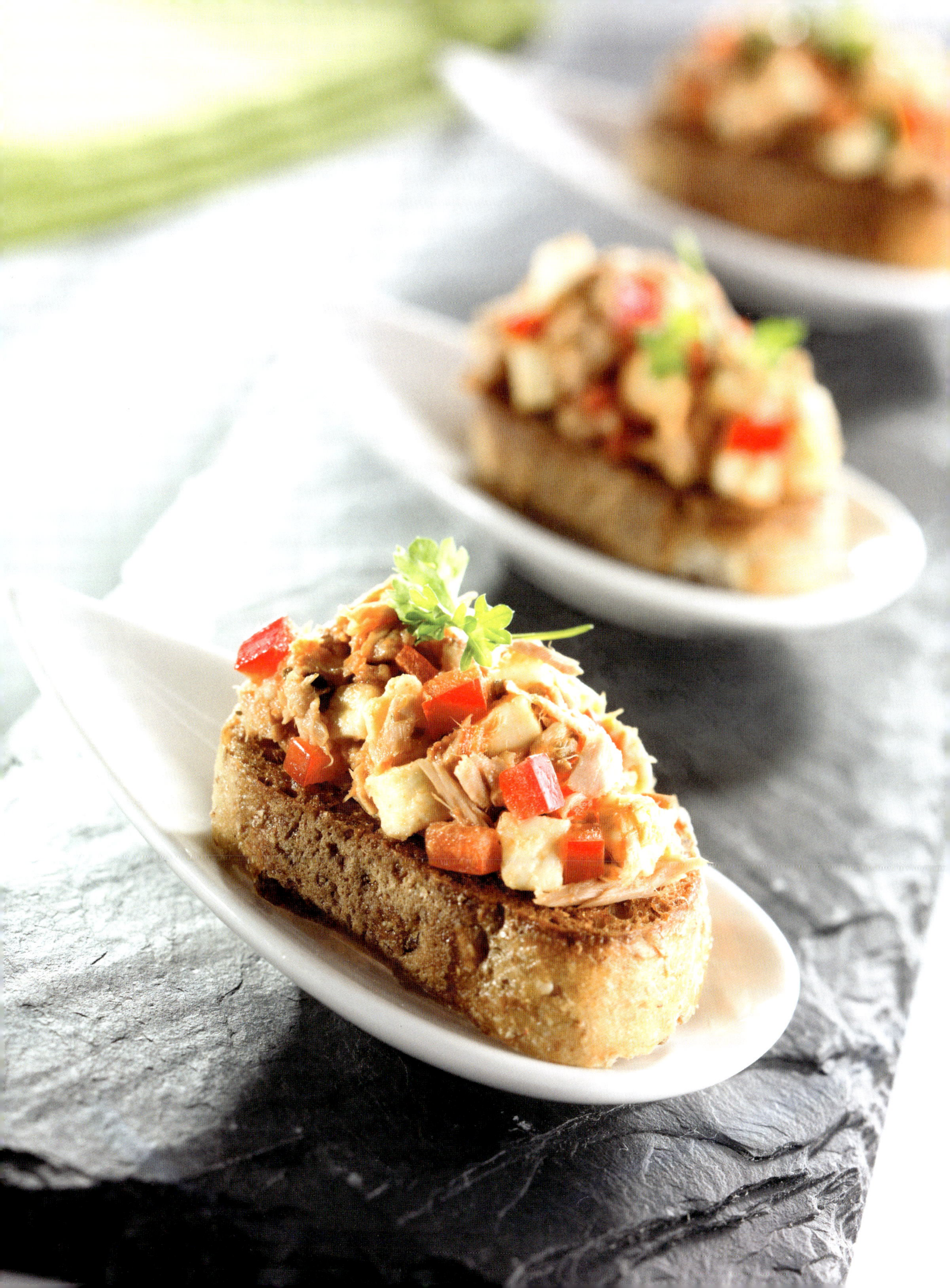

# SALADE CÉSAR SIMPLIFIÉE

VERSUS

# SALADE CÉSAR TRADITIONNELLE

4 portions • **Temps de préparation :** 15 minutes • **Temps de cuisson :** aucun
**Congélation :** non • **Niveau de difficulté :** facile

| | |
|---|---|
| 1 | Gousse d'ail, hachée finement |
| 2 ml (½ c. à thé) | Moutarde sèche |
| 45 ml (3 c. à soupe) | Yogourt nature (2 % M.G. et moins) |
| 15 ml (1 c. à soupe) | Mayonnaise |
| 30 ml (2 c. à soupe) | Jus de citron |
| 2 ml (½ c. à thé) | Sauce Worcestershire |
| 30 g (¼ tasse) | Parmesan râpé (20 % M.G. et moins) |
| 1 | Laitue romaine fraîche, en morceaux |
| 30 ml (2 c. à soupe) | Simili-bacon ou bacon croustillant |
| 50 g (½ tasse) | Fromage râpé (20 % M.G. et moins) |
| 175 g (1 tasse) | Croûtons de grains entiers |

**1.** Mélanger les 7 premiers ingrédients dans un petit bol pour faire une vinaigrette.

**2.** Mélanger le reste des ingrédients dans un autre bol.

**3.** Arroser la salade de vinaigrette, bien remuer et servir immédiatement.

### Recette actuelle
**Valeur nutritive**
Pour ¼ de recette

| Teneur | % valeur quotidienne |
|---|---|
| **Calories** 170 | |
| **Lipides** 10 g | 15 % |
|   saturés 3,5 g | |
|   oméga-3 0,4 g | |
| **Cholestérol** 15 mg | 5 % |
| **Sodium** 330 mg | 14 % |
| **Potassium** 250 mg | 7 % |
| **Glucides** 11 g | 4 % |
|   fibres 2 g | 8 % |
|   sucres 2 g | |
| **Protéines** 9 g | |
| Vitamine A 432 ER | 45 % |
| Vitamine C 20 mg | 35 % |
| Calcium 219 mg | 20 % |
| Fer 1,3 mg | 10 % |
| Phosphore 169,4 mg | 15 % |

### Recette traditionnelle
**Valeur nutritive**
Pour ¼ de recette

| Teneur | % valeur quotidienne |
|---|---|
| **Calories** 460 | |
| **Lipides** 43 g | 66 % |
|   saturés 7 g | |
|   oméga-3 0,4 g | |
| **Cholestérol** 55 mg | 18 % |
| **Sodium** 190 mg | 8 % |
| **Potassium** 230 mg | 7 % |
| **Glucides** 12 g | 4 % |
|   fibres 2 g | 8 % |
|   sucres 2 g | |
| **Protéines** 5 g | |
| Vitamine A 440 ER | 45 % |
| Vitamine C 28 mg | 45 % |
| Calcium 108 mg | 10 % |
| Fer 1,5 mg | 10 % |
| Phosphore 77,2 mg | 8 % |

**Avantages nutritifs par rapport à la recette traditionnelle :**

- 63 % moins de calories
- 77 % moins de lipides totaux
- 50 % moins de lipides saturés
- 100 % plus de calcium

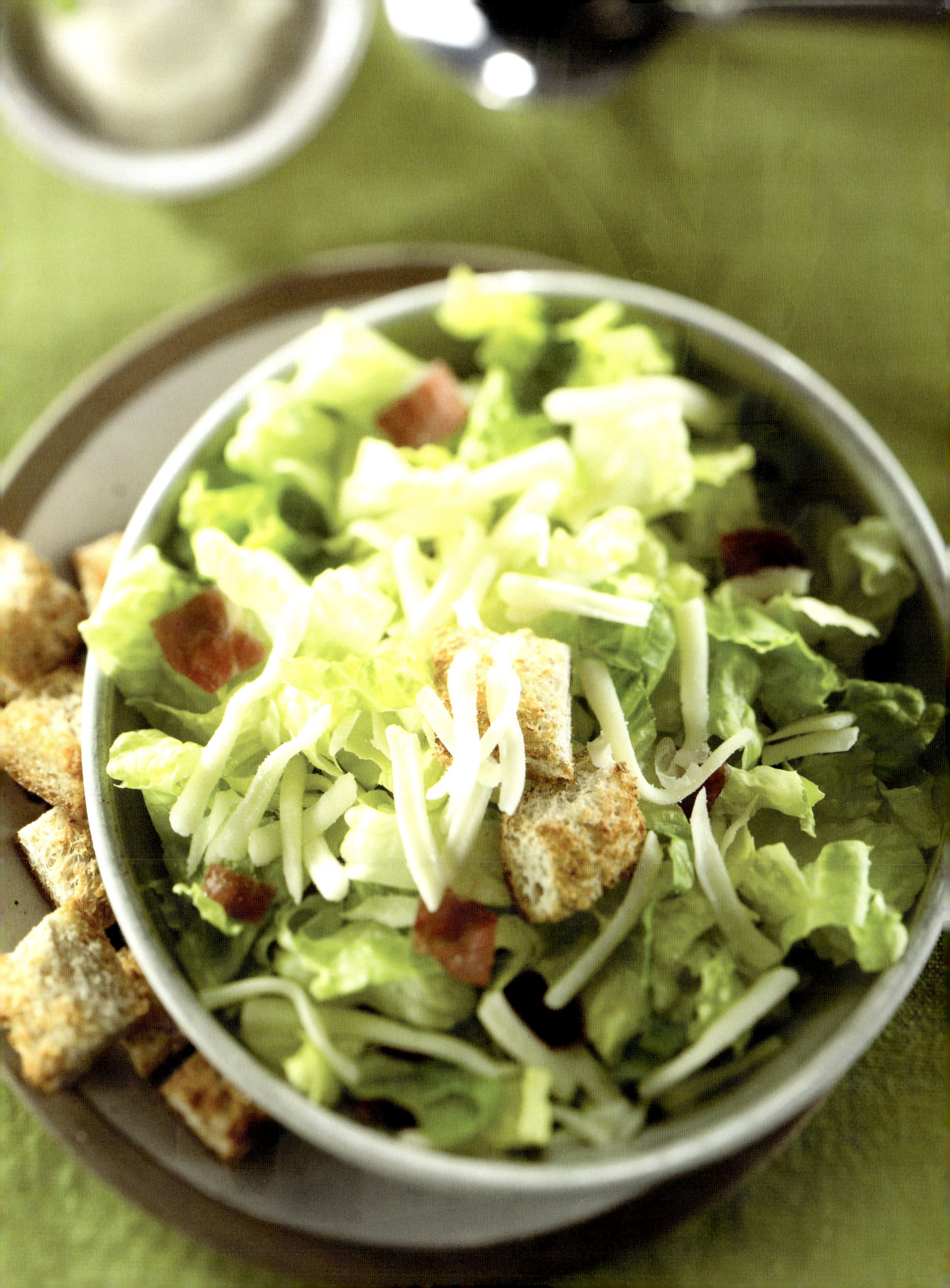

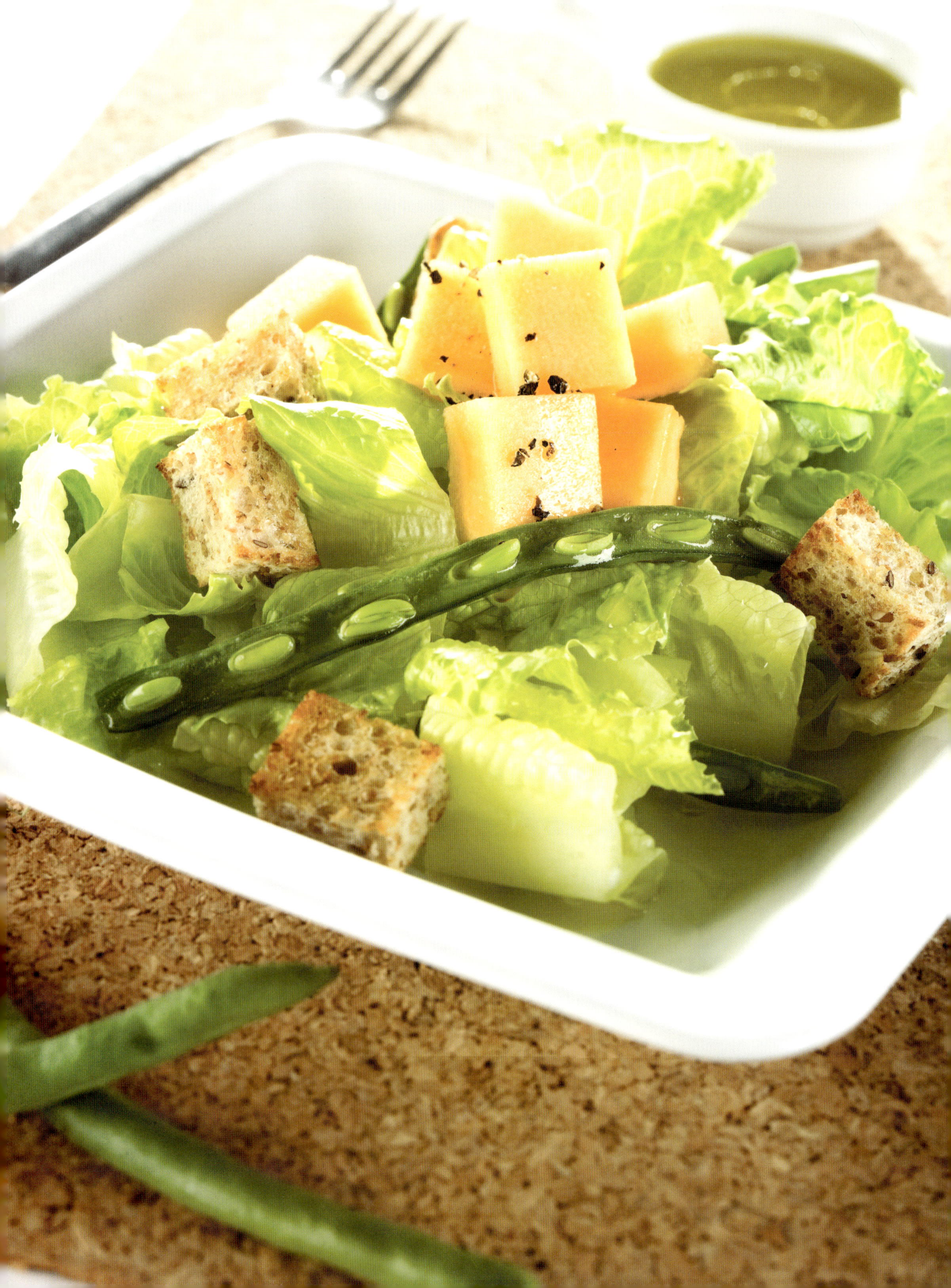

# SALADE DE HARICOTS VERTS, CANTALOUP ET ROMAINE

**VERSUS FRITES**

4 portions • **Temps de préparation** : 10 minutes • **Temps de cuisson** : aucun
**Congélation** : non • **Niveau de difficulté** : facile

| | |
|---|---|
| 230 g (2 tasses) | Haricots verts frais |
| 1 | Laitue romaine, en morceaux |
| 90 g (½ tasse) | Croûtons de grains entiers |
| **Vinaigrette** | |
| 15 ml (1 c. à soupe) | Vinaigre balsamique vieilli (faire réduire) |
| | Jus et zeste d'un citron |
| 20 ml (4 c. à thé) | Huile au choix (olive, canola bio ou autre) |
| ½ | Cantaloup, en cubes |
| | Poivre, sel ou autres épices au goût |

1. Couper les haricots verts en deux dans le sens de la longueur et déposer dans un saladier.
2. Ajouter la laitue et les croûtons.
3. Dans un petit bol, mélanger le vinaigre balsamique avec le jus et le zeste de citron. Y incorporer l'huile en fouettant.
4. Au moment de servir, ajouter les cubes de cantaloup à la salade de haricots, arroser de vinaigrette et assaisonner.

**Avantages nutritifs par rapport à la recette traditionnelle :**

- 48 % moins de calories
- 74 % moins de sodium
- 45 % moins de glucides

### Recette actuelle
**Valeur nutritive**
Pour ¼ de recette

| Teneur | % valeur quotidienne |
|---|---|
| **Calories** 170 | |
| **Lipides** 5 g | 8 % |
|   saturés 1 g | |
|   oméga-3 0,2 g | |
| **Cholestérol** 0 mg | 0 % |
| **Sodium** 70 mg | 3 % |
| **Potassium** 850 mg | 24 % |
| **Glucides** 27 g | 9 % |
|   fibres 5 g | 20 % |
|   sucres 18 g | |
| **Protéines** 4 g | |
| Vitamine A 1116 ER | 110 % |
| Vitamine C 107 mg | 180 % |
| Calcium 69 mg | 6 % |
| Fer 1,9 mg | 15 % |
| Phosphore 78,2 mg | 8 % |

### Recette traditionnelle
**Valeur nutritive**
Pour 25 frites (125 g)

| Teneur | % valeur quotidienne |
|---|---|
| **Calories** 330 | |
| **Lipides** 13 g | 20 % |
|   saturés 4 g | |
|   oméga-3 0 g | |
| **Cholestérol** 0 mg | 0 % |
| **Sodium** 270 mg | 11 % |
| **Potassium** 770 mg | 22 % |
| **Glucides** 49 g | 16 % |
|   fibres 4 g | 16 % |
|   sucres 1 g | |
| **Protéines** 5 g | |
| Vitamine A 0 ER | 0 % |
| Vitamine C 14 mg | 25 % |
| Calcium 13 mg | 2 % |
| Fer 1,7 mg | 10 % |
| Phosphore 77 mg | 8 % |

# BOUCHÉES DE HOUMOUS AUX LÉGUMES

VERSUS

# CRAQUELINS ET FROMAGE À LA CRÈME

8 bouchées • **Temps de préparation :** 10 minutes • **Temps de cuisson :** aucun
**Congélation :** oui • **Niveau de difficulté :** facile

| | |
|---|---|
| 125 ml (½ tasse) | Houmous au choix |
| 8 | Minipains pitas de grains entiers |
| 8 | Tomates cerises |
| 8 tranches | Concombre |
| 8 brins | Persil frais |
| 8 lanières | Poivron jaune |

**1.** À l'aide d'une cuillère, étendre le houmous sur les pains pitas.

**2.** Garnir chaque petit pain d'une tomate, d'une tranche de concombre, d'un brin de persil et d'une lanière de poivron jaune.

**Avantages nutritifs par rapport à la recette traditionnelle :**
- 28 % moins de calories
- 79 % moins de lipides totaux
- 91 % moins de lipides saturés

### Recette actuelle
**Valeur nutritive**
Pour 1 bouchée

| Teneur | % valeur quotidienne |
|---|---|
| **Calories** 100 | |
| **Lipides** 1,5 g | 2 % |
|   saturés 0,3 g | |
|   oméga-3 0 g | |
| **Cholestérol** 0 mg | 0 % |
| **Sodium** 180 mg | 8 % |
| **Potassium** 150 mg | 4 % |
| **Glucides** 18 g | 6 % |
|   fibres 3 g | 12 % |
|   sucres 1 g | |
| **Protéines** 4 g | |
| Vitamine A 26 ER | 2 % |
| Vitamine C 25 mg | 40 % |
| Calcium 13 mg | 2 % |
| Fer 1,2 mg | 8 % |
| Phosphore 74,6 mg | 6 % |

### Recette traditionnelle
**Valeur nutritive**
Pour 2 craquelins

| Teneur | % valeur quotidienne |
|---|---|
| **Calories** 140 | |
| **Lipides** 7 g | 11 % |
|   saturés 3,5 g | |
|   oméga-3 0,1 g | |
| **Cholestérol** 30 mg | 10 % |
| **Sodium** 95 mg | 4 % |
| **Potassium** 150 mg | 4 % |
| **Glucides** 16 g | 5 % |
|   fibres 2 g | 8 % |
|   sucres 1 g | |
| **Protéines** 4 g | |
| Vitamine A 86 ER | 8 % |
| Vitamine C 4 mg | 8 % |
| Calcium 21 mg | 2 % |
| Fer 0,8 mg | 6 % |
| Phosphore 54,1 mg | 4 % |

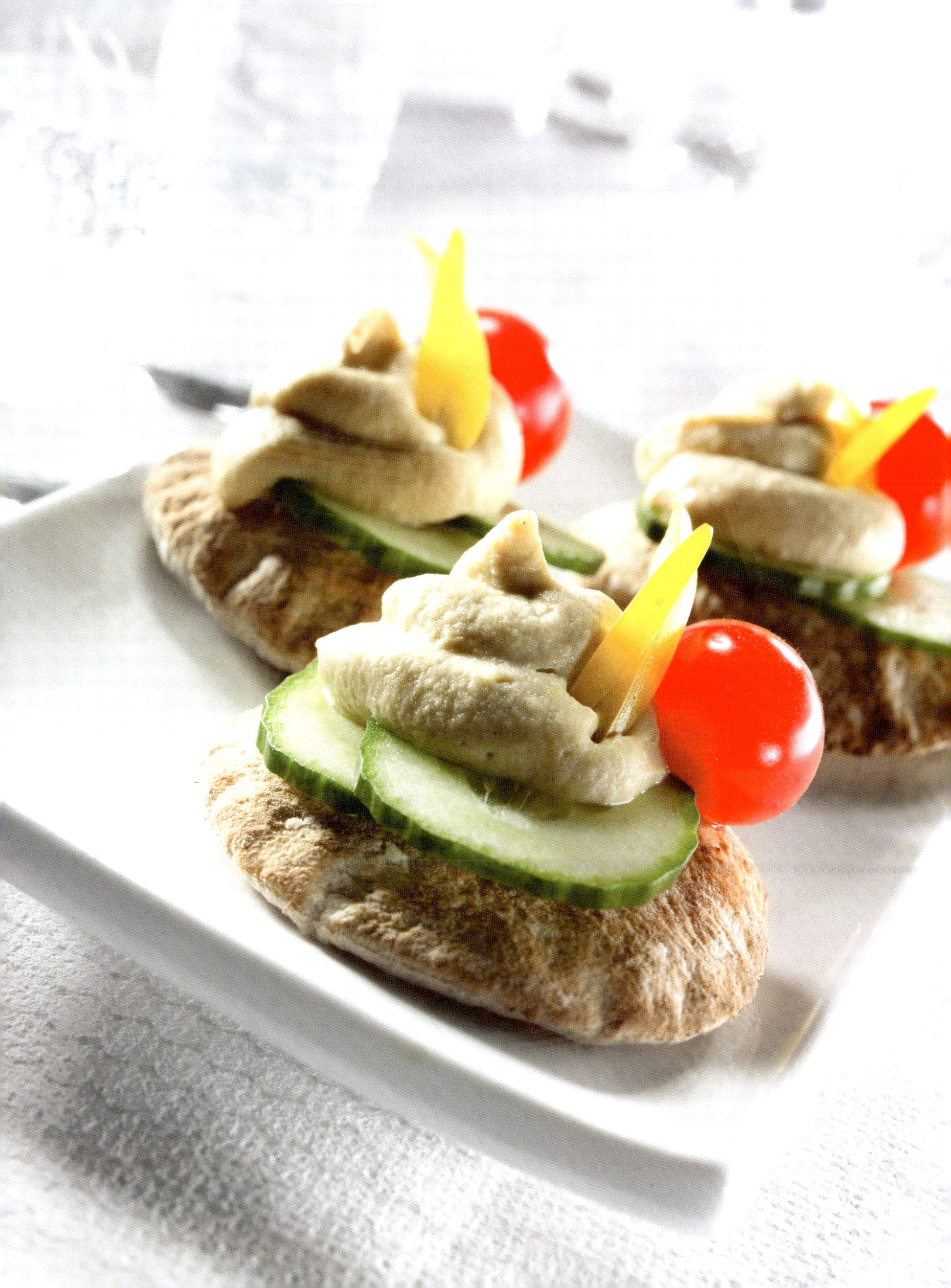

# VÉGÉ-PÂTÉ ENSOLEILLÉ *versus* CRETONS

6 portions • **Temps de préparation** : 10 minutes • **Temps de cuisson** : 25 minutes
**Congélation** : oui • **Niveau de difficulté** : facile

| | |
|---|---|
| 2 | Carottes, râpées |
| 1 | Zucchini, en petits dés |
| 1 | Poivron rouge, en petits dés |
| 1 | Oignon, en petits dés |
| 2 | Gousses d'ail, hachées |
| | Poivre, sel ou autres épices au goût |
| 235 g (1⅓ tasse) | Flocons de quinoa |
| 180 ml (¾ tasse) | Boisson de soya non sucrée |
| 3 | Œufs, battus |
| 35 g (¼ tasse) | Amandes, hachées |
| 15 ml (1 c. à soupe) | Sauce tamari (facultatif) |
| 5 ml (1 c. à thé) | Cari (facultatif) |

**1.** Préchauffer le four à 180 °C (350 °F).

**2.** Dans un bol, mélanger tous les ingrédients. Si désiré, ajouter de la sauce tamari ou du cari.

**3.** Verser dans un moule à pain huilé et enfourner 25 minutes.

**4.** Déguster le végé-pâté chaud ou froid sur des craquelins ou dans un sandwich.

### Recette actuelle
**Valeur nutritive**
Pour 1 portion

| Teneur | % valeur quotidienne |
|---|---|
| **Calories** 280 | |
| **Lipides** 9 g | 14 % |
|   saturés 1 g | |
|   oméga-3 0,1 g | |
| **Cholestérol** 95 mg | 32 % |
| **Sodium** 85 mg | 4 % |
| **Potassium** 350 mg | 10 % |
| **Glucides** 38 g | 13 % |
|   fibres 5 g | 20 % |
|   sucres 5 g | |
| **Protéines** 11 g | |
| Vitamine A 597 ER | 60 % |
| Vitamine C 33 mg | 50 % |
| Calcium 94 mg | 8 % |
| Fer 3 mg | 20 % |
| Phosphore 109,6 mg | 10 % |

### Recette traditionnelle
**Valeur nutritive**
Pour ¼ tasse (56 g)

| Teneur | % valeur quotidienne |
|---|---|
| **Calories** 320 | |
| **Lipides** 31 g | 48 % |
|   saturés 14 g | |
|   oméga-3 0 g | |
| **Cholestérol** 60 mg | 20 % |
| **Sodium** 210 mg | 9 % |
| **Potassium** 160 mg | 4 % |
| **Glucides** 0 g | 0 % |
|   fibres 0 g | 0 % |
|   sucres 0 g | |
| **Protéines** 9 g | |
| Vitamine A 1 ER | 0 % |
| Vitamine C 1 mg | 0 % |
| Calcium 9 mg | 0 % |
| Fer 0,5 mg | 4 % |
| Phosphore 91,2 mg | 8 % |

**Avantages nutritifs par rapport à la recette traditionnelle :**

- 93 % moins de lipides saturés
- 60 % moins de sodium
- 5 g de plus de fibres

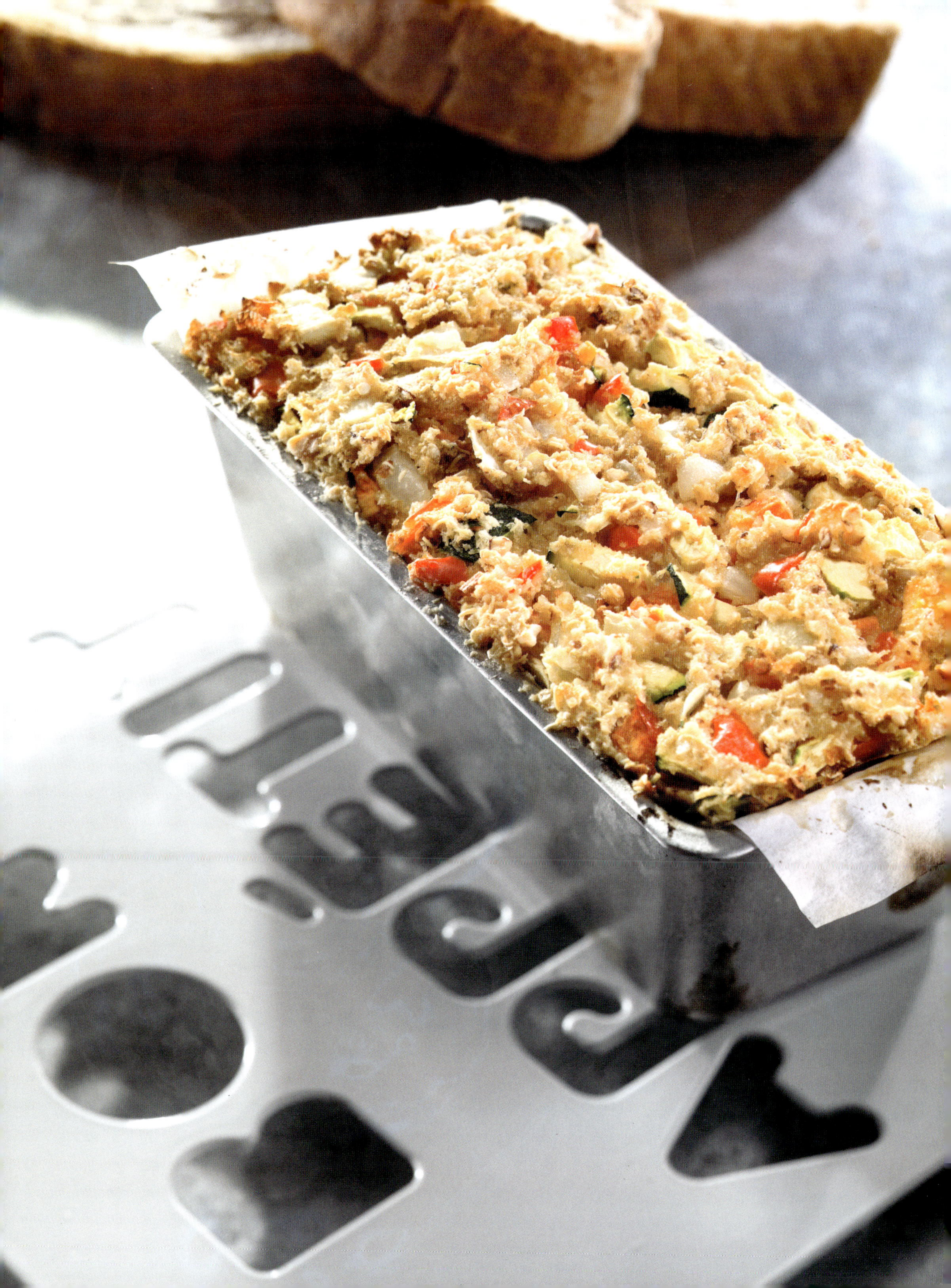

# VINAIGRETTE PASSE-PARTOUT VERSUS VINAIGRETTE COMMERCIALE RÉGULIÈRE

24 portions de 15 ml (1 c. à soupe) • **Temps de préparation :** 7 minutes • **Temps de cuisson :** aucun
**Congélation :** oui • **Niveau de difficulté :** facile

| | |
|---|---|
| 125 ml (½ tasse) | Huile au choix (olive, canola bio ou autre) |
| 180 ml (¾ tasse) | Jus d'orange ou jus tropical pur à 100 % |
| 60 ml (¼ tasse) | Jus de citron |
| 5 ml (1 c. à thé) | Moutarde sèche |
| | Poivre, sel ou autres épices au goût |

**1.** Choisir une bonne huile d'olive extra-vierge de première pression ou une autre huile au choix.

**2.** Mélanger tous les ingrédients.

**3.** Servir immédiatement ou réfrigérer.

## Avantages nutritifs par rapport à la recette traditionnelle :

- 38 % moins de calories
- 44 % moins de lipides totaux
- 0 mg de sodium

### Recette actuelle
**Valeur nutritive**
Pour 15 ml (1 c. à soupe)

| Teneur | % valeur quotidienne |
|---|---|
| **Calories** 50 | |
| **Lipides** 5 g | 8 % |
|   saturés 0,3 g | |
|   oméga-3 0,4 g | |
| **Cholestérol** 0 mg | 0 % |
| **Sodium** 0 mg | 0 % |
| **Potassium** 20 mg | 1 % |
| **Glucides** 1 g | 0 % |
|   fibres 0 g | 0 % |
|   sucres 1 g | |
| **Protéines** 0,1 g | |
| Vitamine A 2 ER | 0 % |
| Vitamine C 5 mg | 8 % |
| Calcium 1 mg | 0 % |
| Fer 0 mg | 0 % |
| Phosphore 1,5 mg | 0 % |

### Recette traditionnelle
**Valeur nutritive**
Pour 15 ml (1 c. à soupe)

| Teneur | % valeur quotidienne |
|---|---|
| **Calories** 80 | |
| **Lipides** 9 g | 14 % |
|   saturés 1,5 g | |
|   oméga-3 0,5 g | |
| **Cholestérol** 0 mg | 0 % |
| **Sodium** 160 mg | 7 % |
| **Potassium** 4 mg | 0 % |
| **Glucides** 0 g | 0 % |
|   fibres 0 g | 0 % |
|   sucres 0 g | |
| **Protéines** 0,2 g | |
| Vitamine A 0 ER | 0 % |
| Vitamine C 0 mg | 0 % |
| Calcium 4 mg | 0 % |
| Fer 0 mg | 0 % |
| Phosphore 2,8 mg | 0 % |

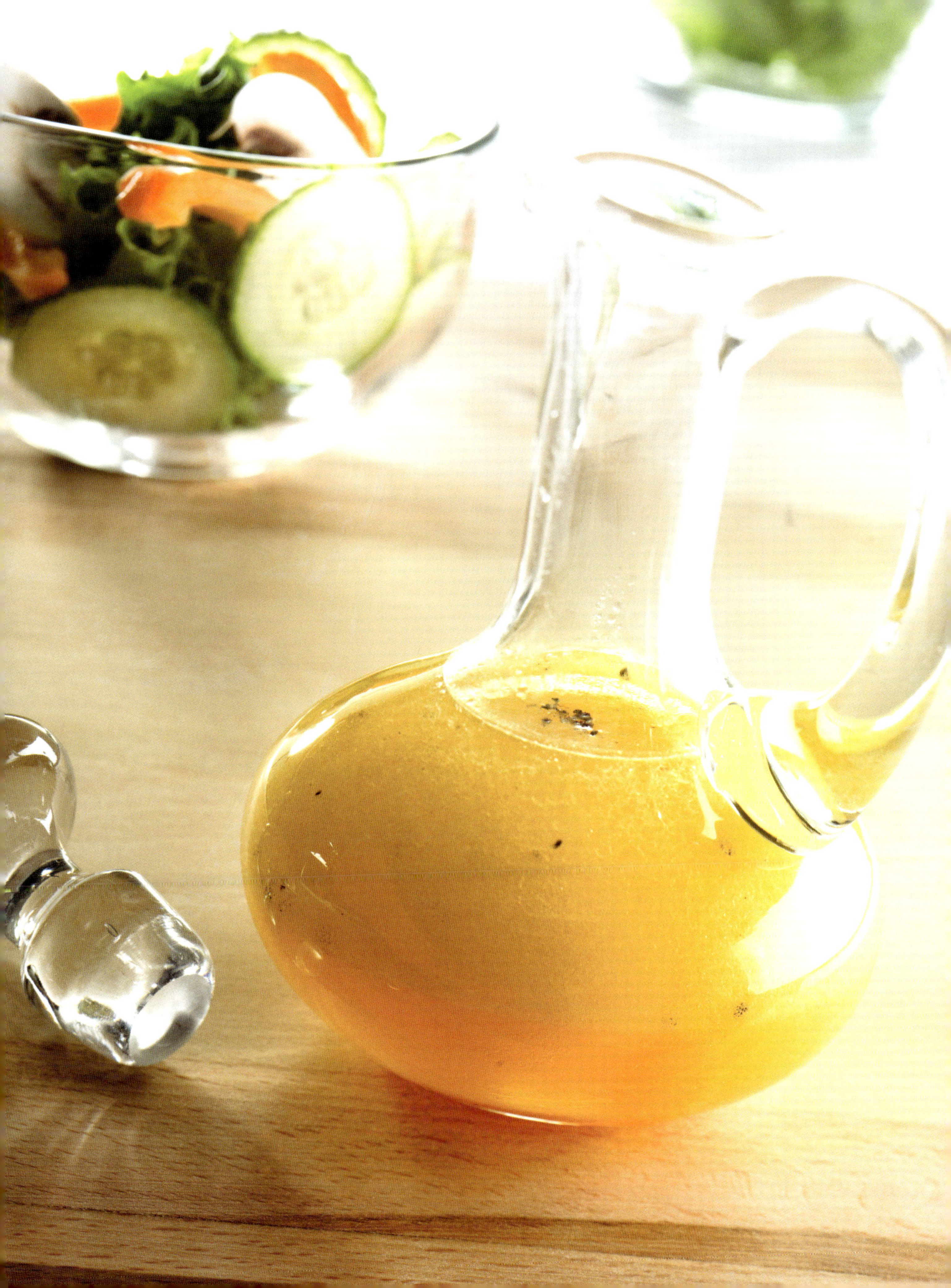

# DÉLI-BURGER SEMI-VÉGÉTARIEN VERSUS HAMBURGER TRADITIONNEL

6 hamburgers • **Temps de préparation** : 15 minutes • **Temps de cuisson** : 12 minutes
**Congélation** : oui • **Niveau de difficulté** : facile

| | |
|---|---|
| ½ boîte de 540 ml (19 oz) | Lentilles, rincées et égouttées |
| 225 g (8 oz) | Bœuf haché maigre |
| 4 | Gousses d'ail, écrasées au pilon |
| 1 | Œuf, battu |
| 80 g (¾ tasse) | Flocons d'avoine rapide |
| 30 ml (2 c. à soupe) | Moutarde de Dijon |
| 150 g (⅔ tasse) | Fromage au choix (20 % M.G. et moins) |
| 6 | Pains à hamburger multigrains |
| | Garnitures au choix |

1. Dans un bol, mélanger tous les ingrédients sauf la garniture et le pain.
2. Façonner en 6 galettes.
3. Griller dans une poêle, à feu moyen, environ 6 minutes de chaque côté.
4. Déposer une galette dans chaque pain et garnir de condiments et de légumes au choix (laitue, rondelles de poivron et de tomate, cornichons, etc.).

### Recette actuelle
**Valeur nutritive**
**Pour 1 hamburger**

| Teneur | % valeur quotidienne |
|---|---|
| **Calories** 360 | |
| **Lipides** 14 g | 22 % |
|   saturés 6 g | |
|   oméga-3 0,1 g | |
| **Cholestérol** 65 mg | 22 % |
| **Sodium** 490 mg | 20 % |
| **Potassium** 380 mg | 11 % |
| **Glucides** 35 g | 12 % |
|   fibres 4 g | 16 % |
|   sucres 4 g | |
| **Protéines** 24 g | |
| Vitamine A 18 ER | 2 % |
| Vitamine C 1 mg | 2 % |
| Calcium 251 mg | 25 % |
| Fer 4,2 mg | 30 % |
| Phosphore 366,2 mg | 35 % |

### Recette traditionnelle
**Valeur nutritive**
**Pour 1 hamburger**

| Teneur | % valeur quotidienne |
|---|---|
| **Calories** 440 | |
| **Lipides** 24 g | 37 % |
|   saturés 9 g | |
|   oméga-3 0,2 g | |
| **Cholestérol** 85 mg | 28 % |
| **Sodium** 460 mg | 19 % |
| **Potassium** 390 mg | 11 % |
| **Glucides** 26 g | 9 % |
|   fibres 1 g | 4 % |
|   sucres 6 g | |
| **Protéines** 30 g | |
| Vitamine A 23 ER | 2 % |
| Vitamine C 2 mg | 4 % |
| Calcium 88 mg | 8 % |
| Fer 4,6 mg | 35 % |
| Phosphore 220,5 mg | 20 % |

**Avantages nutritifs par rapport à la recette traditionnelle :**

- 42 % moins de lipides totaux
- 33 % moins de lipides saturés
- 3 g de plus de fibres

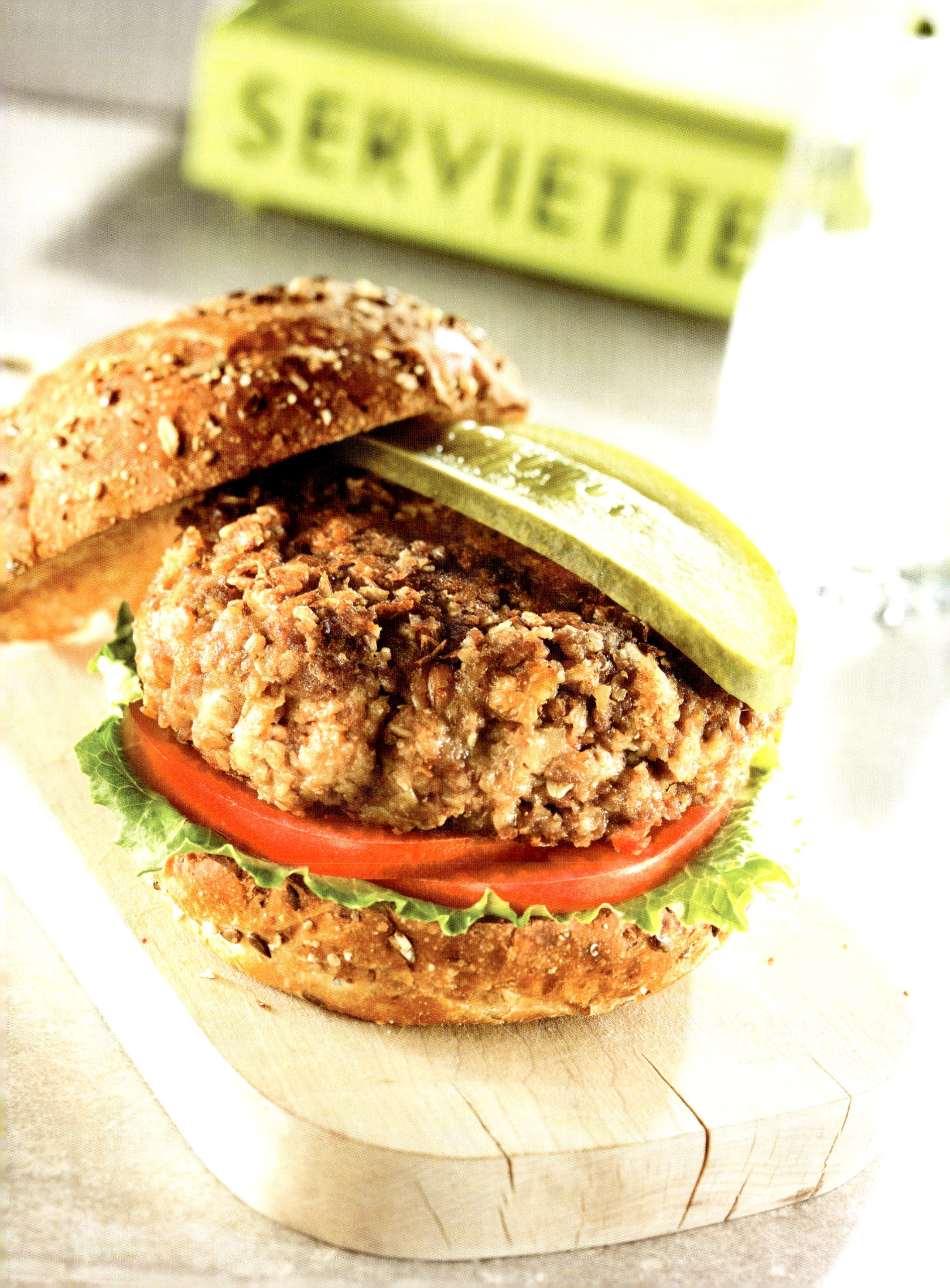
SERVIETTE

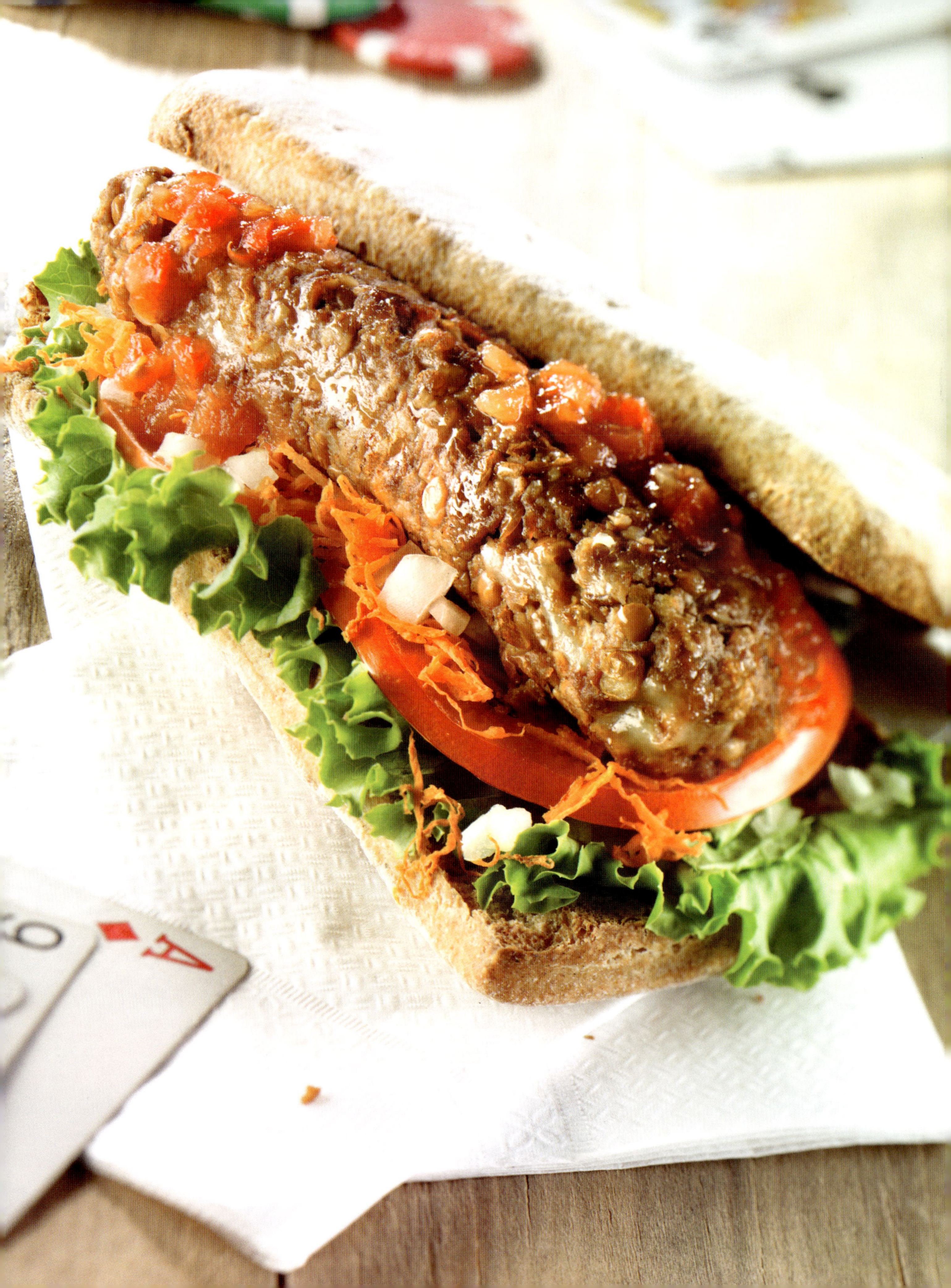

# HOT DOG MAISON versus HOT DOG TRADITIONNEL

4 hot dogs • **Temps de préparation :** 10 minutes • **Temps de cuisson :** 15 minutes
**Congélation :** oui • **Niveau de difficulté :** facile

**Ketchup santé**

| | |
|---|---|
| 50 g (⅓ tasse) | Tomates broyées |
| 1 pincée | Ail en poudre |
| 20 ml (4 c. à thé) | Purée de pommes |
| 5 ml (1 c. à thé) | Miel |
| 10 ml (2 c. à thé) | Vinaigre balsamique |

**Hot dog**

| | |
|---|---|
| 1 | Galette façonnée en saucisses (p. 80) |
| 4 | Pains ciabattas de blé entier ou multigrains |
| | Laitue, tomate, carotte râpée, oignon tranché, au goût |

1. Dans le bol du robot culinaire, mélanger tous les ingrédients du ketchup santé.
2. Griller les saucisses sur le barbecue ou dans une poêle légèrement huilée.
3. Couper les pains ciabattas dans l'épaisseur et les ouvrir en portefeuille.
4. Griller les pains sur le barbecue ou dans une poêle légèrement huilée.
5. Garnir chaque pain de ketchup santé, d'une saucisse et de légumes.

**Avantages nutritifs par rapport à la recette traditionnelle :**

- 35 % moins de calories
- 2 g de plus de fibres
- 33 % moins de sucres

| Recette actuelle<br>Valeur nutritive<br>Pour 1 hot dog | | |
|---|---|---|
| Teneur | | % valeur quotidienne |
| **Calories** 150 | | |
| **Lipides** 2,5 g | | 4 % |
|   saturés 0,5 g | | |
|   oméga-3 0,1 g | | |
| **Cholestérol** 0 mg | | 0 % |
| **Sodium** 170 mg | | 7 % |
| **Potassium** 230 mg | | 7 % |
| **Glucides** 26 g | | 9 % |
|   fibres 3 g | | 12 % |
|   sucres 6 g | | |
| **Protéines** 5 g | | |
| Vitamine A 308 ER | | 30 % |
| Vitamine C 3 mg | | 4 % |
| Calcium 44 mg | | 4 % |
| Fer 1,8 mg | | 15 % |
| Phosphore 80,4 mg | | 8 % |

| Recette traditionnelle<br>Valeur nutritive<br>Pour 1 hot dog | | |
|---|---|---|
| Teneur | | % valeur quotidienne |
| **Calories** 230 | | |
| **Lipides** 12 g | | 18 % |
|   saturés 4,5 g | | |
|   oméga-3 0,2 g | | |
| **Cholestérol** 25 mg | | 8 % |
| **Sodium** 910 mg | | 38 % |
| **Potassium** 220 mg | | 6 % |
| **Glucides** 23 g | | 8 % |
|   fibres 1 g | | 4 % |
|   sucres 9 g | | |
| **Protéines** 8 g | | |
| Vitamine A 28 ER | | 2 % |
| Vitamine C 6 mg | | 10 % |
| Calcium 52 mg | | 4 % |
| Fer 1,5 mg | | 10 % |
| Phosphore 64,6 mg | | 6 % |

# PIZZA SANTÉ DÉLICE  VERSUS  PIZZA AU PEPPERONI TRADITIONNELLE

4 pizzas • **Temps de préparation** : 10 minutes • **Temps de cuisson** : 15 minutes
**Congélation** : oui • **Niveau de difficulté** : facile

| | |
|---|---|
| 4 | Tortillas de blé entier de 15 cm de diamètre (6 po) |
| 250 ml (1 tasse) | Sauce à pizza ou sauce tomate |
| 95 g (1 tasse) | Légumes au choix (poivron, oignon, champignons) |
| 265 g (1 tasse) | Tofu ferme, en petits cubes ou râpé |
| 145 g (1 tasse) | Poulet cuit, en petits cubes |
| 120 g (1 tasse) | Fromage râpé au choix (20 % M.G. et moins) |

**1.** Préchauffer le four à 180 °C (350 °F).

**2.** Déposer les tortillas sur une plaque allant au four et y répartir la sauce, les légumes, le tofu, le poulet et le fromage.

**3.** Cuire au four environ 15 minutes.

**Avantages nutritifs par rapport à la recette traditionnelle :**

- 51 % moins de calories
- 61 % moins de lipides saturés
- 50 % moins de sodium

**Recette actuelle**
Valeur nutritive
Pour 1 pizza (250 g)

| Teneur | % valeur quotidienne |
|---|---|
| **Calories** 360 | |
| **Lipides** 15 g | 23 % |
|   saturés 5 g | |
|   oméga-3 0,2 g | |
| **Cholestérol** 45 mg | 15 % |
| **Sodium** 780 mg | 32 % |
| **Potassium** 480 mg | 14 % |
| **Glucides** 29 g | 10 % |
|   fibres 4 g | 16 % |
|   sucres 2 g | |
| **Protéines** 28 g | |
| Vitamine A 125 ER | 15 % |
| Vitamine C 12 mg | 20 % |
| Calcium 373 mg | 35 % |
| Fer 2,7 mg | 20 % |
| Phosphore 190,4 mg | 15 % |

**Recette traditionnelle**
Valeur nutritive
Pour 1 pointe (250 g)

| Teneur | % valeur quotidienne |
|---|---|
| **Calories** 740 | |
| **Lipides** 38 g | 58 % |
|   saturés 12 g | |
|   oméga-3 0,5 g | |
| **Cholestérol** 40 mg | 13 % |
| **Sodium** 1550 mg | 64 % |
| **Potassium** 500 mg | 14 % |
| **Glucides** 71 g | 24 % |
|   fibres 6 g | 24 % |
|   sucres 0 g | |
| **Protéines** 28 g | |
| Vitamine A 82 ER | 8 % |
| Vitamine C 5 mg | 8 % |
| Calcium 378 mg | 35 % |
| Fer 6 mg | 45 % |
| Phosphore 517,5 mg | 45 % |

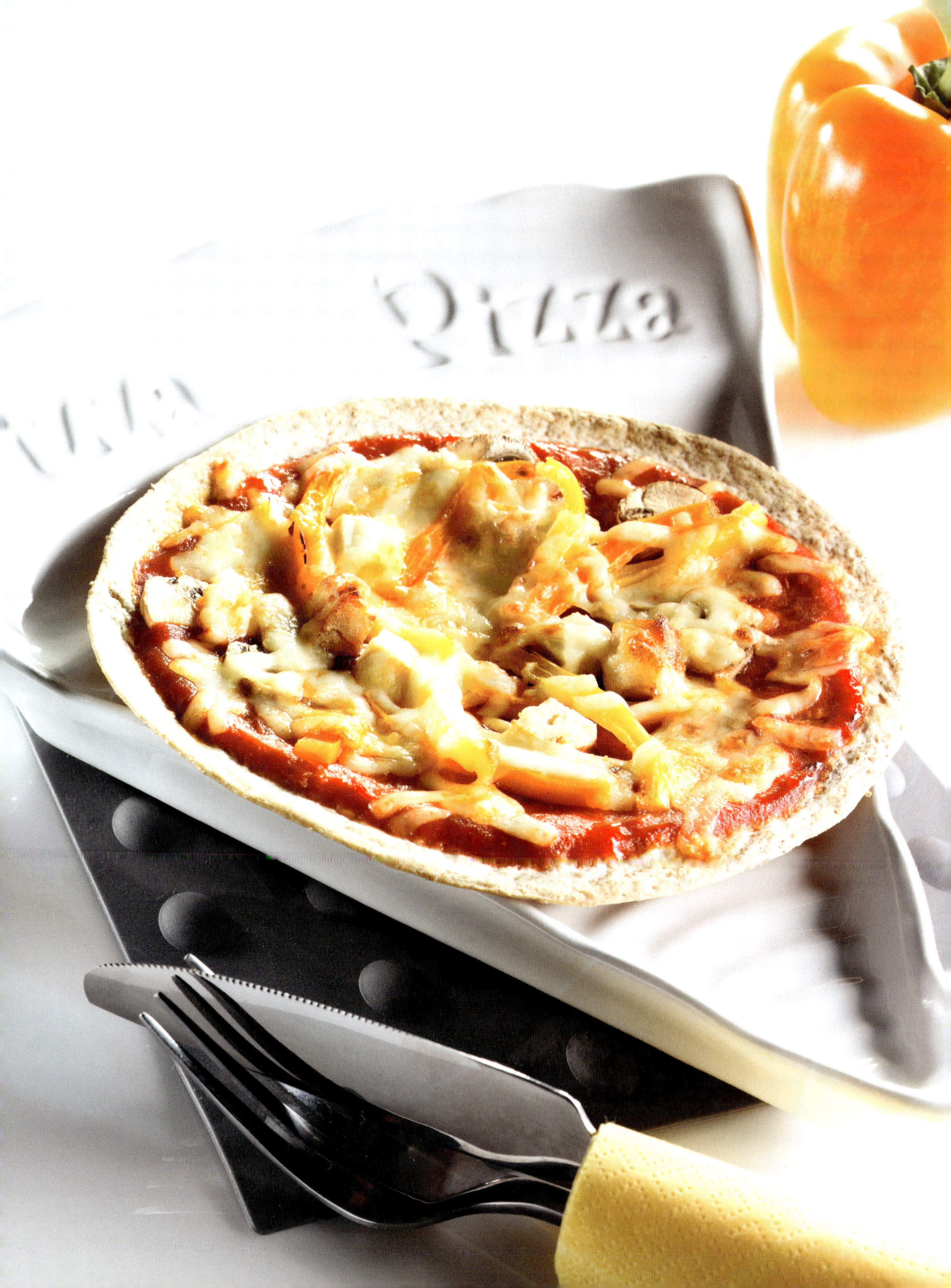
Pizza

# PÂTÉ CHINOIS AUX LENTILLES ÉCONOMIQUE

VERSUS

# PÂTÉ CHINOIS TRADITIONNEL

6 portions • **Temps de préparation :** 15 minutes • **Temps de cuisson :** 25 minutes
**Congélation :** oui • **Niveau de difficulté :** facile

| | |
|---|---|
| 5 | Pommes de terre, pelées et cuites |
| 125 ml (½ tasse) | Lait (2 % M.G. et moins) |
| | Persil et origan au goût |
| | Poivre, sel ou autres épices au goût |
| 1 | Oignon jaune, émincé |
| 65 g (½ tasse) | Céleri, en cubes |
| 5 ml (1 c. à thé) | Huile au choix (olive, canola bio ou autre) |
| 1 boîte de 540 ml (19 oz) | Lentilles, rincées et égouttées |
| 1 boîte de 284 ml (10 oz) | Maïs en crème |
| | Paprika, au goût |

**1.** Préchauffer le four à 190 °C (375 °F).

**2.** Réduire en purée les pommes de terre avec le lait et les assaisonnements.

**3.** Dans une poêle, cuire l'oignon et le céleri dans l'huile. Ajouter les lentilles et bien mélanger.

**4.** Déposer la préparation dans un plat en verre allant au four de 22 x 22 cm (9 x 9 po). Recouvrir de maïs en crème et ajouter la purée de pommes de terre.

**5.** Saupoudrer de paprika.

**6.** Cuire au four environ 25 minutes.

### Recette actuelle
**Valeur nutritive**
**Pour 1 portion**

| Teneur | % valeur quotidienne |
|---|---|
| **Calories** 230 | |
| **Lipides** 1,5 g | 2 % |
|   saturés 0,5 g | |
|   oméga-3 0,1 g | |
| **Cholestérol** 2 mg | 0 % |
| **Sodium** 310 mg | 13 % |
| **Potassium** 700 mg | 20 % |
| **Glucides** 44 g | 15 % |
|   fibres 5 g | 20 % |
|   sucres 5 g | |
| **Protéines** 9 g | |
| Vitamine A 15 ER | 2 % |
| Vitamine C 6 mg | 10 % |
| Calcium 52 mg | 4 % |
| Fer 2,5 mg | 20 % |
| Phosphore 197 mg | 20 % |

### Recette traditionnelle
**Valeur nutritive**
**Pour 1 portion**

| Teneur | % valeur quotidienne |
|---|---|
| **Calories** 370 | |
| **Lipides** 16 g | 25 % |
|   saturés 5 g | |
|   oméga-3 0,4 g | |
| **Cholestérol** 40 mg | 13 % |
| **Sodium** 540 mg | 23 % |
| **Potassium** 760 mg | 22 % |
| **Glucides** 39 g | 13 % |
|   fibres 3 g | 12 % |
|   sucres 5 g | |
| **Protéines** 17 g | |
| Vitamine A 81 ER | 8 % |
| Vitamine C 14 mg | 25 % |
| Calcium 49 mg | 4 % |
| Fer 1,9 mg | 15 % |
| Phosphore 210,5 mg | 20 % |

**Avantages nutritifs par rapport à la recette traditionnelle :**

- 91 % moins de lipides totaux
- 43 % moins de sodium
- 2 g de plus de fibres

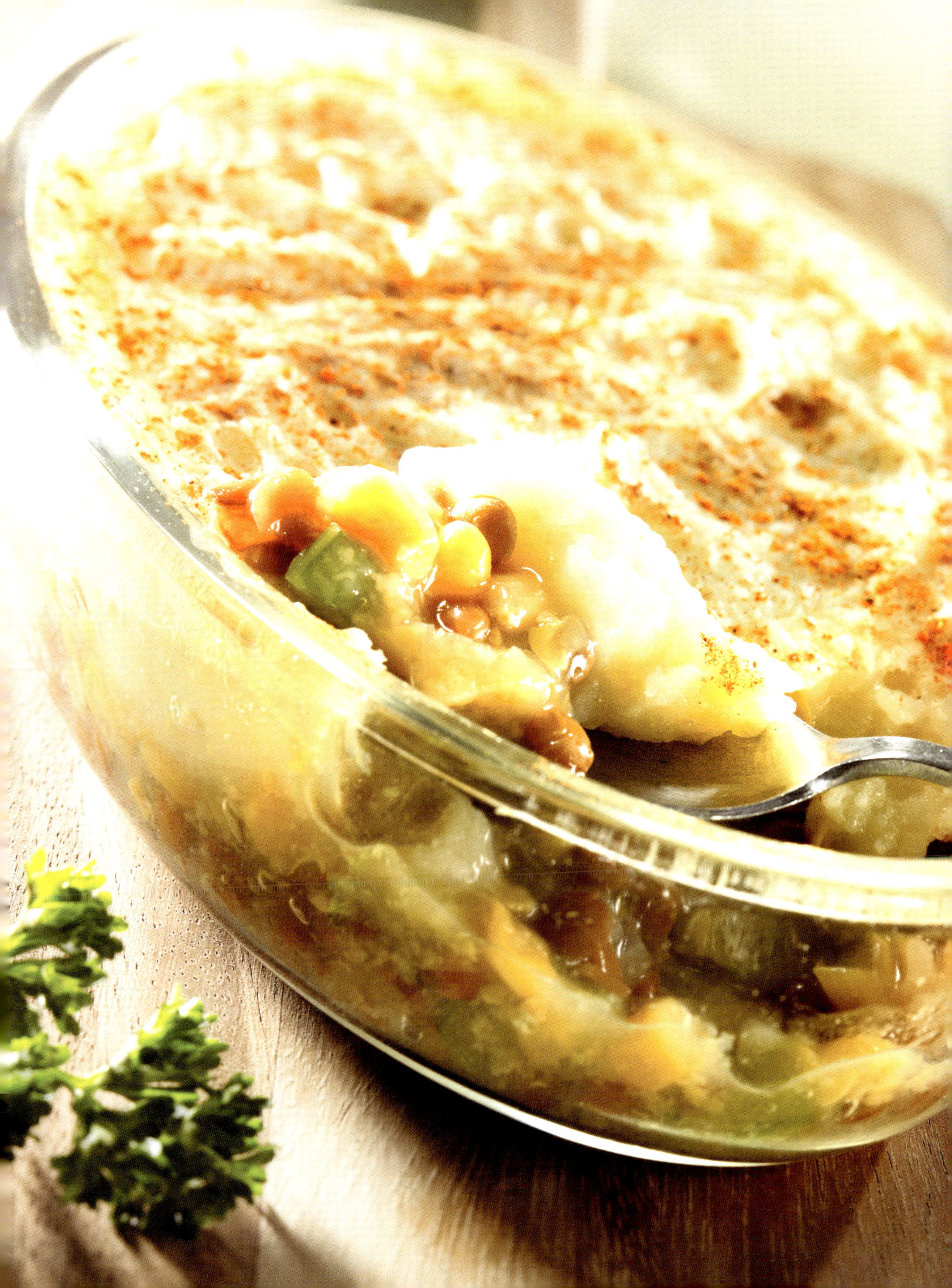

# POUTINE AU TOFU SURPRENANTE

VERSUS

# POUTINE TRADITIONNELLE

6 portions • **Temps de préparation :** 25 minutes • **Temps de marinade :** 30 minutes
**Temps de cuisson :** 35 minutes • **Congélation :** non • **Niveau de difficulté :** facile

**Marinade**

| | |
|---|---|
| 80 ml (⅓ tasse) | Jus de citron |
| | Sel ou autres épices au goût |
| 30 ml (2 c. à soupe) | Huile au choix (olive, canola bio ou autre) |
| 455 g (1¾ tasse) | Tofu régulier ferme, en dés |
| 3 | Patates douces avec la pelure, en bâtonnets |

**Sauce à poutine**

| | |
|---|---|
| 20 g (3 c. à soupe) | Farine d'épeautre ou de blé entier |
| 500 ml (2 tasses) | Bouillon de bœuf ou autre |
| 30 g (¼ tasse) | Fromage en grains (quantité variable au goût) |

1. Mélanger le jus de citron, le sel et l'huile.
2. Verser sur le tofu et les patates douces, et laisser mariner 30 minutes.
3. Préchauffer le four à 230 °C (450 °F).
4. Disposer le tofu et les patates sur une plaque à cuisson huilée ou tapissée de papier sulfurisé.
5. Cuire au four 30 minutes ou jusqu'à l'obtention de la coloration désirée.
6. Dans une casserole, diluer la farine avec une petite partie du bouillon, ajouter ensuite le reste du bouillon, puis faire bouillir le tout 2 minutes en fouettant régulièrement.
7. Répartir le tofu et les frites dorées dans les assiettes.
8. Garnir de la quantité voulue de fromage en grains et recouvrir d'une louche de sauce à poutine.

**Recette actuelle**
Valeur nutritive
Pour 1 poutine (250 g)

| Teneur | % valeur quotidienne |
|---|---|
| **Calories** 190 | |
| **Lipides** 9 g | 14 % |
|   saturés 2 g | |
|   oméga-3 0,5 g | |
| **Cholestérol** 5 mg | 2 % |
| **Sodium** 200 mg | 8 % |
| **Potassium** 360 mg | 10 % |
| **Glucides** 18 g | 6 % |
|   fibres 3 g | 12 % |
|   sucres 4 g | |
| **Protéines** 9 g | |
| Vitamine A 662 ER | 70 % |
| Vitamine C 4 mg | 6 % |
| Calcium 213 mg | 20 % |
| Fer 1,8 mg | 15 % |
| Phosphore 136,2 mg | 10 % |

**Recette traditionnelle**
Valeur nutritive
Pour 1 poutine (250 g)

| Teneur | % valeur quotidienne |
|---|---|
| **Calories** 570 | |
| **Lipides** 38 g | 58 % |
|   saturés 15 g | |
|   oméga-3 1 g | |
| **Cholestérol** 60 mg | 20 % |
| **Sodium** 1540 mg | 64 % |
| **Potassium** 690 mg | 20 % |
| **Glucides** 38 g | 13 % |
|   fibres 3 g | 12 % |
|   sucres 0 g | |
| **Protéines** 19 g | |
| Vitamine A 147 ER | 15 % |
| Vitamine C 17 mg | 30 % |
| Calcium 439 mg | 40 % |
| Fer 1,7 mg | 10 % |
| Phosphore 419,7 mg | 40 % |

**Avantages nutritifs par rapport à la recette traditionnelle :**

- 67 % moins de calories
- 87 % moins de sodium
- 367 % plus de vitamine A

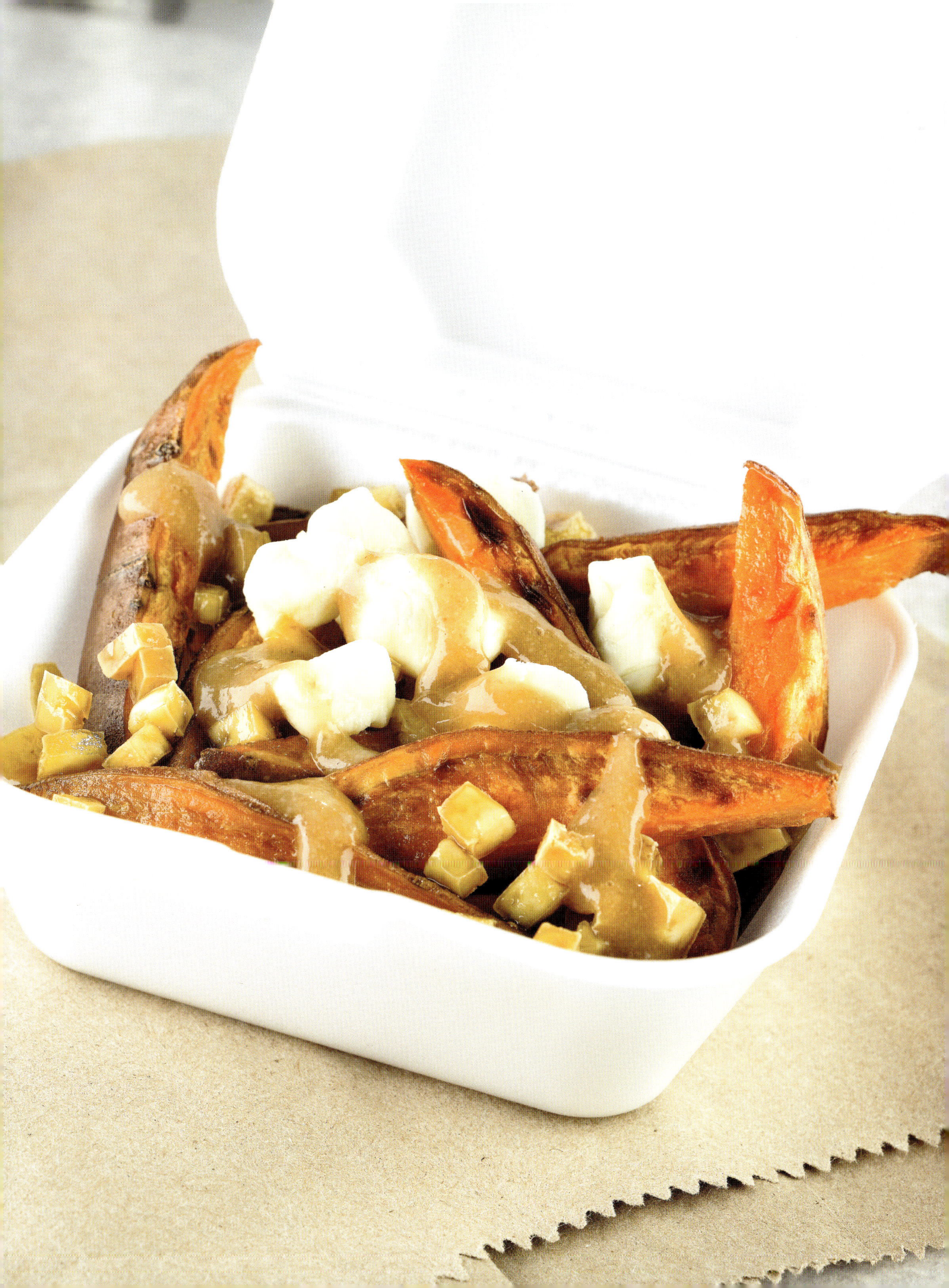

# MACARONI AU FROMAGE ET AU BROCOLI

VERSUS

# MACARONI AU FROMAGE TRADITIONNEL

6 portions • **Temps de préparation :** 10 minutes • **Temps de cuisson :** 25 minutes
**Congélation :** oui • **Niveau de difficulté :** facile

## INGRÉDIENTS

| | |
|---|---|
| 220 g (2 tasses) | Macaronis de blé entier |
| 1,5 l (6 tasses) | Eau |
| 85 g (½ tasse) | Échalote émincée |
| 500 ml (2 tasses) | Lait (2 % M.G. et moins) |
| 15 g (2 c. à soupe) | Farine d'épeautre, de kamut ou de quinoa |
| 55 g (½ tasse) | Parmesan râpé (20 % M.G. et moins) |
| 60 g (½ tasse) | Mozzarella râpée (20 % M.G. et moins) |
| 30 ml (2 c. à soupe) | Persil frais haché |
| 95 g (1 tasse) | Fleurons de brocoli |
| 1 pincée | Poudre d'oignon |
| | Poivre, sel ou autres épices au goût |

**1.** Cuire les macaronis dans l'eau environ 10 minutes.

**2.** Égoutter et rincer à l'eau froide.

**3.** Mélanger les ingrédients restants dans une casserole et cuire jusqu'à épaississement, environ 10 minutes.

**4.** Laisser mijoter 2 minutes.

**5.** Ajouter les macaronis et prolonger la cuisson de 3 minutes sur feu doux.

**6.** Assaisonner au goût.

### Recette actuelle
**Valeur nutritive**
Pour 1 macaroni (240 g)

| Teneur | % valeur quotidienne |
|---|---|
| **Calories** 270 | |
| **Lipides** 7 g | 11 % |
|   saturés 3,5 g | |
|   oméga-3 0,1 g | |
| **Cholestérol** 20 mg | 7 % |
| **Sodium** 230 mg | 10 % |
| **Potassium** 300 mg | 8 % |
| **Glucides** 37 g | 12 % |
|   fibres 4 g | 16 % |
|   sucres 6 g | |
| **Protéines** 15 g | |
| Vitamine A 110 ER | 10 % |
| Vitamine C 17 mg | 30 % |
| Calcium 295 mg | 25 % |
| Fer 1,7 mg | 10 % |
| Phosphore 302,6 mg | 30 % |

### Recette traditionnelle
**Valeur nutritive**
Pour 1 macaroni (240 g)

| Teneur | % valeur quotidienne |
|---|---|
| **Calories** 500 | |
| **Lipides** 21 g | 32 % |
|   saturés 5 g | |
|   oméga-3 1 g | |
| **Cholestérol** 10 mg | 3 % |
| **Sodium** 860 mg | 36 % |
| **Potassium** 210 mg | 6 % |
| **Glucides** 63 g | 21 % |
|   fibres 2 g | 8 % |
|   sucres 13 g | |
| **Protéines** 15 g | |
| Vitamine A 169 ER | 15 % |
| Vitamine C 0 mg | 0 % |
| Calcium 184 mg | 15 % |
| Fer 2,4 mg | 15 % |
| Phosphore 235,2 mg | 20 % |

### Avantages nutritifs par rapport à la recette traditionnelle :

- 46 % moins de calories
- 2 g de plus de fibres
- 54 % moins de sucres

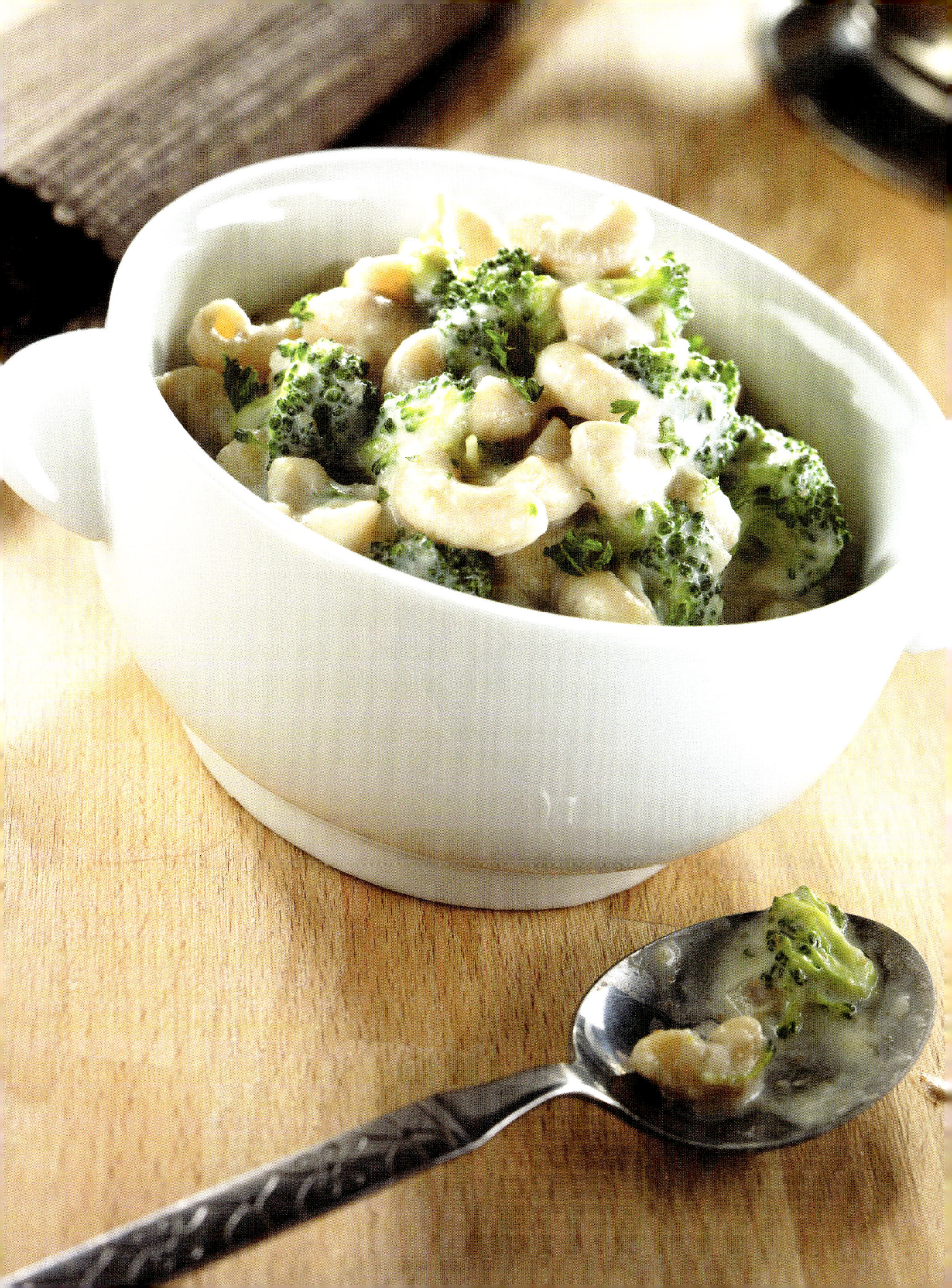

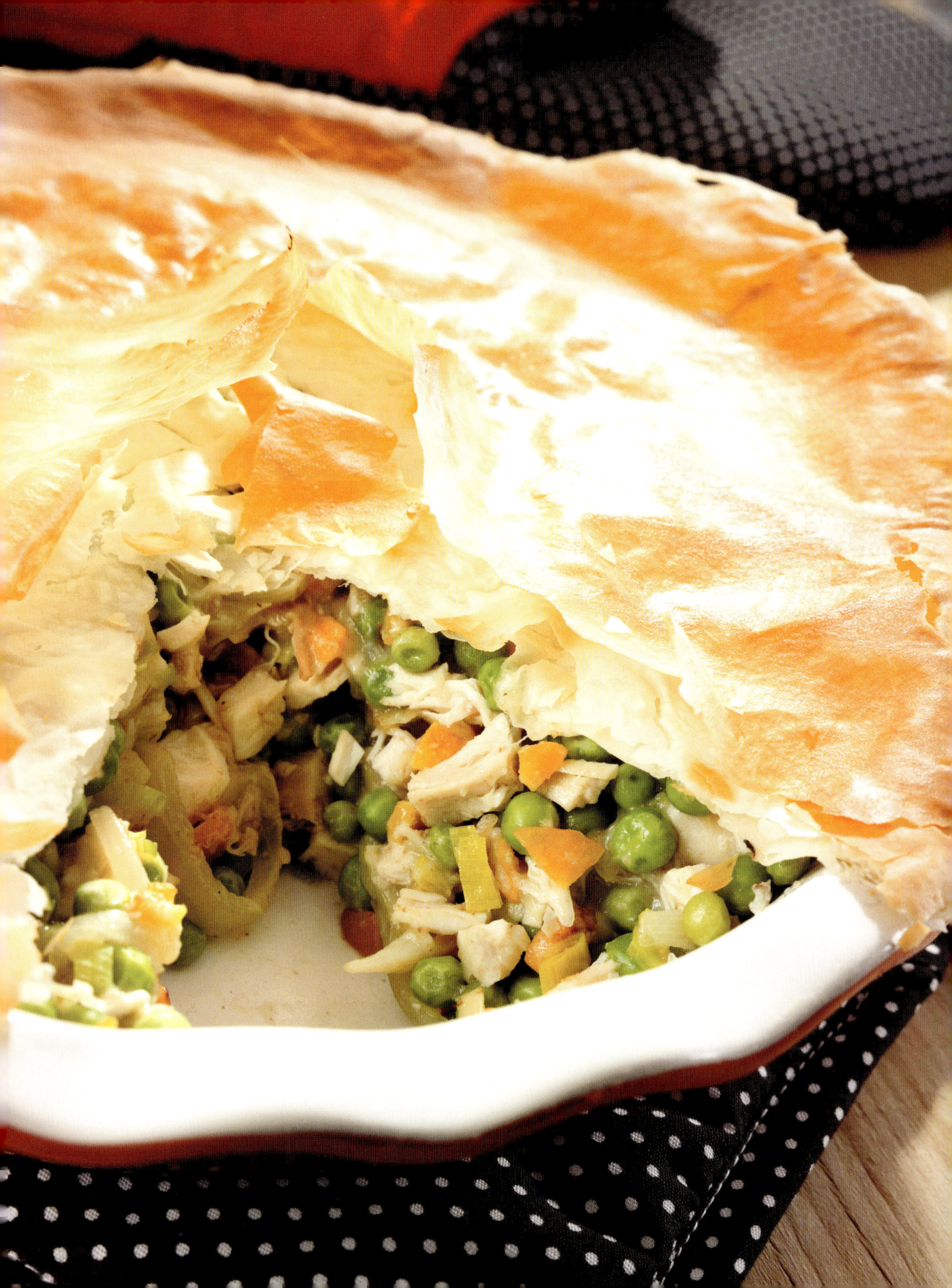

# PÂTÉ AU POULET À LA PHYLLO *versus* PÂTÉ AU POULET TRADITIONNEL

8 portions • **Temps de préparation** : 15 minutes • **Temps de cuisson** : 30 minutes
**Congélation** : oui • **Niveau de difficulté** : facile

| | |
|---|---|
| 1 | Carotte, en dés |
| 1 branche | Céleri, en dés |
| 1 | Poireau, émincé |
| 1 | Oignon jaune, émincé |
| 15 ml (1 c. à soupe) | Huile au choix (olive, canola bio ou autre) |
| 30 g (¼ tasse) | Farine de maïs ou de blé entier |
| 375 ml (1½ tasse) | Bouillon de poulet ou autre, dégraissé |
| 285 g (2 tasses) | Poulet cuit, en dés |
| 125 g (¾ tasse) | Pois surgelés, décongelés |
| 5 | Feuilles de pâte phyllo |
| | Jaune d'œuf, au goût |

1. Préchauffer le four à 190 °C (375 °F) et mettre la grille dans le bas du four.
2. Dans une grande casserole, faire revenir les légumes dans l'huile à feu moyen environ 5 minutes.
3. Saupoudrer de farine et cuire 1 minute en remuant.
4. Verser le bouillon et porter à ébullition en brassant. Couvrir et laisser mijoter 5 minutes.
5. Ajouter le poulet et les petits pois. Transférer la préparation dans une assiette à tarte.
6. Étendre une feuille de pâte phyllo. Badigeonner légèrement d'huile, puis placer sur la préparation au poulet, en laissant dépasser sur les côtés. Répéter avec les quatre autres feuilles.
7. Découper la pâte qui déborde de l'assiette avec des ciseaux ou un couteau, ou la façonner avec les doigts pour que rien ne dépasse.
8. Faire une incision au centre. Bien sceller en écrasant le rebord avec une fourchette ou avec les doigts.
9. Badigeonner de jaune d'œuf, si désiré.
10. Cuire au four environ 30 minutes, ou jusqu'à ce que la croûte soit bien dorée.

**Avantages nutritifs par rapport à la recette traditionnelle :**

- 32 % moins de calories
- 65 % moins de sodium
- 53 % moins de glucides

### Recette actuelle
**Valeur nutritive**
Pour ⅛ de pâté

| Teneur | % valeur quotidienne |
|---|---|
| **Calories** 230 | |
| **Lipides** 8 g | 12 % |
|   saturés 2 g | |
|   oméga-3 0,3 g | |
| **Cholestérol** 65 mg | 22 % |
| **Sodium** 210 mg | 9 % |
| **Potassium** 300 mg | 8 % |
| **Glucides** 16 g | 5 % |
|   fibres 2 g | 8 % |
|   sucres 2 g | |
| **Protéines** 23 g | |
| Vitamine A 155 ER | 15 % |
| Vitamine C 5 mg | 8 % |
| Calcium 35 mg | 4 % |
| Fer 2 mg | 15 % |
| Phosphore 183,5 mg | 15 % |

### Recette traditionnelle
**Valeur nutritive**
Pour ⅛ de pâté

| Teneur | % valeur quotidienne |
|---|---|
| **Calories** 340 | |
| **Lipides** 18 g | 28 % |
|   saturés 5 g | |
|   oméga-3 0 g | |
| **Cholestérol** 20 mg | 7 % |
| **Sodium** 600 mg | 25 % |
| **Potassium** 115 mg | 3 % |
| **Glucides** 34 g | 11 % |
|   fibres 1 g | 4 % |
|   sucres 0 g | |
| **Protéines** 11 g | |
| Vitamine A 382 ER | 40 % |
| Vitamine C 6 mg | 10 % |
| Calcium 28 mg | 2 % |
| Fer 1,4 mg | 10 % |
| Phosphore 70 mg | 6 % |

# TENDRES CUISSES DE POULET CROUSTILLANTES

VERSUS

# POULET PANÉ COMMERCIAL

6 cuisses • **Temps de préparation** : 10 minutes • **Temps de cuisson** : 30 minutes
**Congélation** : oui • **Niveau de difficulté** : facile

| | |
|---|---|
| 2 | Œufs, battus |
| 30 ml (2 c. à soupe) | Moutarde à l'ancienne |
| 15 ml (1 c. à soupe) | Eau |
| 15 ml (1 c. à soupe) | Miel |
| 6 | Cuisses de poulet, sans peau |

**Panure**

| | |
|---|---|
| 3 tranches | Pain de blé entier, grillées |
| 10 g (3 c. à soupe) | Persil frais |
| 15 g (2 c. à soupe) | Farine d'épeautre, de kamut ou de quinoa |
| 1 | Gousse d'ail, hachée |
| 1 pincée | Origan séché |
| 1 pincée | Cumin séché |
| 1 pincée | Clou de girofle |

1. Préchauffer le four à 200 °C (400 °F).
2. Mélanger les œufs battus avec la moutarde, l'eau et le miel.
3. Déposer les cuisses dans ce mélange et réserver.
4. Passer au robot les ingrédients de la panure.
5. Mettre la panure dans un bol. Enrober chaque cuisse de poulet de panure et déposer sur une plaque à cuisson huilée ou tapissée de papier parchemin.
6. Cuire au four environ 30 minutes.
7. Servir avec des frites santé (p. 98) et la moitié de l'assiette de salade (p. 73).

### Recette actuelle
**Valeur nutritive**
Pour 1 cuisse

| Teneur | % valeur quotidienne |
|---|---|
| **Calories** 170 | |
| **Lipides** 5 g | 8 % |
|   saturés 1,5 g | |
|   oméga-3 0,1 g | |
| **Cholestérol** 110 mg | 37 % |
| **Sodium** 220 mg | 9 % |
| **Potassium** 240 mg | 7 % |
| **Glucides** 14 g | 5 % |
|   fibres 2 g | 8 % |
|   sucres 7 g | |
| **Protéines** 16 g | |
| Vitamine A 55 ER | 6 % |
| Vitamine C 4 mg | 6 % |
| Calcium 53 mg | 4 % |
| Fer 2,2 mg | 15 % |
| Phosphore 166,6 mg | 15 % |

### Recette traditionnelle
**Valeur nutritive**
Pour 1 cuisse

| Teneur | % valeur quotidienne |
|---|---|
| **Calories** 210 | |
| **Lipides** 13 g | 20 % |
|   saturés 3,5 g | |
|   oméga-3 0,2 g | |
| **Cholestérol** 85 mg | 28 % |
| **Sodium** 380 mg | 16 % |
| **Potassium** 220 mg | 6 % |
| **Glucides** 8 g | 3 % |
|   fibres 0 g | 0 % |
|   sucres 0 g | |
| **Protéines** 15 g | |
| Vitamine A 34 ER | 4 % |
| Vitamine C 0 mg | 0 % |
| Calcium 18 mg | 2 % |
| Fer 0,8 mg | 6 % |
| Phosphore 120 mg | 10 % |

**Avantages nutritifs par rapport à la recette traditionnelle :**

- 61 % moins de lipides
- 42 % moins de sodium

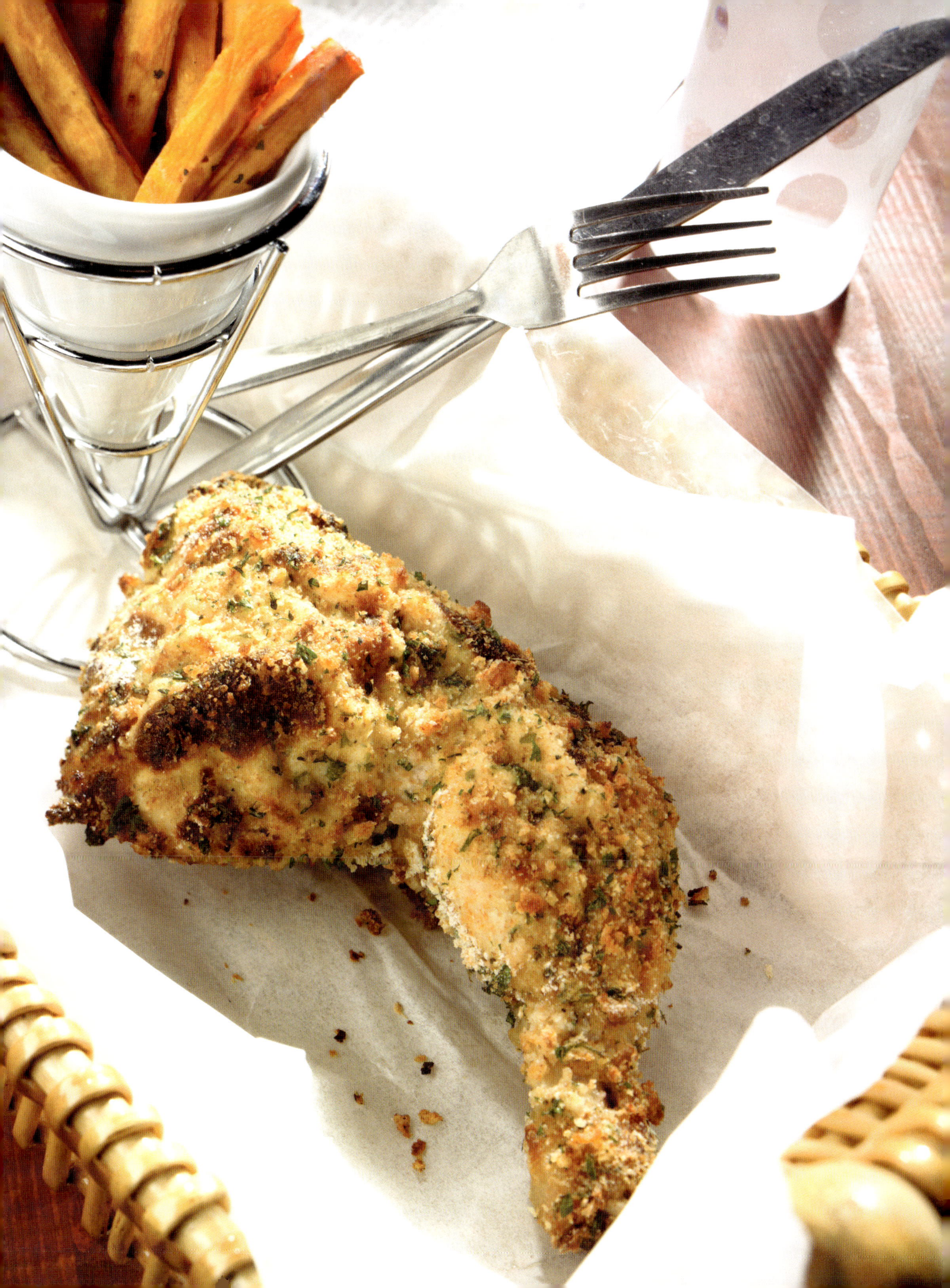

# HAMBURGER DE SAUMON PANÉ VERSUS HAMBURGER DE POISSON PANÉ

6 hamburgers • **Temps de préparation** : 10 minutes • **Temps de cuisson** : 10 minutes
**Congélation** : oui • **Niveau de difficulté** : facile

| | |
|---|---|
| 2 boîtes de 200 g (7 oz) | Saumon (ou 310 g de saumon égoutté) |
| 2 | Œufs, battus |
| 60 g (⅔ tasse) | Biscuits sodas à grains entiers, émiettés |
| 1 | Oignon jaune, émincé |
| | Thym séché, au goût |
| | Poivre, sel ou autres épices au goût |
| 6 | Pains à hamburger de grains entiers |
| | Laitue, luzerne et tomate, pour garnir |

**1.** Mélanger les 6 premiers ingrédients ensemble dans un bol.

**2.** Façonner en 6 galettes.

**3.** Sur le gril ou dans une poêle, faire dorer les galettes environ 5 minutes de chaque côté.

**4.** Les déposer dans les pains à hamburger et garnir de laitue, de luzerne et de tomate.

**5.** Accompagner les hamburgers de patates douces frites au four (p. 98).

## Recette actuelle
**Valeur nutritive**
Pour 1 hamburger

| Teneur | % valeur quotidienne |
|---|---|
| **Calories** 440 | |
| **Lipides** 11 g | 17 % |
|   saturés 3 g | |
|   oméga-3 1 g | |
| **Cholestérol** 85 mg | 28 % |
| **Sodium** 910 mg | 38 % |
| **Potassium** 510 mg | 14 % |
| **Glucides** 58 g | 19 % |
|   fibres 8 g | 32 % |
|   sucres 24 g | |
| **Protéines** 26 g | |
| Vitamine A 34 ER | 4 % |
| Vitamine C 1 mg | 2 % |
| Calcium 238 mg | 20 % |
| Fer 4,7 mg | 35 % |
| Phosphore 502 mg | 45 % |

## Recette traditionnelle
**Valeur nutritive**
Pour 1 hamburger

| Teneur | % valeur quotidienne |
|---|---|
| **Calories** 560 | |
| **Lipides** 18 g | 28 % |
|   saturés 4,5 g | |
|   oméga-3 1 g | |
| **Cholestérol** 85 mg | 28 % |
| **Sodium** 1100 mg | 46 % |
| **Potassium** 450 mg | 13 % |
| **Glucides** 73 g | 24 % |
|   fibres 3 g | 12 % |
|   sucres 7 g | |
| **Protéines** 26 g | |
| Vitamine A 12 ER | 2 % |
| Vitamine C 0 mg | 0 % |
| Calcium 171 mg | 15 % |
| Fer 5,9 mg | 40 % |
| Phosphore 253,7 mg | 25 % |

**Avantages nutritifs par rapport à la recette traditionnelle :**

- 21 % moins de calories
- 39 % moins de lipides totaux
- 5 g de plus de fibres

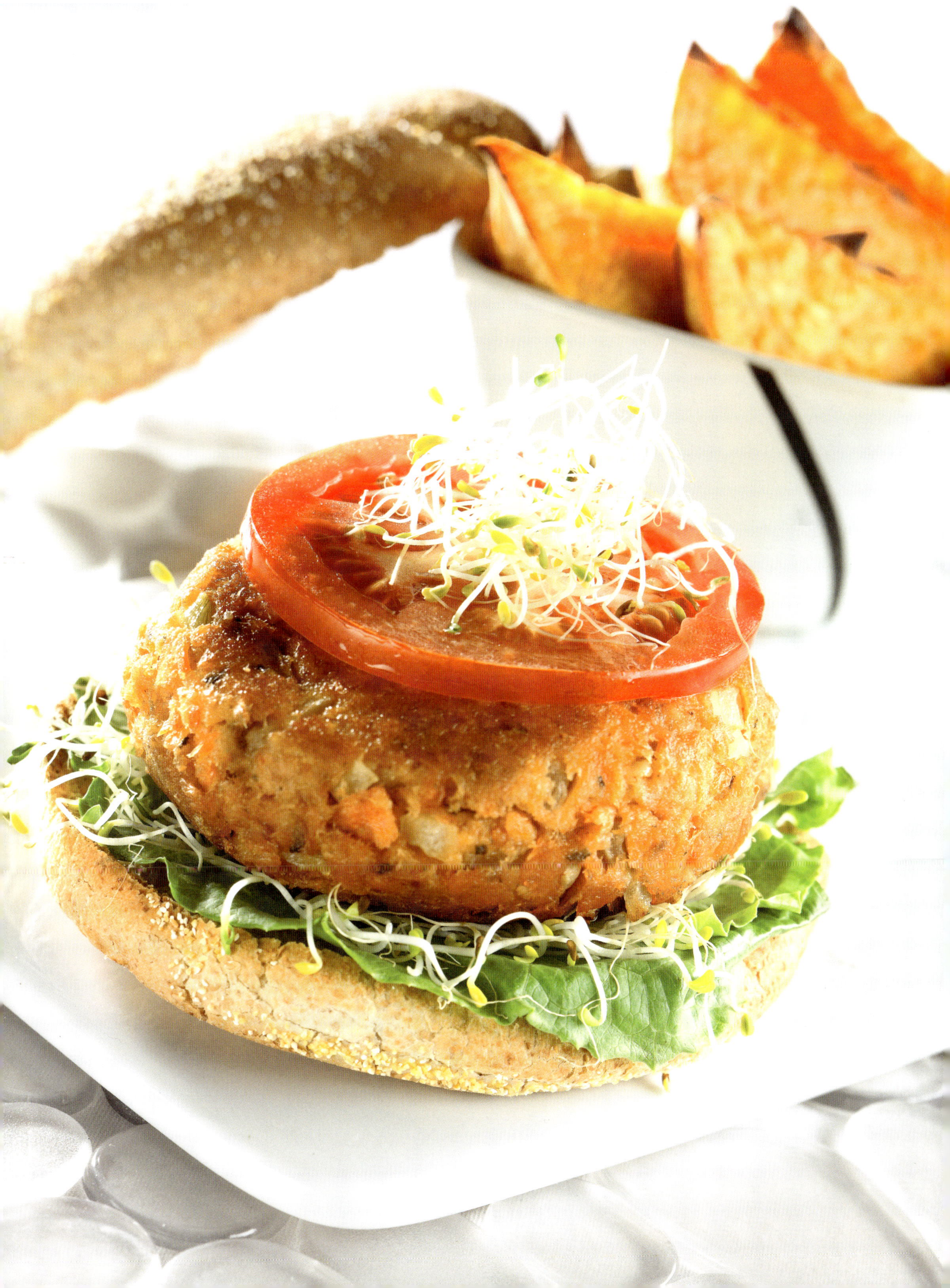

# PATATES DOUCES FRITES AU FOUR versus FRITES DU COMMERCE

4 portions • **Temps de préparation :** 10 minutes • **Temps de cuisson :** 25 minutes
**Congélation :** oui • **Niveau de difficulté :** facile

## INGRÉDIENTS

| | |
|---|---|
| 20 ml (4 c. à thé) | Huile au choix (olive, canola bio ou autre) |
| 2 | Blancs d'œufs, battus |
| | Sirop d'érable (facultatif) |
| 2 ml (½ c. à thé) chacun | Cannelle, paprika, romarin |
| 4 | Petites patates douces pelées, en bâtonnets |
| | Poivre, sel ou autres épices au goût |

1. Préchauffer le four à 220 °C (425 °F).
2. Dans un bol, mélanger tous les ingrédients sauf les patates douces.
3. Badigeonner les patates douces avec le mélange.
4. Étaler la préparation sur une plaque à cuisson huilée ou tapissée de papier sulfurisé.
5. Cuire 25 minutes en retournant les bâtonnets à mi-cuisson.
6. Au moment de servir, assaisonner au goût.

**Avantages nutritifs par rapport à la recette traditionnelle :**

- 55 % moins de calories
- 65 % moins de lipides totaux
- 1293 ER de vitamine A de plus

### Recette actuelle
**Valeur nutritive**
Pour ¼ de recette

| Teneur | % valeur quotidienne |
|---|---|
| **Calories** 160 | |
| **Lipides** 4,5 g | 7 % |
|    saturés 0,5 g | |
|    oméga-3 0 g | |
| **Cholestérol** 0 mg | 0 % |
| **Sodium** 100 mg | 4 % |
| **Potassium** 460 mg | 13 % |
| **Glucides** 26 g | 9 % |
|    fibres 4 g | 16 % |
|    sucres 6 g | |
| **Protéines** 4 g | |
| Vitamine A 1293 ER | 130 % |
| Vitamine C 2 mg | 2 % |
| Calcium 42 mg | 4 % |
| Fer 0,9 mg | 6 % |
| Phosphore 63,3 mg | 6 % |

### Recette traditionnelle
**Valeur nutritive**
Pour 25 frites (125 g)

| Teneur | % valeur quotidienne |
|---|---|
| **Calories** 330 | |
| **Lipides** 13 g | 20 % |
|    saturés 4 g | |
|    oméga-3 0 g | |
| **Cholestérol** 0 mg | 0 % |
| **Sodium** 270 mg | 11 % |
| **Potassium** 770 mg | 22 % |
| **Glucides** 49 g | 16 % |
|    fibres 4 g | 16 % |
|    sucres 1 g | |
| **Protéines** 5 g | |
| Vitamine A 0 ER | 0 % |
| Vitamine C 14 mg | 25 % |
| Calcium 13 mg | 2 % |
| Fer 0,8 mg | 6 % |
| Phosphore 116,2 mg | 10 % |

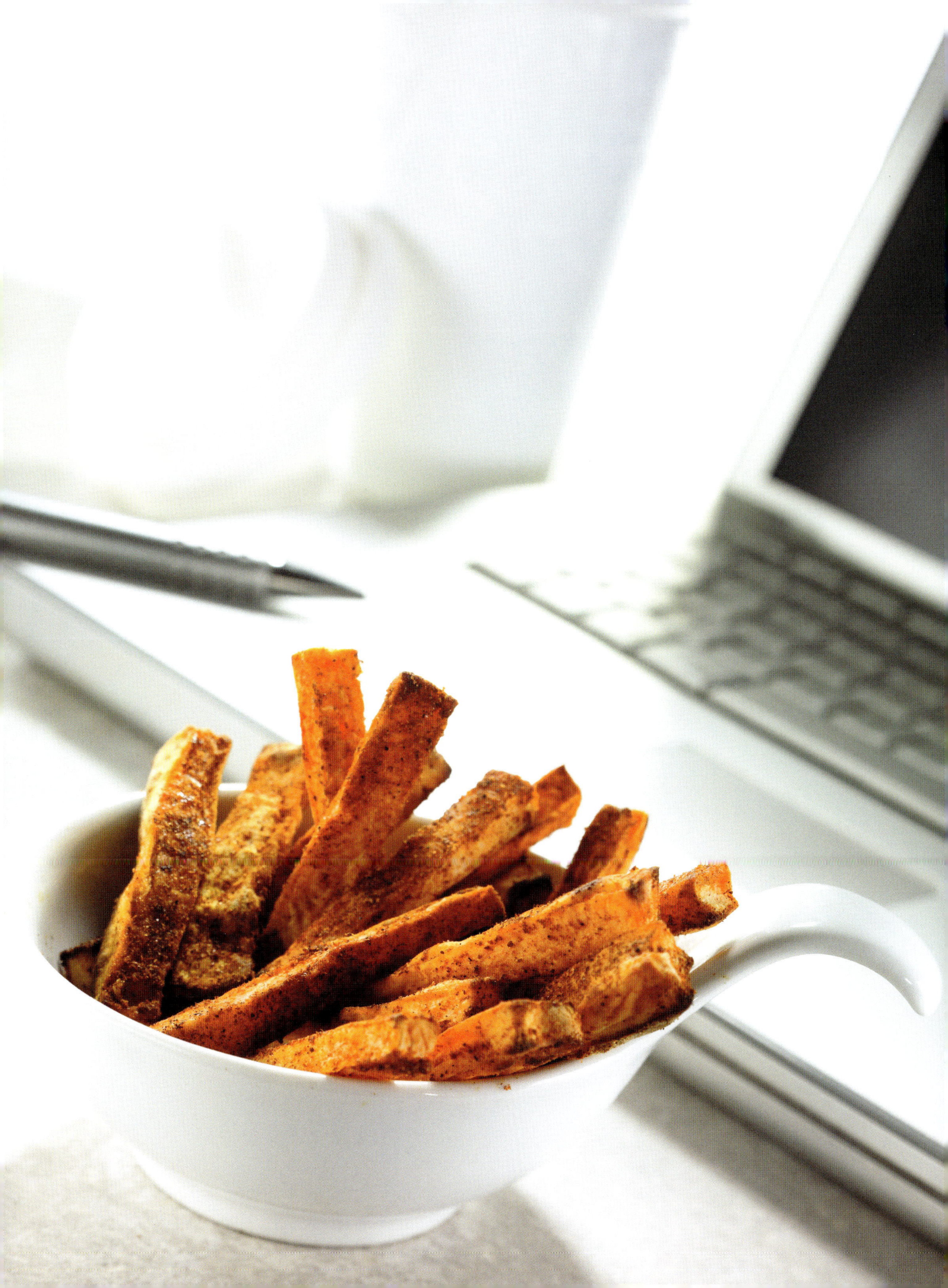

# SAUCE À SPAGHETTI À LA TOMATE, À LA VIANDE ET AU QUINOA VERSUS SAUCE À SPAGHETTI TRADITIONNELLE

15 portions • **Temps de préparation :** 15 minutes • **Temps de cuisson :** 45 minutes
**Congélation :** oui • **Niveau de difficulté :** facile

## INGRÉDIENTS

| | |
|---|---|
| 10 ml (2 c. à thé) | Huile au choix (olive, canola bio ou autre) |
| 2 branches | Céleri, en dés |
| 1 | Oignon jaune, haché finement |
| 5 | Gousses d'ail, émincées |
| 170 g (1 tasse) | Quinoa |
| 455 g (16 oz) | Bœuf haché maigre |
| 2 boîtes de 28 oz (795 ml) | Tomates italiennes |
| 1 boîte de 48 oz (1,36 l) | Jus de tomate réduit en sodium |
| 60 ml (¼ tasse) | Eau |
| 30 g (½ tasse) | Persil frais, haché |
| 20 g (½ tasse) | Basilic frais |
| 1 | Feuille de laurier |
| | Cannelle, au goût |
| | Poivre, sel ou autres épices au goût |

**1.** Chauffer l'huile à feu moyen dans une grande marmite et faire revenir les légumes.

**2.** Ajouter le quinoa, puis la viande hachée en baissant légèrement le feu.

**3.** Incorporer les tomates, le jus de tomate et l'eau. Amener à ébullition et poursuivre la cuisson à feu moyen, sans couvrir, pendant environ 30 minutes.

**4.** Ajouter les fines herbes, les épices et les assaisonnements.

**5.** Servir avec des pâtes au choix (au blé, au tofu, au quinoa…) ou de la courge à spaghetti cuite.

### Recette actuelle
**Valeur nutritive**
Pour 1 tasse

| Teneur | % valeur quotidienne |
|---|---|
| **Calories** 160 | |
| **Lipides** 6 g | 9 % |
|    saturés 2 g | |
|    oméga-3 0,1 g | |
| **Cholestérol** 20 mg | 7 % |
| **Sodium** 230 mg | 10 % |
| **Potassium** 590 mg | 17 % |
| **Glucides** 17 g | 6 % |
|    fibres 3 g | 12 % |
|    sucres 7 g | |
| **Protéines** 9 g | |
| Vitamine A 130 ER | 15 % |
| Vitamine C 22 mg | 35 % |
| Calcium 64 mg | 6 % |
| Fer 3,2 mg | 25 % |
| Phosphore 137,5 mg | 10 % |

### Recette traditionnelle
**Valeur nutritive**
Pour 1 tasse

| Teneur | % valeur quotidienne |
|---|---|
| **Calories** 190 | |
| **Lipides** 8 g | 12 % |
|    saturés 3 g | |
|    oméga-3 0,1 g | |
| **Cholestérol** 30 mg | 10 % |
| **Sodium** 550 mg | 23 % |
| **Potassium** 840 mg | 24 % |
| **Glucides** 19 g | 6 % |
|    fibres 5 g | 20 % |
|    sucres 9 g | |
| **Protéines** 11 g | |
| Vitamine A 128 ER | 15 % |
| Vitamine C 11 mg | 20 % |
| Calcium 57 mg | 6 % |
| Fer 2,6 mg | 20 % |
| Phosphore 135 mg | 10 % |

**Avantages nutritifs par rapport à la recette traditionnelle :**

- 16 % moins de calories
- 58 % moins de sodium

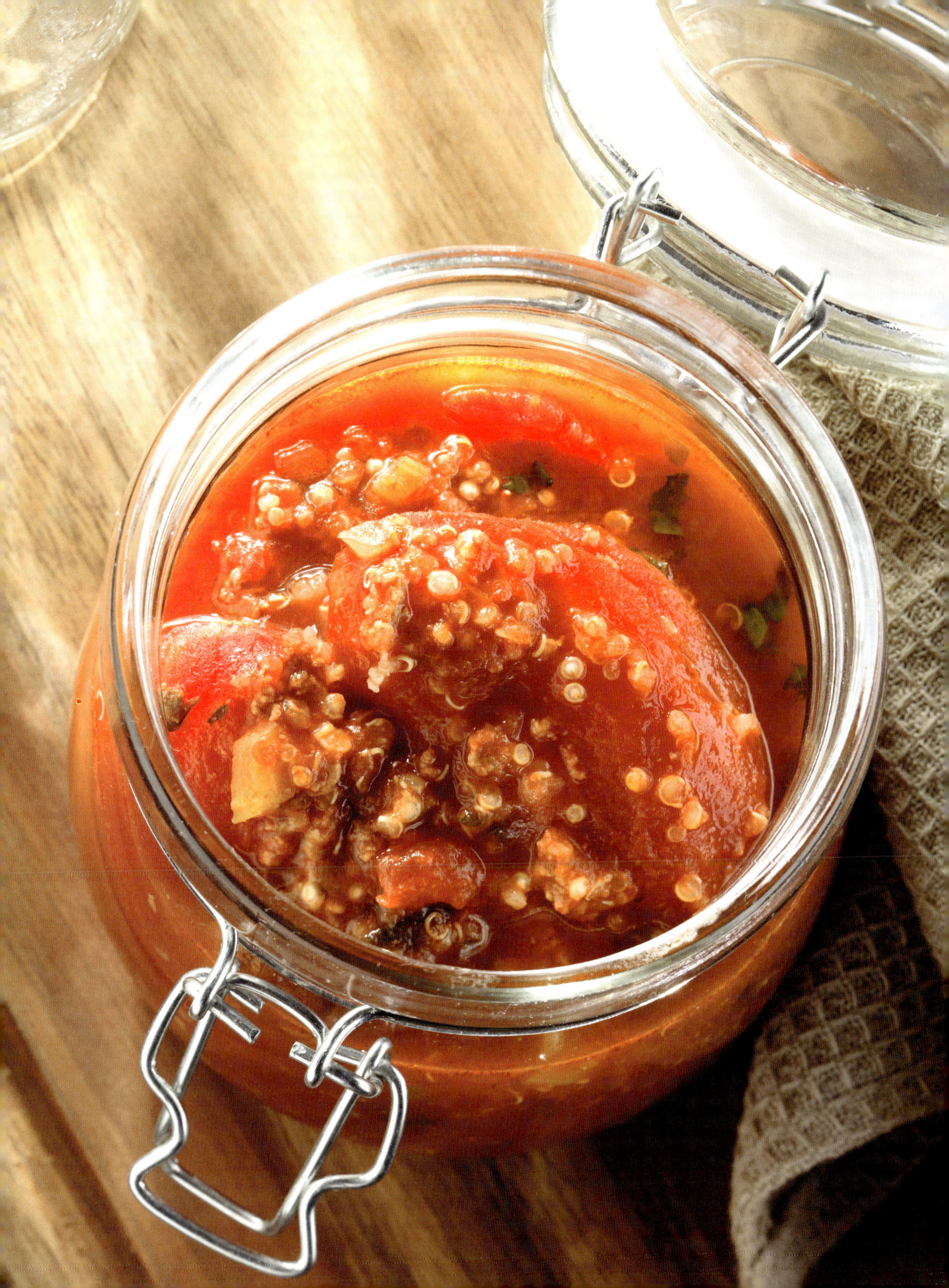

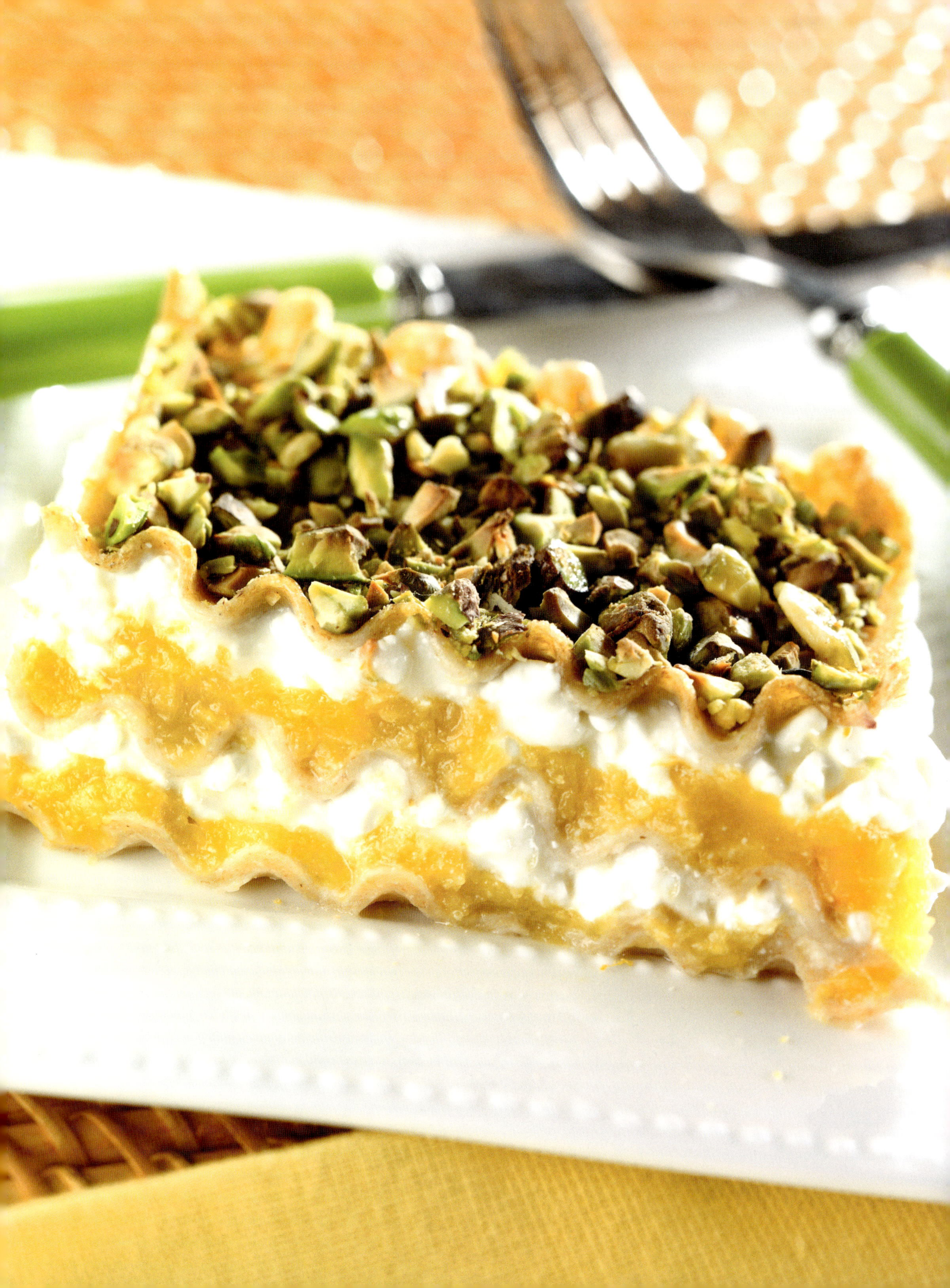

# LASAGNE DE COURGE RÔTIE AU COTTAGE ET AUX PISTACHES

## VERSUS LASAGNE TRADITIONNELLE

6 portions • **Temps de préparation :** 15 minutes • **Temps de cuisson :** 50 à 60 minutes
**Congélation :** oui • **Niveau de difficulté :** facile

| | |
|---|---|
| 10 ml (2 c. à thé) | Huile au choix (olive, canola bio ou autre) |
| 1 | Courge poivrée, coupée en deux sur la longueur et épépinée |
| 2 | Gousses d'ail, émincées |
| 30 ml (2 c. à soupe) | Miel |
| | Poivre, sel ou autres épices au goût |
| 9 | Pâtes à lasagne de grains entiers, cuites |
| 480 g (2 tasses) | Fromage cottage |
| 65 g (½ tasse) | Pistaches, en petits morceaux |

1. Préchauffer le four à 200 °C (400 °F).
2. Verser l'huile sur la chair de la courge et parsemer d'ail, de miel et d'assaisonnement.
3. Déposer la courge sur une plaque à cuisson, côté chair vers le bas, et enfourner 30 minutes.
4. Laisser refroidir quelques minutes et couper chaque moitié de courge en deux ou en trois pour retirer la pelure plus facilement. Détailler la courge cuite en tranches minces.
5. Huiler un plat à lasagne rectangulaire. Étendre trois pâtes à lasagne, couvrir d'un rang de courge, puis d'une couche de fromage cottage. Répéter l'opération deux fois pour obtenir trois étages.
6. Garnir le dessus de pistaches en morceaux.
7. Cuire au four de 20 à 30 minutes, ou jusqu'à ce que les pistaches soient grillées au goût.

**Avantages nutritifs par rapport à la recette traditionnelle :**

- 47 % moins de calories
- 67 % moins de sodium
- 5 g de plus de fibres

| Recette actuelle<br>Valeur nutritive<br>Pour ⅙ de recette | | |
|---|---|---|
| **Teneur** | | **% valeur quotidienne** |
| **Calories** 410 | | |
| **Lipides** 8 g | | 12 % |
|   saturés 1,5 g | | |
|   oméga-3 0,3 g | | |
| **Cholestérol** 3 mg | | 2 % |
| **Sodium** 350 mg | | 14 % |
| **Potassium** 1370 mg | | 39 % |
| **Glucides** 66 g | | 22 % |
|   fibres 8 g | | 32 % |
|   sucres 9 g | | |
| **Protéines** 19 g | | |
| Vitamine A 94 ER | | 10 % |
| Vitamine C 19 mg | | 30 % |
| Calcium 178 mg | | 15 % |
| Fer 3,9 mg | | 30 % |
| Phosphore 318,9 mg | | 30 % |

| Recette traditionnelle<br>Valeur nutritive<br>Pour ⅙ de recette | | |
|---|---|---|
| **Teneur** | | **% valeur quotidienne** |
| **Calories** 780 | | |
| **Lipides** 51 g | | 78 % |
|   saturés 27 g | | |
|   oméga-3 0,5 g | | |
| **Cholestérol** 180 mg | | 58 % |
| **Sodium** 1050 mg | | 44 % |
| **Potassium** 700 mg | | 20 % |
| **Glucides** 26 g | | 9 % |
|   fibres 3 g | | 12 % |
|   sucres 5 g | | |
| **Protéines** 53 g | | |
| Vitamine A 90 ER | | 10 % |
| Vitamine C 3 mg | | 4 % |
| Calcium 767 mg | | 70 % |
| Fer 4 mg | | 30 % |
| Phosphore 782,3 mg | | 70 % |

# PIZZA POULET, SALSA ET ÉPINARDS VERSUS PIZZA PEPPERONI FROMAGE

4 pizzas • **Temps de préparation :** 10 minutes • **Temps de cuisson :** 15 à 20 minutes
**Congélation :** oui • **Niveau de difficulté :** facile

| | |
|---|---|
| 4 | Pains pitas moyens |
| 60 ml (¼ tasse) | Salsa |
| 455 g (16 oz) | Poulet cuit, en petits dés |
| 1 | Oignon rouge, émincé |
| 30 g (1 tasse) | Épinards, hachés |
| 120 g (1 tasse) | Fromage râpé (20 % M.G. et moins) |

**1.** Préchauffer le four à 180 °C (350 °F).

**2.** Déposer les pains pitas sur une plaque à cuisson huilée.

**3.** Garnir les pains de salsa, de morceaux de poulet, d'oignon et d'épinards.

**4.** Saupoudrer de fromage râpé.

**5.** Cuire au four de 15 à 20 minutes.

**Avantages nutritifs par rapport à la recette traditionnelle :**
- 39 % moins de calories
- 63 % moins de lipides saturés
- 56 % moins de sodium

### Recette actuelle
**Valeur nutritive**
Pour 1 pizza (250 g)

| Teneur | % valeur quotidienne |
|---|---|
| **Calories** 450 | |
| **Lipides** 11 g | 17 % |
|   saturés 4,5 g | |
|   oméga-3 0,2 g | |
| **Cholestérol** 100 mg | 33 % |
| **Sodium** 680 mg | 28 % |
| **Potassium** 530 mg | 15 % |
| **Glucides** 42 g | 14 % |
|   fibres 6 g | 24 % |
|   sucres 2 g | |
| **Protéines** 46 g | |
| Vitamine A 88 ER | 8 % |
| Vitamine C 2 mg | 4 % |
| Calcium 234 mg | 20 % |
| Fer 3,8 mg | 25 % |
| Phosphore 529 mg | 50 % |

### Recette traditionnelle
**Valeur nutritive**
Pour 1 pointe (250 g)

| Teneur | % valeur quotidienne |
|---|---|
| **Calories** 740 | |
| **Lipides** 38 g | 58 % |
|   saturés 12 g | |
|   oméga-3 0,5 g | |
| **Cholestérol** 40 mg | 13 % |
| **Sodium** 1550 mg | 64 % |
| **Potassium** 500 mg | 14 % |
| **Glucides** 71 g | 24 % |
|   fibres 6 g | 24 % |
|   sucres 0 g | |
| **Protéines** 28 g | |
| Vitamine A 82 ER | 8 % |
| Vitamine C 5 mg | 8 % |
| Calcium 378 mg | 35 % |
| Fer 6 mg | 45 % |
| Phosphore 517,5 mg | 45 % |

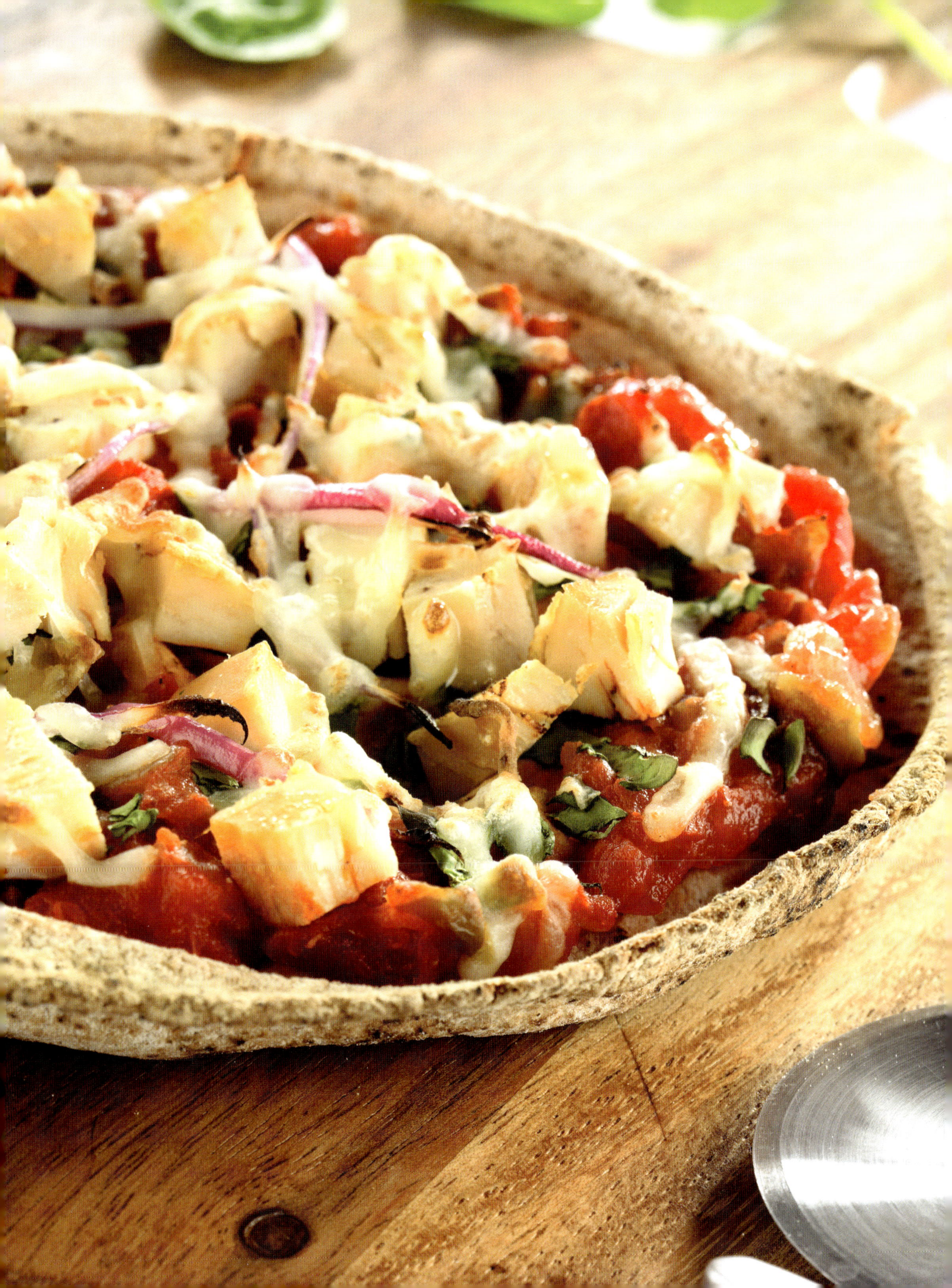

# PAIN DE VIANDE ÉCONO-DÉLICIEUX *versus* PAIN DE VIANDE TRADITIONNEL

4 portions • **Temps de préparation :** 15 minutes • **Temps de cuisson :** 30 minutes
**Congélation :** oui • **Niveau de difficulté :** facile

### Pain de viande

| | |
|---|---|
| 225 g (8 oz) | Bœuf haché maigre |
| 265 g (1 tasse) | Tofu régulier ferme, râpé |
| 3 | Patates douces, pelée et râpées |
| 1 | Œuf, battu |
| | Poivre, sel ou autres épices au goût |
| 60 ml (¼ tasse) | Bouillon au choix |

### Sauce

| | |
|---|---|
| 125 ml (½ tasse) | Jus de légumes |
| 125 ml (½ tasse) | Eau |
| 5 ml (1 c. à thé) | Poudre de bouillon de bœuf |

**1.** Préchauffer le four à 230 °C (450 °F).

**2.** Mélanger ensemble tous les ingrédients du pain de viande et verser dans un moule à pain huilé.

**3.** Cuire au four pendant 30 minutes.

**4.** Dix minutes avant la fin de la cuisson, mélanger les ingrédients de la sauce.

**5.** Étendre la sauce sur le pain de viande et poursuivre la cuisson.

**6.** Servir avec une purée de pommes de terre ou de patates douces et une salade au choix.

---

**Recette actuelle**
**Valeur nutritive**
Pour ¼ de pain

| Teneur | % valeur quotidienne |
|---|---|
| **Calories** 320 | |
| **Lipides** 12 g | 18 % |
|   saturés 4 g | |
|   oméga-3 0,2 g | |
| **Cholestérol** 80 mg | 27 % |
| **Sodium** 310 mg | 13 % |
| **Potassium** 800 mg | 23 % |
| **Glucides** 31 g | 10 % |
|   fibres 5 g | 20 % |
|   sucres 7 g | |
| **Protéines** 21 g | |
| Vitamine A 1421 ER | 140 % |
| Vitamine C 6 mg | 10 % |
| Calcium 192 mg | 15 % |
| Fer 3,2 mg | 25 % |
| Phosphore 261 mg | 25 % |

**Recette traditionnelle**
**Valeur nutritive**
Pour ¼ de pain

| Teneur | % valeur quotidienne |
|---|---|
| **Calories** 510 | |
| **Lipides** 25 g | 38 % |
|   saturés 10 g | |
|   oméga-3 0,2 g | |
| **Cholestérol** 150 mg | 52 % |
| **Sodium** 860 mg | 36 % |
| **Potassium** 840 mg | 24 % |
| **Glucides** 32 g | 11 % |
|   fibres 2 g | 8 % |
|   sucres 17 g | |
| **Protéines** 38 g | |
| Vitamine A 77 ER | 8 % |
| Vitamine C 4 mg | 8 % |
| Calcium 188 mg | 15 % |
| Fer 4,6 mg | 35 % |
| Phosphore 400,6 mg | 35 % |

**Avantages nutritifs par rapport à la recette traditionnelle :**

- 37 % moins de calories
- 3 g de plus de fibres
- 59 % moins de sucres

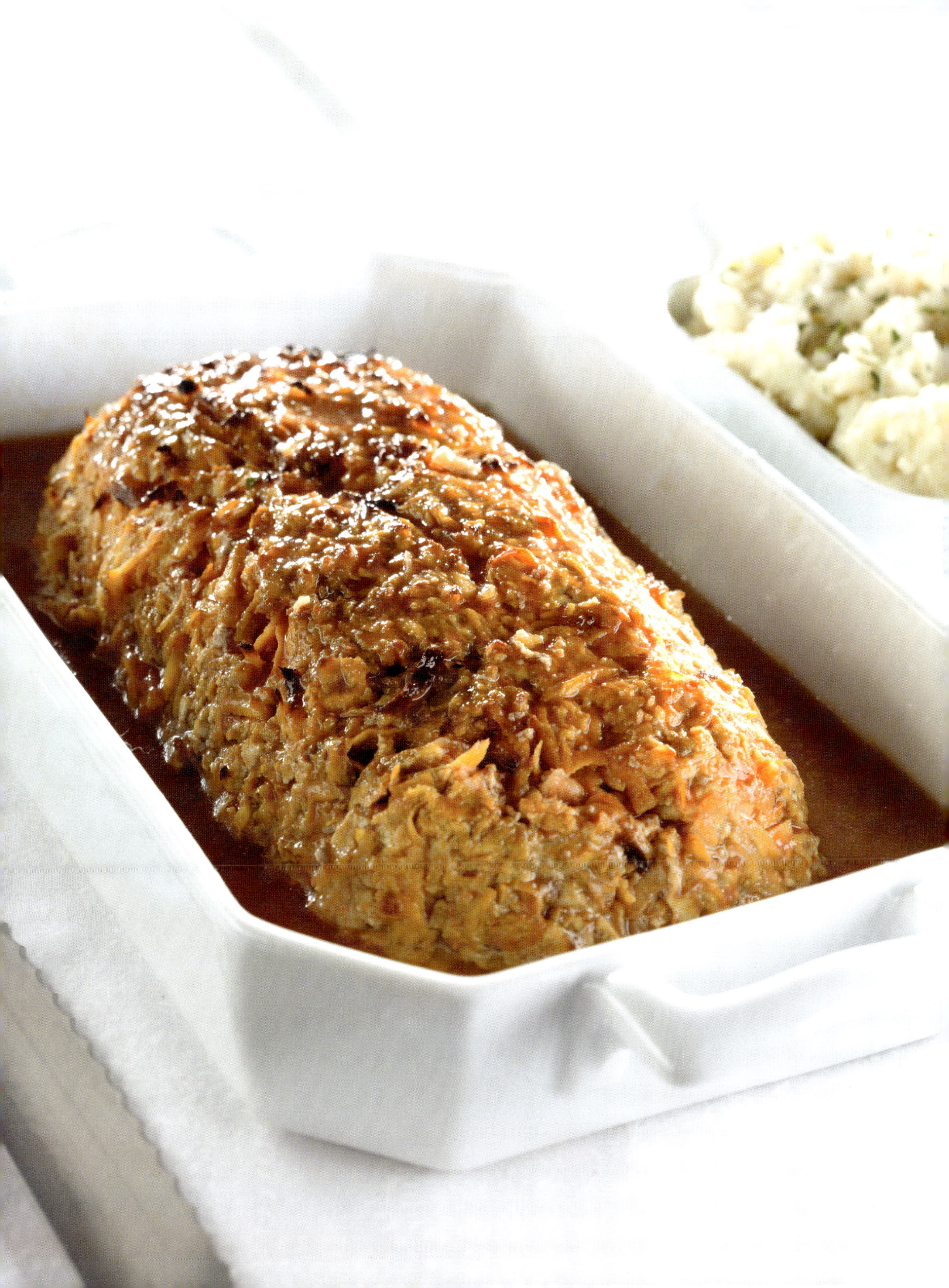

# CROQUETTES DE PATATES DOUCES ET DE SAUMON VERSUS CROQUETTES TRADITIONNELLES

4 portions de 2 croquettes • **Temps de préparation** : 10 minutes • **Temps de cuisson** : 30 minutes
**Congélation** : oui • **Niveau de difficulté** : facile

### Croquettes

| | |
|---|---|
| 2 | Petites patates douces, pelées et coupées en deux, cuites |
| 1 | Oignon jaune, haché |
| 8 g (2 c. à soupe) | Aneth frais, haché |
| 15 ml (1 c. à soupe) | Moutarde de Dijon |
| | Zeste d'un citron |
| 1 ml (¼ c. à thé) | Poivre noir du moulin |
| 1 ml (¼ c. à thé) | Sauce Tabasco |
| 1 | Œuf, battu |
| 2 boîtes de 213 g (7½ oz) | Saumon, égoutté et émietté |
| 15 ml (1 c. à soupe) | Huile au choix (olive, canola bio ou autre) |

1. Mélanger les ingrédients des croquettes jusqu'à homogénéité.
2. Avec les mains, façonner 8 croquettes d'environ 2 cm (¾ po) d'épaisseur.
3. Dans un grand poêlon, chauffer l'huile à feu moyen.
4. Cuire les croquettes 5 minutes de chaque côté, ou jusqu'à ce qu'elles soient dorées.
5. Accompagner de quartiers de citron, d'une salade César (p. 70) et de craquelins de grains entiers.

---

**Recette actuelle**
**Valeur nutritive**
**Pour 2 croquettes**

| Teneur | % valeur quotidienne |
|---|---|
| **Calories** 260 | |
| **Lipides** 10 g | 15 % |
| saturés 2 g | |
| oméga-3 1,5 g | |
| **Cholestérol** 80 mg | 27 % |
| **Sodium** 150 mg | 6 % |
| **Potassium** 550 mg | 16 % |
| **Glucides** 20 g | 7 % |
| fibres 3 g | 12 % |
| sucres 6 g | |
| **Protéines** 22 g | |
| Vitamine A 1000 ER | 100 % |
| Vitamine C 12 mg | 20 % |
| Calcium 261 mg | 25 % |
| Fer 1,8 mg | 15 % |
| Phosphore 358,6 mg | 35 % |

**Recette traditionnelle**
**Valeur nutritive**
**Pour 2 croquettes**

| Teneur | % valeur quotidienne |
|---|---|
| **Calories** 530 | |
| **Lipides** 36 g | 55 % |
| saturés 10 g | |
| oméga-3 0,5 g | |
| **Cholestérol** 190 mg | 63 % |
| **Sodium** 1110 mg | 46 % |
| **Potassium** 390 mg | 11 % |
| **Glucides** 20 g | 7 % |
| fibres 1 g | 4 % |
| sucres 0 g | |
| **Protéines** 31 g | |
| Vitamine A 74 ER | 8 % |
| Vitamine C 2 mg | 4 % |
| Calcium 45 mg | 4 % |
| Fer 2,9 mg | 20 % |
| Phosphore 301,8 mg | 25 % |

**Avantages nutritifs par rapport à la recette traditionnelle :**

- 51 % moins de calories
- 2 g de plus de fibres
- 926 ER de plus de vitamine A

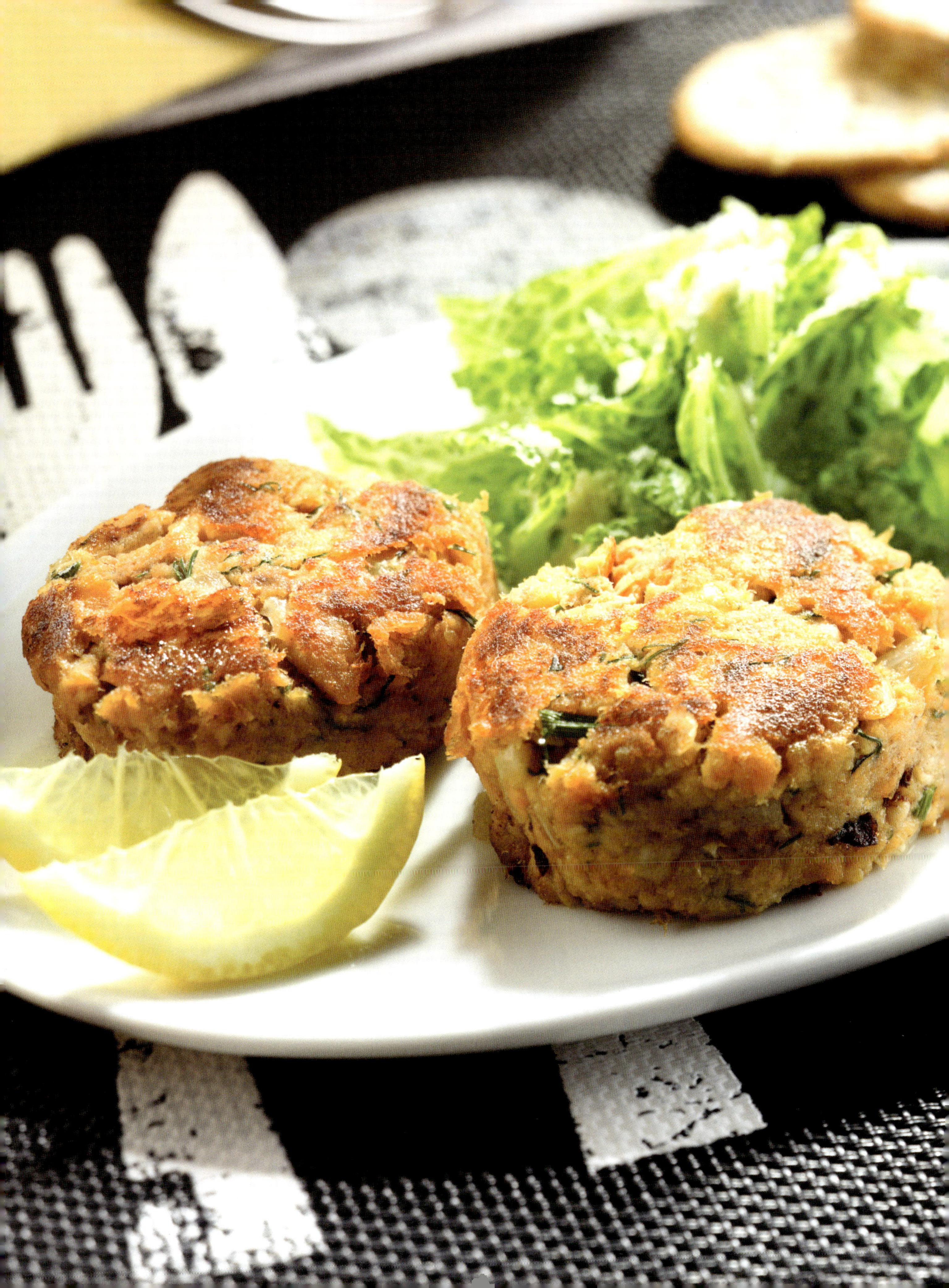

# QUICHE BROCOLI CÉLERI VERSUS QUICHE ORDINAIRE

6 portions • **Temps de préparation :** 15 minutes • **Temps de cuisson :** 30 minutes
**Congélation :** oui • **Niveau de difficulté :** facile

| | |
|---|---|
| 3 | Feuilles de pâte phyllo |
| 4 branches | Céleri, en petits dés |
| 2 | Oignons jaunes, émincés |
| 95 g (1 tasse) | Brocoli, en petits fleurons |
| 4 | Œufs, battus |
| 125 ml (½ tasse) | Lait (2 % M.G. et moins) |
| | Muscade, au goût |
| | Poivre, sel ou autres épices au goût |
| 120 g (1 tasse) | Fromage mozzarella râpé |

1. Préchauffer le four à 200 °C (400 °F).
2. Étendre les feuilles de pâte phyllo dans le fond d'une assiette huilée allant au four.
3. Garnir de dés de céleri, d'oignons émincés et de fleurons de brocoli.
4. Dans un bol, mélanger les œufs avec le lait, la muscade et les assaisonnements. Verser la préparation sur les légumes.
5. Parsemer la quiche de fromage râpé.
6. Cuire au four 30 minutes.

### Recette actuelle
**Valeur nutritive**
Pour ⅙ de quiche

| Teneur | % valeur quotidienne |
|---|---|
| **Calories** 160 | |
| **Lipides** 8 g | 12 % |
|   saturés 3,5 g | |
|   oméga-3 0,1 g | |
| **Cholestérol** 135 mg | 45 % |
| **Sodium** 220 mg | 9 % |
| **Potassium** 260 mg | 7 % |
| **Glucides** 11 g | 4 % |
|   fibres 1 g | 4 % |
|   sucres 4 g | |
| **Protéines** 11 g | |
| Vitamine A 75 ER | 8 % |
| Vitamine C 8 mg | 15 % |
| Calcium 196 mg | 20 % |
| Fer 1 mg | 6 % |
| Phosphore 191,6 mg | 15 % |

### Recette traditionnelle
**Valeur nutritive**
Pour ⅙ de quiche

| Teneur | % valeur quotidienne |
|---|---|
| **Calories** 410 | |
| **Lipides** 28 g | 43 % |
|   saturés 12 g | |
|   oméga-3 0,5 g | |
| **Cholestérol** 130 mg | 43 % |
| **Sodium** 600 mg | 25 % |
| **Potassium** 250 mg | 7 % |
| **Glucides** 18 g | 6 % |
|   fibres 1 g | 4 % |
|   sucres 5 g | |
| **Protéines** 21 g | |
| Vitamine A 111 ER | 10 % |
| Vitamine C 1 mg | 2 % |
| Calcium 409 mg | 35 % |
| Fer 1,2 mg | 8 % |
| Phosphore 368,6 mg | 35 % |

**Avantages nutritifs par rapport à la recette traditionnelle :**

- 61 % moins de calories
- 71 % moins de lipides saturés
- 63 % moins de sodium

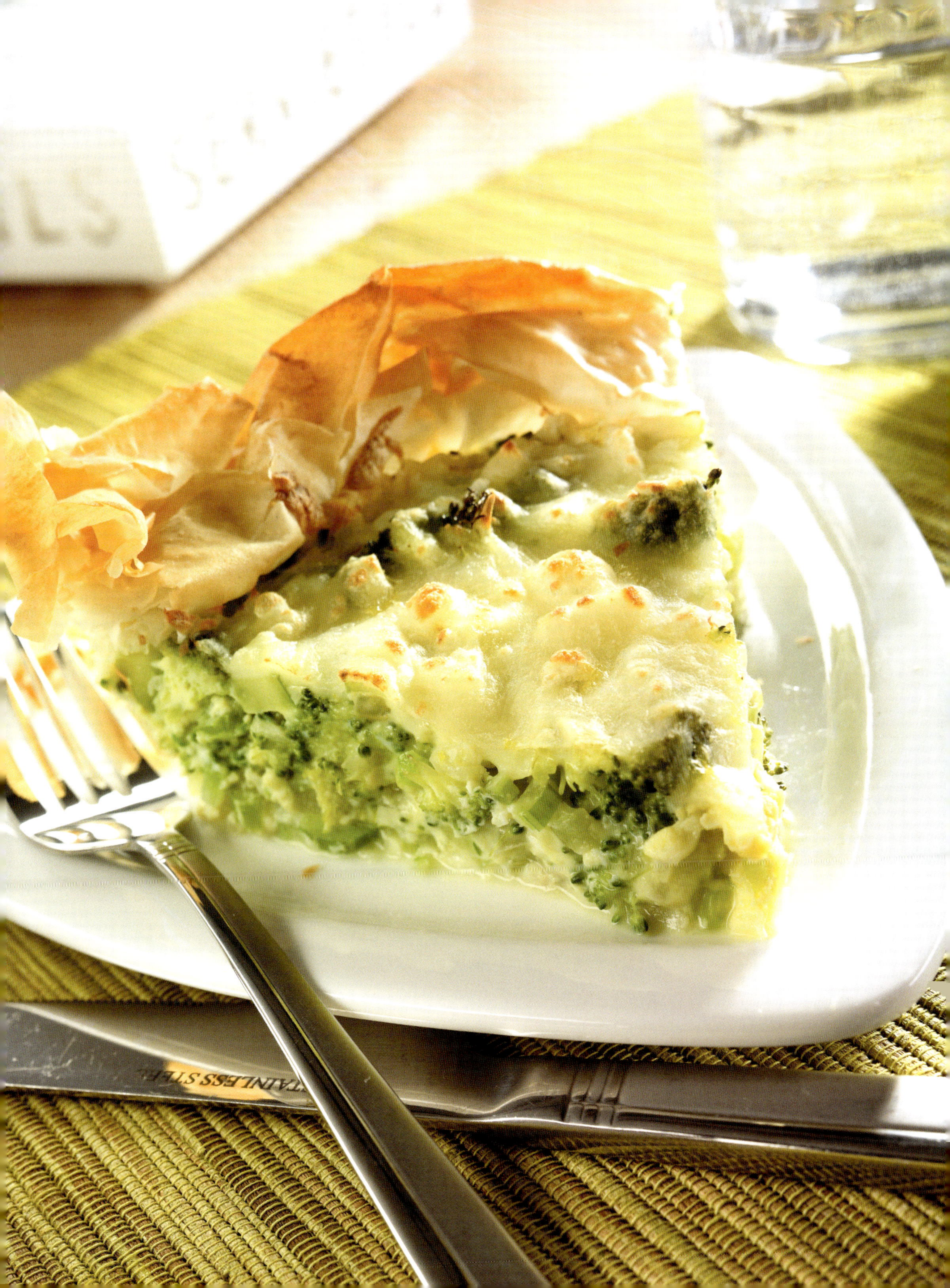

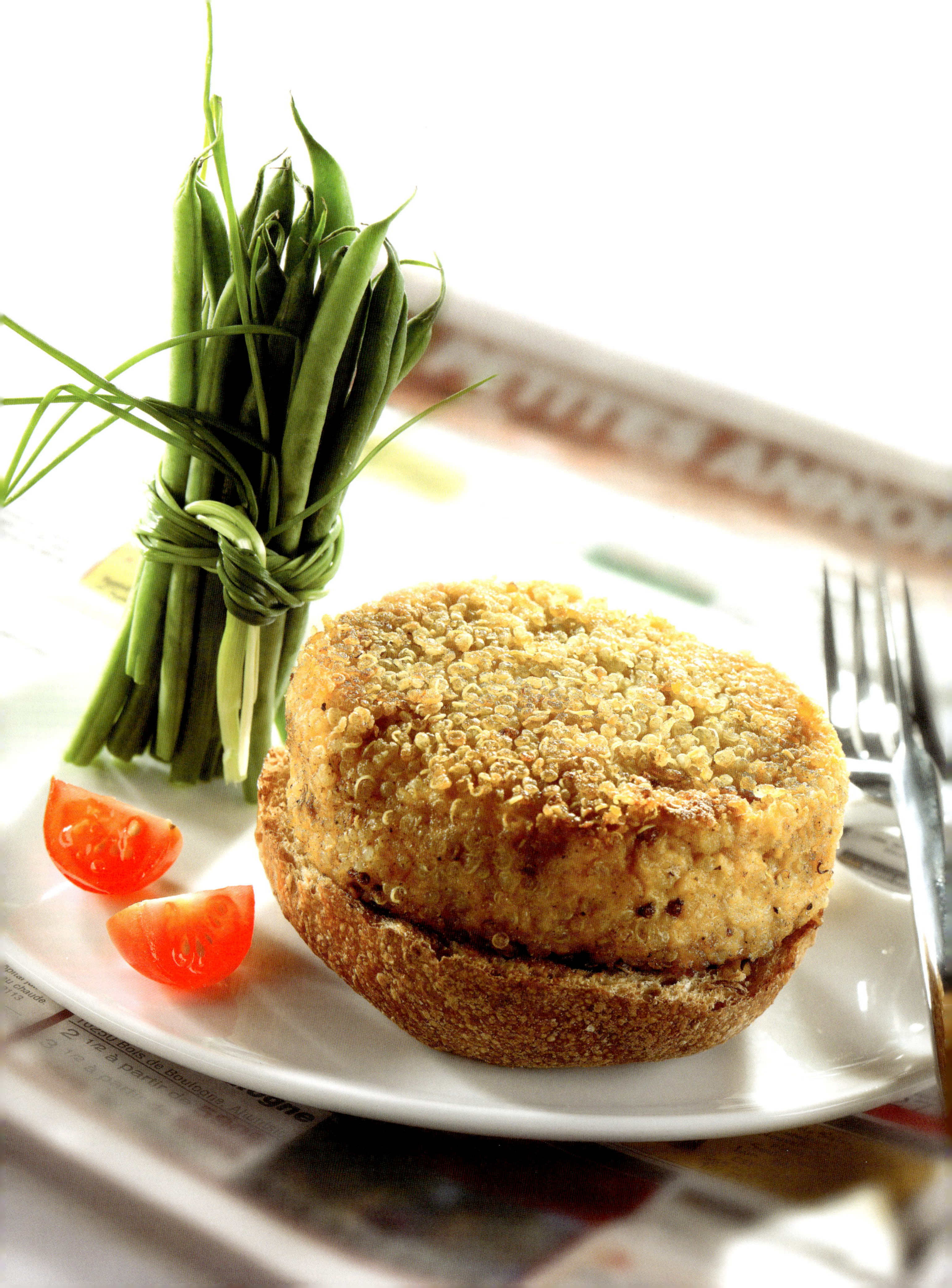

# FABULEUSES GALETTES DE POIS CHICHES ET QUINOA VERSUS GALETTES DE BŒUF HACHÉ

6 galettes • **Temps de préparation :** 15 minutes • **Temps de réfrigération :** 30 minutes
**Temps de cuisson :** 25 minutes • **Congélation :** oui • **Niveau de difficulté :** facile

| | |
|---|---|
| 4 | Petites patates douces, pelées et coupées en cubes |
| 15 ml (1 c. à soupe) | Huile au choix (olive, canola bio ou autre) |
| 1 | Gousse d'ail, hachée |
| 10 ml (2 c. à thé) | Gingembre frais, râpé |
| 1 boîte de 540 ml (19 oz) | Pois chiches, rincés et égouttés |
| 15 ml (1 c. à soupe) | Jus de citron |
| | Poivre, sel ou autres épices au goût |
| 75 g (½ tasse) | Quinoa cuit |

1. Dans une casserole d'eau, cuire les patates douces jusqu'à tendreté. Égoutter et réserver dans un bol.
2. Dans la même casserole, chauffer l'huile et y faire revenir l'ail et le gingembre.
3. Remettre les patates douces dans la casserole.
4. Ajouter les pois chiches et le jus de citron. Poivrer au goût. Retirer du feu.
5. À l'aide d'un pilon à pommes de terre, réduire le mélange en purée.
6. Rectifier l'assaisonnement et réfrigérer environ 30 minutes.
7. Façonner 6 galettes et bien les enrober de quinoa.
8. Dans une grande poêle, dorer les galettes 5 minutes de chaque côté dans un peu d'huile.
9. Servir tel quel, sur un pain au choix, avec une salade verte ou d'autres légumes.

**Avantages nutritifs par rapport à la recette traditionnelle :**

- 96 % moins de lipides saturés
- 6 g de plus de fibres
- 1160 ER de plus de vitamine A

| Recette actuelle  Valeur nutritive Pour 1 galette | | |
|---|---|---|
| **Teneur** | | **% valeur quotidienne** |
| **Calories** 230 | | |
| **Lipides** 4 g | | 6 % |
| saturés 0,4 g | | |
| oméga-3 0,2 g | | |
| **Cholestérol** 0 mg | | 0 % |
| **Sodium** 200 mg | | 8 % |
| **Potassium** 590 mg | | 17 % |
| **Glucides** 42 g | | 14 % |
| fibres 6 g | | 24 % |
| sucres 8 g | | |
| **Protéines** 7 g | | |
| Vitamine A 1160 ER | | 120 % |
| Vitamine C 2 mg | | 4 % |
| Calcium 66 mg | | 6 % |
| Fer 2,6 mg | | 20 % |
| Phosphore 170,2 mg | | 15 % |

| Recette traditionnelle  Valeur nutritive Pour 1 galette | | |
|---|---|---|
| **Teneur** | | **% valeur quotidienne** |
| **Calories** 300 | | |
| **Lipides** 22 g | | 34 % |
| saturés 9 g | | |
| oméga-3 0,1 g | | |
| **Cholestérol** 85 mg | | 28 % |
| **Sodium** 85 mg | | 4 % |
| **Potassium** 290 mg | | 8 % |
| **Glucides** 0 g | | 0 % |
| fibres 0 g | | 0 % |
| sucres 0 g | | |
| **Protéines** 25 g | | |
| Vitamine A 0 ER | | 0 % |
| Vitamine C 0 mg | | 0 % |
| Calcium 14 mg | | 2 % |
| Fer 2,7 mg | | 20 % |
| Phosphore 187 mg | | 15 % |

# CLUB SANDWICH ŒUF ET COURGETTE VERSUS CLUB SANDWICH TRADITIONNEL

4 portions (16 triangles) • **Temps de préparation :** 15 minutes • **Temps de cuisson :** 5 minutes
**Congélation :** non • **Niveau de difficulté :** facile

| | |
|---|---|
| 4 | Œufs |
| 20 g (3 c. à soupe) | Farine d'épeautre, de kamut ou de quinoa |
| 1 | Courgette, coupée en 16 petites rondelles minces |
| 15 ml (1 c. à soupe) | Huile au choix (olive, canola bio ou autre) |
| 12 tranches | Pain à grains entiers au choix |
| 5 ml (1 c. à thé) | Moutarde de Dijon |
| 1 | Grosse tomate, coupée en 4 tranches |
| 4 | Feuilles de laitue romaine |

1. Cuire les œufs individuellement dans une poêle en les crevant. Réserver au chaud.
2. Fariner légèrement les rondelles de courgette. Dans une grande poêle, les dorer de chaque côté dans l'huile. Réserver.
3. Griller les 12 tranches de pain à grains entiers.
4. Prendre 4 rôties et déposer sur chacune 1 œuf cuit et 4 rondelles de courgette.
5. Couvrir d'une deuxième tranche de pain tartinée de moutarde de Dijon.
6. Garnir d'une tranche de tomate, puis d'une feuille de laitue.
7. Refermer les 4 sandwichs avec une troisième tranche de pain grillé.
8. Insérer 4 cure-dents dans chaque club (1 au milieu en haut, 1 au milieu en bas, 1 au milieu à gauche et 1 au milieu à droite.
9. Couper en biais à gauche et à droite, entre les cure-dents, pour faire 4 triangles de club.
10. Servir avec une salade au choix ou des frites santé cuites au four (p. 98).

### Recette actuelle
**Valeur nutritive**
**Pour 4 triangles**

| Teneur | % valeur quotidienne |
|---|---|
| **Calories** 350 | |
| **Lipides** 12 g | 18 % |
|   saturés 2,5 g | |
|   oméga-3 0,4 g | |
| **Cholestérol** 190 mg | 62 % |
| **Sodium** 460 mg | 19 % |
| **Potassium** 480 mg | 14 % |
| **Glucides** 44 g | 15 % |
|   fibres 7 g | 28 % |
|   sucres 10 g | |
| **Protéines** 16 g | |
| Vitamine A 176 ER | 20 % |
| Vitamine C 17 mg | 30 % |
| Calcium 112 mg | 10 % |
| Fer 3,8 mg | 25 % |
| Phosphore 236,7 mg | 20 % |

### Recette traditionnelle
**Valeur nutritive**
**Pour 4 triangles**

| Teneur | % valeur quotidienne |
|---|---|
| **Calories** 630 | |
| **Lipides** 37 g | 57 % |
|   saturés 12 g | |
|   oméga-3 1,5 g | |
| **Cholestérol** 95 mg | 32 % |
| **Sodium** 1390 mg | 58 % |
| **Potassium** 530 mg | 15 % |
| **Glucides** 40 g | 13 % |
|   fibres 2 g | 8 % |
|   sucres 5 g | |
| **Protéines** 35 g | |
| Vitamine A 159 ER | 15 % |
| Vitamine C 8 mg | 15 % |
| Calcium 270 mg | 25 % |
| Fer 3,4 mg | 25 % |
| Phosphore 457,2 mg | 40 % |

**Avantages nutritifs par rapport à la recette traditionnelle :**

- 44 % moins de calories
- 79 % moins de lipides saturés
- 5 g de plus de fibres

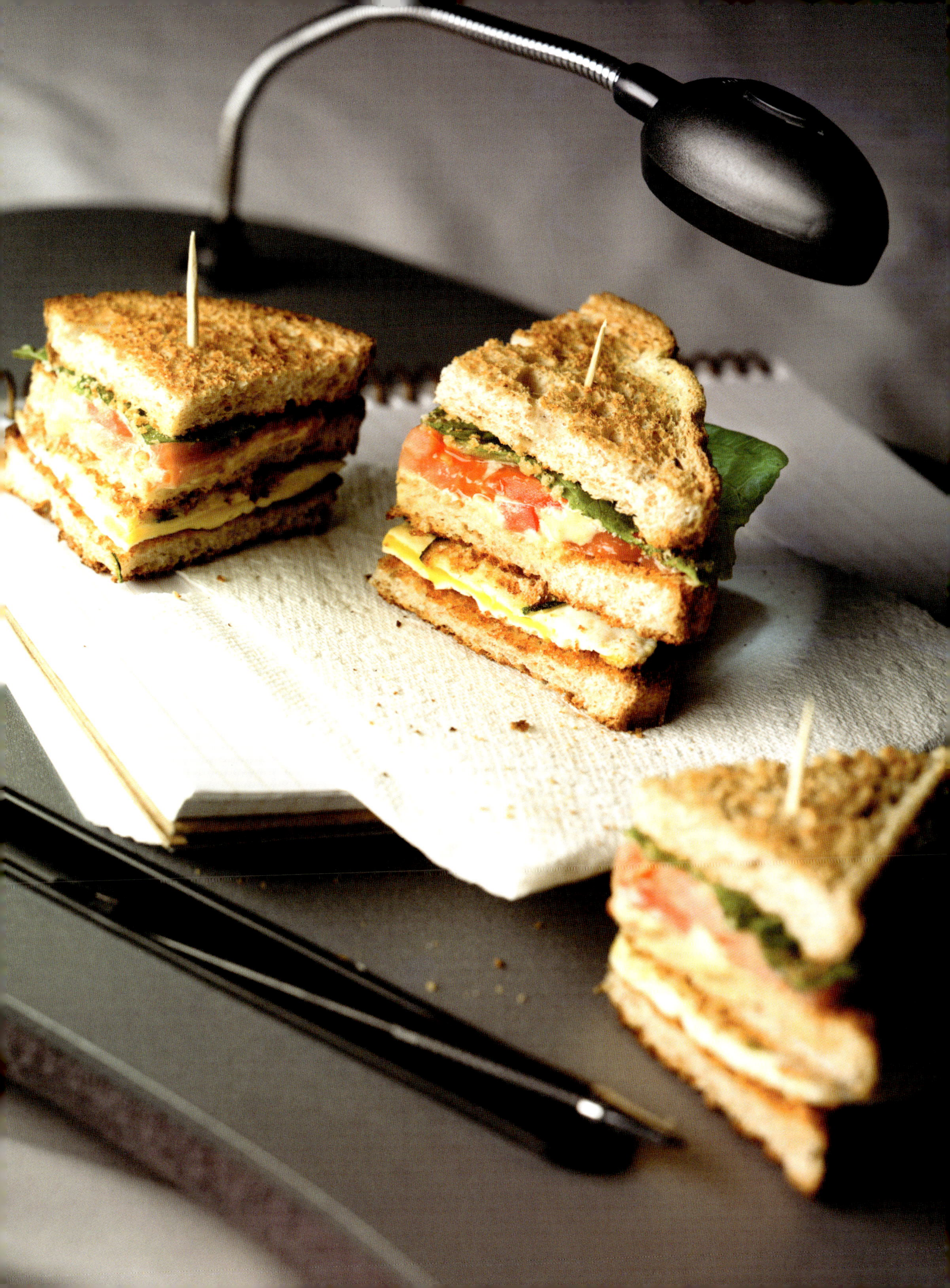

# SANDWICH DE GRILLADES DE TOFU ET DE LÉGUMES AU CARI VERSUS PIZZA POCHETTE

4 sandwichs • **Temps de préparation :** 15 minutes • **Temps de marinade :** 1 heure minimum
**Temps de cuisson :** 10 à 15 minutes • **Congélation :** non • **Niveau de difficulté :** facile

**Marinade**

| | |
|---|---|
| 45 ml (3 c. à soupe) | Huile au choix (olive, canola bio ou autre) |
| 30 ml (2 c. à soupe) | Sauce soya |
| 1 | Gousse d'ail, hachée |
| 15 ml (1 c. à soupe) | Poudre de cari |
| 1 bloc (455 g) | Tofu régulier ferme, en petits cubes |
| 150 g (2 tasses) | Germes de haricot |
| 1 | Oignon jaune, en tranches fines |
| 65 g (1 tasse) | Pois mange-tout, en juliennes |
| 30 ml (2 c. à soupe) | Poudre de cari |
| 4 | Pains sous-marins de blé entier, de 15 cm (6 po) |

1. Dans un bol, mélanger tous les ingrédients de la marinade.
2. Ajouter le tofu, les légumes et le cari. Remuer pour bien enrober.
3. Laisser mariner au réfrigérateur pendant au moins 1 heure, idéalement la veille.
4. Déposer le mélange (égoutter au besoin) sur une plaque à cuisson huilée ou tapissée de papier sulfurisé.
5. Cuire au four préchauffé à 180 °C (350 °F) pendant 10 à 15 minutes.
6. Répartir le tofu et les légumes grillés dans les 4 pains sous-marins.

**Recette actuelle**
Valeur nutritive
Pour 1 sandwich

| Teneur | % valeur quotidienne |
|---|---|
| **Calories** 380 | |
| **Lipides** 12 g | 18 % |
|   saturés 2 g | |
|   oméga-3 0,5 g | |
| **Cholestérol** 0 mg | 0 % |
| **Sodium** 380 mg | 16 % |
| **Potassium** 650 mg | 19 % |
| **Glucides** 46 g | 15 % |
|   fibres 8 g | 32 % |
|   sucres 8 g | |
| **Protéines** 21 g | |
| Vitamine A 41 ER | 4 % |
| Vitamine C 18 mg | 30 % |
| Calcium 354 mg | 30 % |
| Fer 5,6 mg | 40 % |
| Phosphore 381,2 mg | 35 % |

**Recette traditionnelle**
Valeur nutritive
Pour 2 pizzas pochettes (200 g)

| Teneur | % valeur quotidienne |
|---|---|
| **Calories** 480 | |
| **Lipides** 22 g | 34 % |
|   saturés 6 g | |
|   oméga-3 0 g | |
| **Cholestérol** 40 mg | 13 % |
| **Sodium** 880 mg | 37 % |
| **Potassium** 0 mg | 0 % |
| **Glucides** 50 g | 17 % |
|   fibres 4 g | 16 % |
|   sucres 4 g | |
| **Protéines** 20 g | |
| Vitamine A 40 ER | 4 % |
| Vitamine C 0 mg | 0 % |
| Calcium 220 mg | 20 % |
| Fer 4,2 mg | 30 % |
| Phosphore 0 mg | 0 % |

**Avantages nutritifs par rapport à la recette traditionnelle :**

- 67 % moins de lipides saturés
- 57 % moins de sodium
- 4 g de plus de fibres

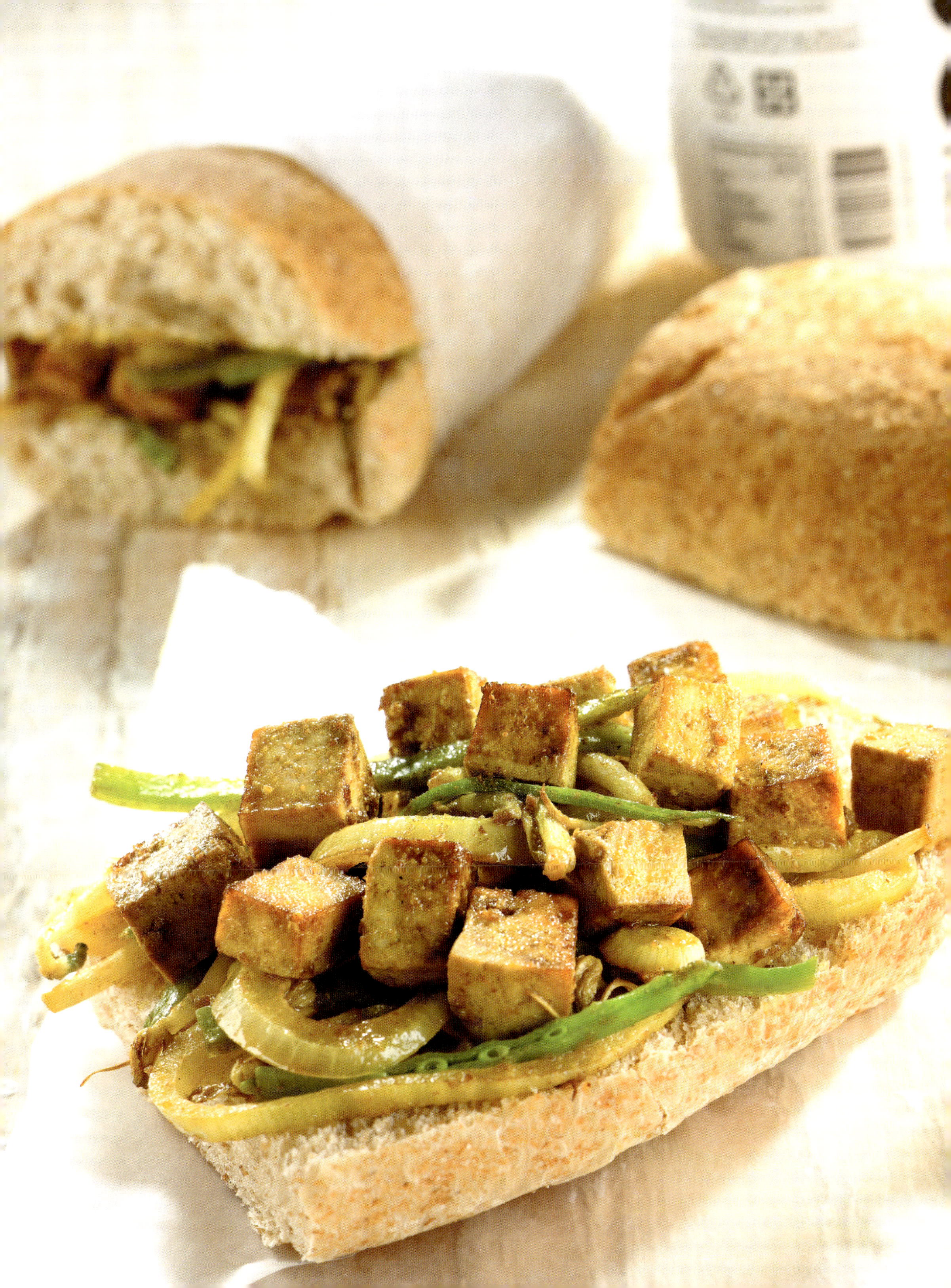

# CHILI AUX HARICOTS ROUGES VERSUS CHILI TRADITIONNEL

4 portions • **Temps de préparation :** 15 minutes • **Temps de cuisson :** 15 minutes
**Congélation :** oui • **Niveau de difficulté :** facile

| | |
|---|---|
| 15 ml (1 c. à soupe) | Huile au choix (olive, canola bio ou autre) |
| 1 | Oignon, haché finement |
| 1 | Poivron rouge, coupé en lanières |
| 1 | Poivron vert, coupé en lanières |
| 5 | Gousses d'ail, hachées |
| 1 boîte de 540 ml (19 oz) | Tomates en dés |
| 2 boîtes de 540 ml (19 oz) | Haricots rouges, rincés et égouttés |
| 2 ml (½ c. à thé) chacun | Basilic, origan, thym et de poivre |
| 30 ml (2 c. à soupe) | Poudre de chili |

**1.** Chauffer l'huile à feu vif dans une casserole et y faire attendrir l'oignon et les poivrons.

**2.** Ajouter le reste des ingrédients et laisser mijoter 10 minutes.

**3.** Servir accompagné d'un bon pain croûté multigrains et d'une petite salade.

### Recette actuelle
**Valeur nutritive**
Pour ¼ de recette

| Teneur | % valeur quotidienne |
|---|---|
| **Calories** 340 | |
| **Lipides** 5 g | 8 % |
| saturés 0,5 g | |
| oméga-3 0,5 g | |
| **Cholestérol** 0 mg | 0 % |
| **Sodium** 630 mg | 26 % |
| **Potassium** 1280 mg | 37 % |
| **Glucides** 57 g | 19 % |
| fibres 16 g | 64 % |
| sucres 9 g | |
| **Protéines** 17 g | |
| Vitamine A 159 ER | 15 % |
| Vitamine C 48 mg | 80 % |
| Calcium 116 mg | 10 % |
| Fer 6,7 mg | 50 % |
| Phosphore 312 mg | 30 % |

### Recette traditionnelle
**Valeur nutritive**
Pour ¼ de recette

| Teneur | % valeur quotidienne |
|---|---|
| **Calories** 680 | |
| **Lipides** 20 g | 31 % |
| saturés 5 g | |
| oméga-3 1 g | |
| **Cholestérol** 45 mg | 15 % |
| **Sodium** 630 mg | 26 % |
| **Potassium** 2410 mg | 69 % |
| **Glucides** 85 g | 28 % |
| fibres 19 g | 76 % |
| sucres 15 g | |
| **Protéines** 39 g | |
| Vitamine A 181 ER | 20 % |
| Vitamine C 38 mg | 60 % |
| Calcium 261 mg | 25 % |
| Fer 11,7 mg | 80 % |
| Phosphore 588,3 mg | 50 % |

**Avantages nutritifs par rapport à la recette traditionnelle :**

- 50 % moins de calories
- 75 % moins de lipides totaux
- 90 % moins de lipides saturés

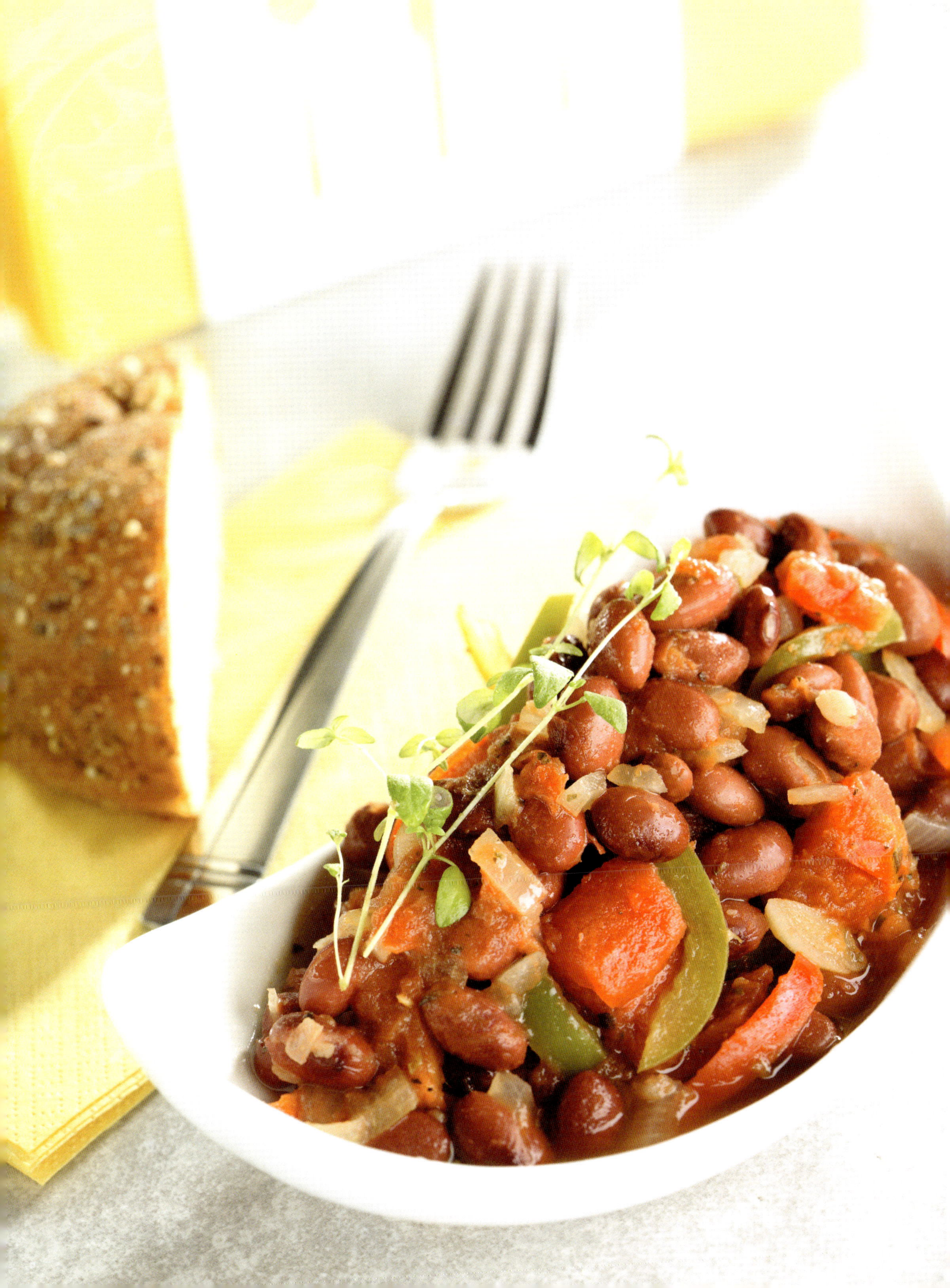

# FAJITAS AU POULET versus CLUB SANDWICH AU POULET

4 portions de 2 fajitas • **Temps de préparation** : 15 minutes • **Temps de cuisson** : 10 minutes
**Congélation** : non • **Niveau de difficulté** : facile

| | |
|---|---|
| 15 ml (1 c. à soupe) | Huile au choix (olive, canola bio ou autre) |
| 2 | Poivrons de couleurs variées, coupés en lanières |
| 2 | Oignons rouges, coupés en rondelles |
| 455 g (16 oz) | Poulet cru, coupé en fines lanières |
| | Poivre du moulin, sel, origan, ou autres épices au goût |
| 8 | Petites tortillas multigrains d'environ 20 cm (8 po) de diamètre |
| 60 ml (¼ tasse) | Crème sure |
| 1 | Tomate, coupée en dés |

**1.** Chauffer l'huile dans une grande poêle, à feu moyen-vif, et y faire dorer les poivrons, les oignons et le poulet environ 10 minutes.

**2.** Assaisonner au goût.

**3.** Garnir les petites tortillas de préparation au poulet, ajouter de la crème sure et des morceaux de tomate.

### Recette actuelle
**Valeur nutritive**
Pour 2 fajitas

| Teneur | % valeur quotidienne |
|---|---|
| **Calories** 310 | |
| **Lipides** 10 g | 15 % |
| saturés 1,5 g | |
| oméga-3 0,4 g | |
| **Cholestérol** 80 mg | 27 % |
| **Sodium** 370 mg | 15 % |
| **Potassium** 520 mg | 15 % |
| **Glucides** 26 g | 9 % |
| fibres 4 g | 16 % |
| sucres 4 g | |
| **Protéines** 29 g | |
| Vitamine A 163 ER | 15 % |
| Vitamine C 98 mg | 160 % |
| Calcium 59 mg | 6 % |
| Fer 2,2 mg | 15 % |
| Phosphore 239,6 mg | 20 % |

### Recette traditionnelle
**Valeur nutritive**
Pour 4 triangles

| Teneur | % valeur quotidienne |
|---|---|
| **Calories** 630 | |
| **Lipides** 37 g | 57 % |
| saturés 12 g | |
| oméga-3 1,5 g | |
| **Cholestérol** 95 mg | 32 % |
| **Sodium** 1390 mg | 58 % |
| **Potassium** 530 mg | 15 % |
| **Glucides** 40 g | 13 % |
| fibres 2 g | 8 % |
| sucres 5 g | |
| **Protéines** 35 g | |
| Vitamine A 159 ER | 15 % |
| Vitamine C 8 mg | 15 % |
| Calcium 270 mg | 25 % |
| Fer 3,4 mg | 25 % |
| Phosphore 457,2 mg | 40 % |

**Avantages nutritifs par rapport à la recette traditionnelle :**

- 88 % moins de lipides saturés
- 73 % moins de sodium
- 2 g de plus de fibres

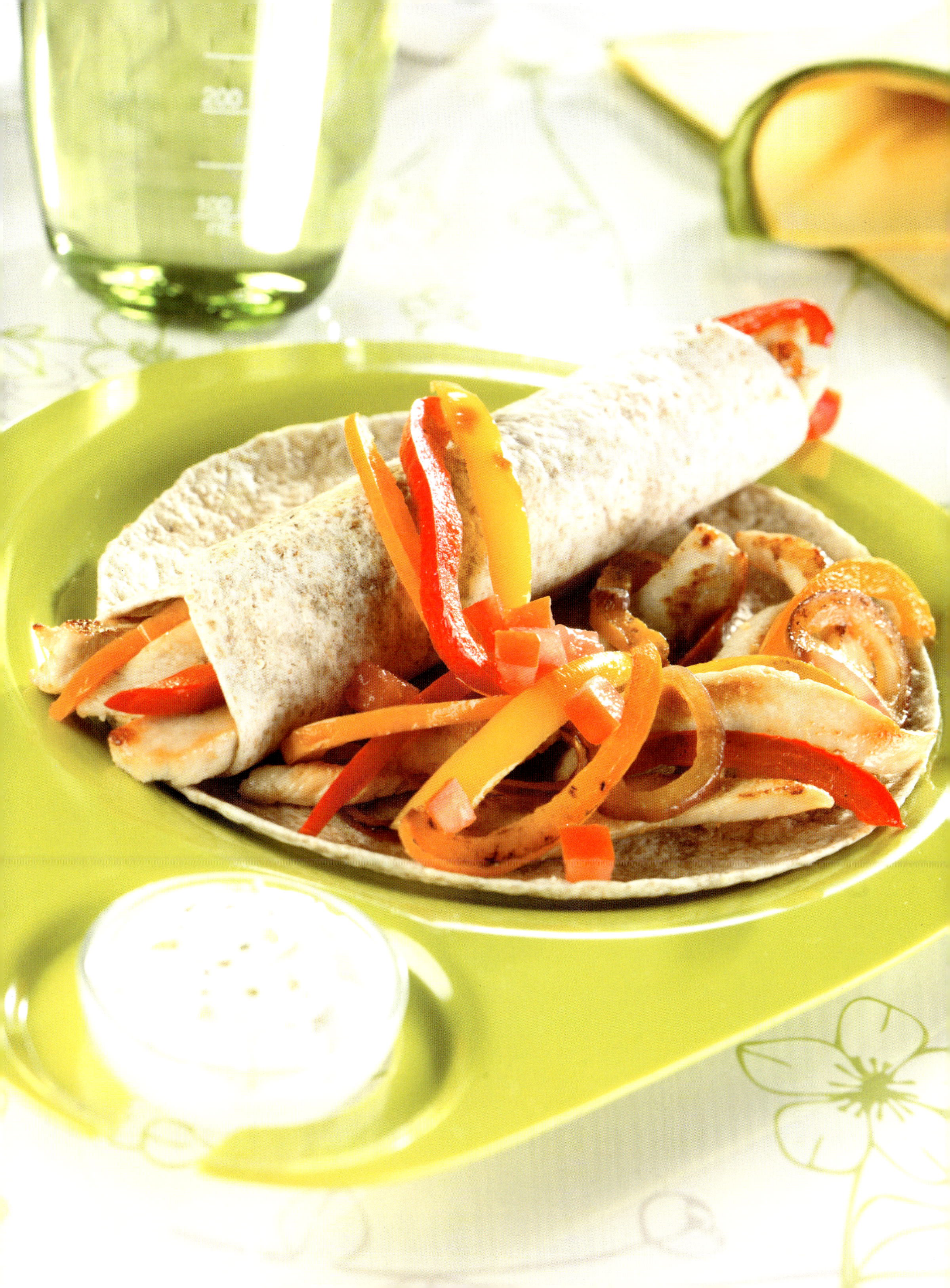
200

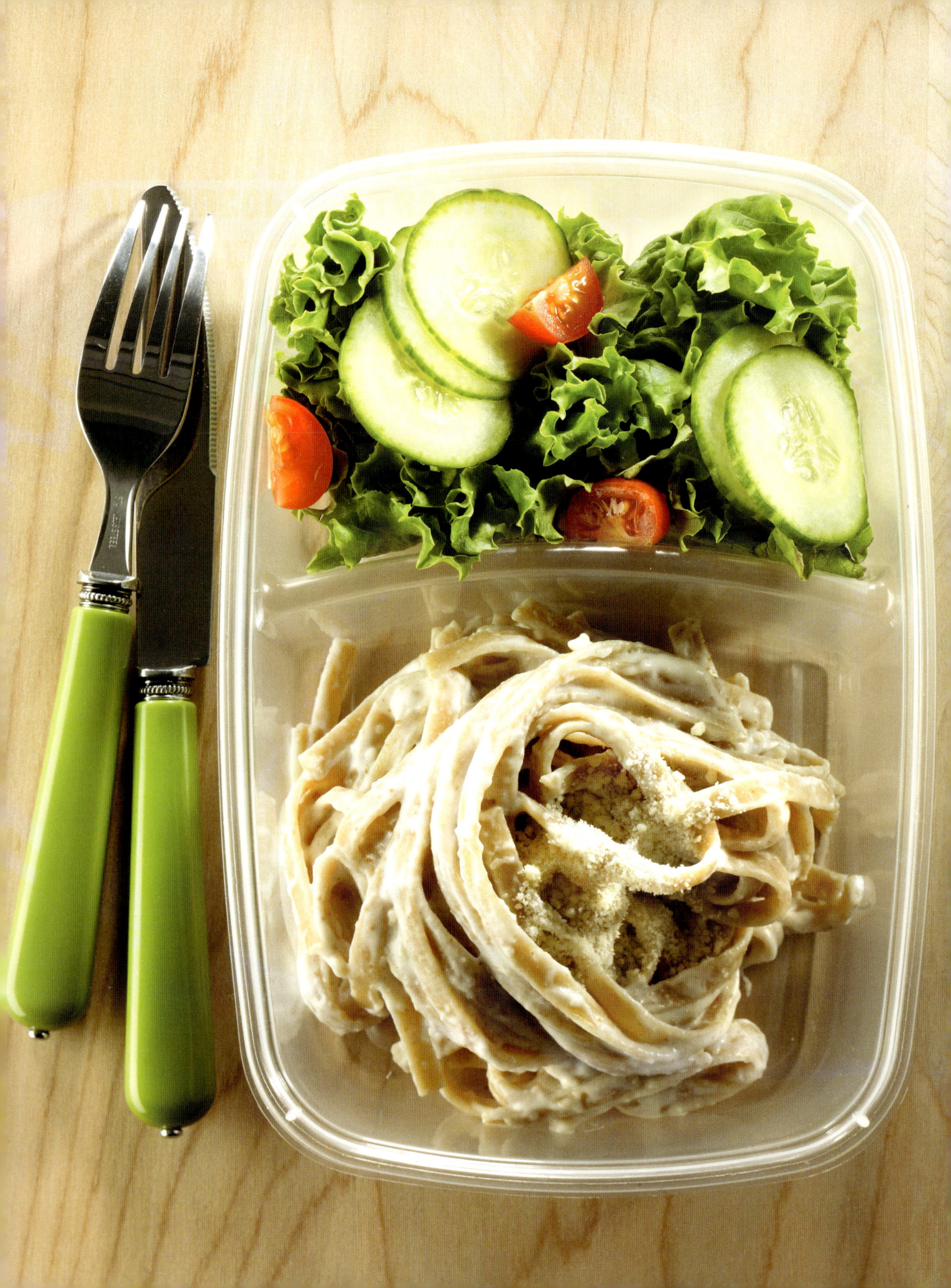

# FETTUCINE ALFREDO LÉGER VERSUS FETTUCINE ALFREDO TRADITIONNEL

4 portions • **Temps de préparation :** 5 minutes • **Temps de cuisson :** 20 minutes
**Congélation :** oui • **Niveau de difficulté :** facile

| | |
|---|---|
| 225 g (8 oz) | Fettucines à grains entiers |
| 1,5 l (6 tasses) | Eau |
| **Sauce** | |
| 55 g (½ tasse) | Parmesan râpé |
| 125 ml (½ tasse) | Crème 15 % M.G. |
| 15 g (2 c. à soupe) | Farine de blé entier |
| 500 ml (2 tasses) | Lait (2 % M.G. et moins) ou boisson de soya nature |
| 1 pincée | Poudre d'ail |
| 1 pincée | Poudre d'oignon |

1. Cuire les fettucines dans l'eau environ 10 minutes. Une fois cuits, les égoutter. Réserver.
2. Durant la cuisson des pâtes, mettre les ingrédients de la sauce dans une casserole. Mélanger au fouet afin d'éviter les grumeaux.
3. Cuire la sauce 10 minutes, ou jusqu'à épaississement. Retirer du feu.
4. Napper les fettucines de sauce et servir avec une belle salade au choix.

**Avantages nutritifs par rapport à la recette traditionnelle :**

- 51 % moins de sodium
- 3 g de plus de fibres
- 25 % plus de protéines

### Recette actuelle
**Valeur nutritive**
Pour ¼ de recette

| Teneur | % valeur quotidienne |
|---|---|
| **Calories** 410 | |
| **Lipides** 12 g | 18 % |
| saturés 7 g | |
| oméga-3 0,1 g | |
| **Cholestérol** 40 mg | 13 % |
| **Sodium** 270 mg | 11 % |
| **Potassium** 360 mg | 10 % |
| **Glucides** 55 g | 18 % |
| fibres 6 g | 24 % |
| sucres 9 g | |
| **Protéines** 20 g | |
| Vitamine A 133 ER | 15 % |
| Vitamine C 1 mg | 2 % |
| Calcium 359 mg | 35 % |
| Fer 2,1 mg | 15 % |
| Phosphore 408,8 mg | 35 % |

### Recette traditionnelle
**Valeur nutritive**
Pour ¼ de recette

| Teneur | % valeur quotidienne |
|---|---|
| **Calories** 440 | |
| **Lipides** 15 g | 23 % |
| saturés 7 g | |
| oméga-3 0,2 g | |
| **Cholestérol** 35 mg | 12 % |
| **Sodium** 560 mg | 23 % |
| **Potassium** 330 mg | 9 % |
| **Glucides** 59 g | 20 % |
| fibres 3 g | 12 % |
| sucres 10 g | |
| **Protéines** 16 g | |
| Vitamine A 131 ER | 15 % |
| Vitamine C 0 mg | 0 % |
| Calcium 277 mg | 25 % |
| Fer 2,5 mg | 20 % |
| Phosphore 307,8 mg | 30 % |

# CROQUE-MONSIEUR INUSITÉ VERSUS CROQUE-MONSIEUR RÉGULIER

4 croque-monsieur • **Temps de préparation :** 10 minutes • **Temps de cuisson :** 10 minutes
**Congélation :** non • **Niveau de difficulté :** facile

| | |
|---|---|
| 4 tranches | Pain de grains entiers |
| 8 tranches (400 g) | Saumon fumé |
| 1 | Petit oignon, coupé en fines tranches |
| 30 g (1 tasse) | Épinards frais, en petits morceaux |
| 1 | Pomme, coupée en fines tranches |
| 4 tranches | Fromage suisse (moins de 20 % M.G.) |

**1.** Préchauffer le four à 180 °C (350 °F).

**2.** Disposer les 4 tranches de pain sur une plaque allant au four.

**3.** Répartir les ingrédients successivement sur les tranches, en commençant par le saumon fumé et en terminant par le fromage suisse.

**4.** Enfourner environ 10 minutes, jusqu'à ce que le fromage soit fondu et que le pain soit juste assez grillé.

**Avantages nutritifs par rapport à la recette traditionnelle :**

- 32 % moins de calories
- 65 % moins de lipides totaux
- 80 % moins de lipides saturés

### Recette actuelle
**Valeur nutritive**
Pour 1 croque-monsieur

| Teneur | % valeur quotidienne |
|---|---|
| **Calories** 260 | |
| **Lipides** 7 g | 11 % |
|   saturés 2 g | |
|   oméga-3 0,5 g | |
| **Cholestérol** 30 mg | 10 % |
| **Sodium** 1020 mg | 43 % |
| **Potassium** 380 mg | 11 % |
| **Glucides** 22 g | 7 % |
|   fibres 3 g | 12 % |
|   sucres 11 g | |
| **Protéines** 28 g | |
| Vitamine A 112 ER | 10 % |
| Vitamine C 5 mg | 8 % |
| Calcium 264 mg | 25 % |
| Fer 2,2 mg | 15 % |
| Phosphore 387 mg | 35 % |

### Recette traditionnelle
**Valeur nutritive**
Pour 1 croque-monsieur

| Teneur | % valeur quotidienne |
|---|---|
| **Calories** 380 | |
| **Lipides** 20 g | 31 % |
|   saturés 10 g | |
|   oméga-3 0,3 g | |
| **Cholestérol** 80 mg | 27 % |
| **Sodium** 1150 mg | 48 % |
| **Potassium** 390 mg | 11 % |
| **Glucides** 24 g | 8 % |
|   fibres 2 g | 8 % |
|   sucres 4 g | |
| **Protéines** 25 g | |
| Vitamine A 162 ER | 15 % |
| Vitamine C 10 mg | 15 % |
| Calcium 381 mg | 35 % |
| Fer 1,9 mg | 15 % |
| Phosphore 356,6 mg | 30 % |

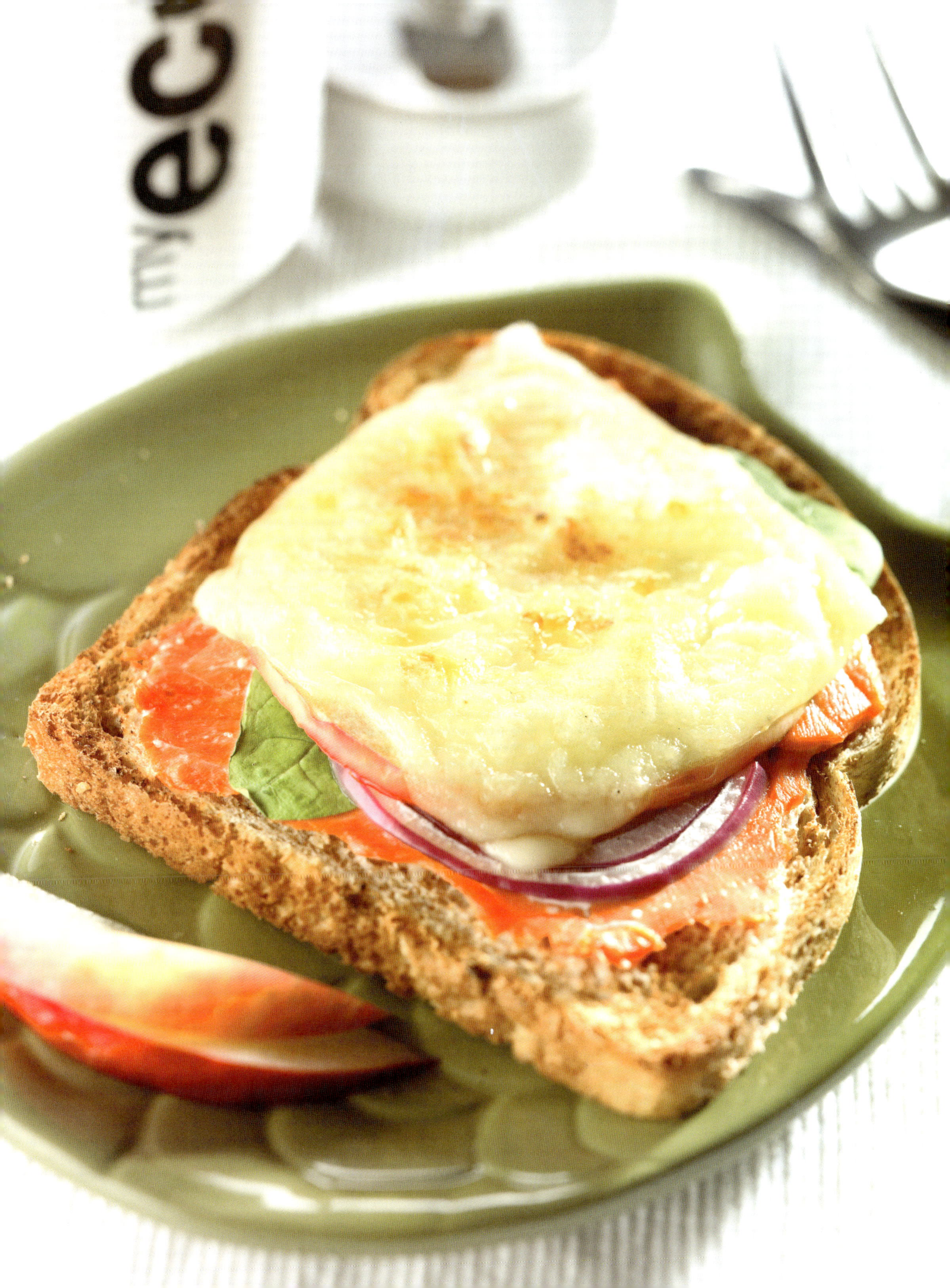

# SAVOUREUX PITA AU POULET

*VERSUS*

# PITA AU POULET TRADITIONNEL

8 demi-pitas • **Temps de préparation** : 10 minutes • **Temps de cuisson** : aucun
**Congélation** : non • **Niveau de difficulté** : facile

| | |
|---|---|
| 4 | Pains pitas de blé entier |
| 285 g (2 tasses) | Poulet cuit, coupé en cubes |
| 2 branches | Céleri, coupées en petits dés |
| 1 | Oignon, haché finement |
| 2 | Carottes, râpées |
| 1 | Courgette, râpée |
| 30 ml (2 c. à soupe) | Yogourt nature |
| 30 ml (2 c. à soupe) | Fromage à la crème, ramolli |

**1.** Couper les pains pitas en deux.

**2.** Dans un grand bol, mélanger tous les autres les ingrédients.

**3.** Garnir les pains de cette préparation.

**Avantages nutritifs par rapport à la recette traditionnelle :**

- 17 % moins de lipides saturés
- 2 g de plus de fibres

### Recette actuelle
**Valeur nutritive**
**Pour 1 demi-pita**

| Teneur | % valeur quotidienne |
|---|---|
| **Calories** 260 | |
| **Lipides** 8 g | 12 % |
|   saturés 2,5 g | |
|   oméga-3 0,2 g | |
| **Cholestérol** 70 mg | 23 % |
| **Sodium** 270 mg | 11 % |
| **Potassium** 400 mg | 12 % |
| **Glucides** 22 g | 7 % |
|   fibres 3 g | 12 % |
|   sucres 2 g | |
| **Protéines** 25 g | |
| Vitamine A 253 ER | 25 % |
| Vitamine C 6 mg | 10 % |
| Calcium 41 mg | 4 % |
| Fer 2,1 mg | 15 % |
| Phosphore 226,3 mg | 20 % |

### Recette traditionnelle
**Valeur nutritive**
**Pour 1 demi-pita**

| Teneur | % valeur quotidienne |
|---|---|
| **Calories** 290 | |
| **Lipides** 13 g | 20 % |
|   saturés 3 g | |
|   oméga-3 0,5 g | |
| **Cholestérol** 70 mg | 23 % |
| **Sodium** 330 mg | 14 % |
| **Potassium** 290 mg | 8 % |
| **Glucides** 19 g | 6 % |
|   fibres 1 g | 4 % |
|   sucres 1 g | |
| **Protéines** 25 g | |
| Vitamine A 86 ER | 8 % |
| Vitamine C 3 mg | 6 % |
| Calcium 66 mg | 6 % |
| Fer 1,8 mg | 15 % |
| Phosphore 202,3 mg | 20 % |

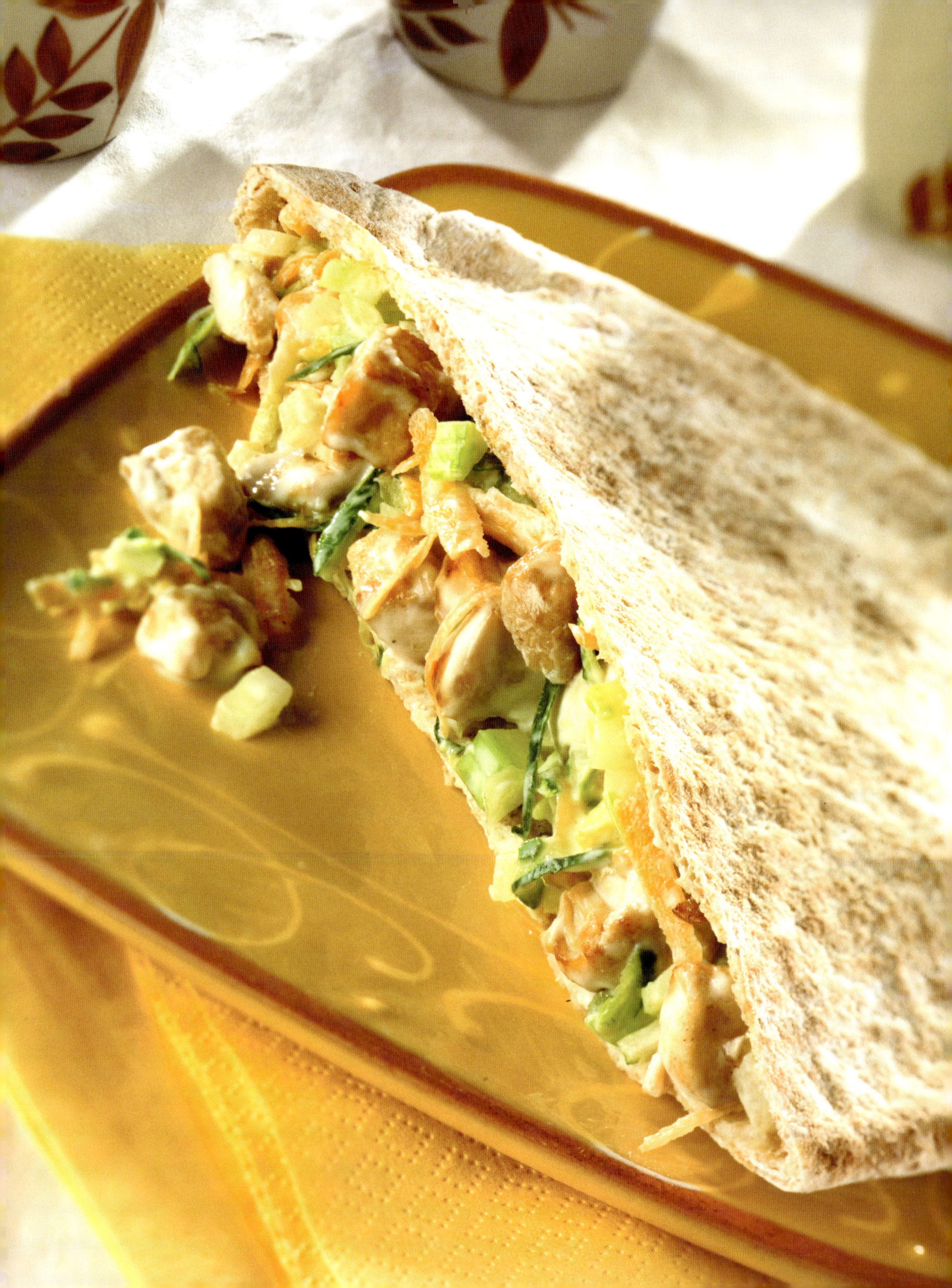

# SAUCE À SPAGHETTI AUX LENTILLES

VERSUS

# SAUCE À SPAGHETTI TRADITIONNELLE

5 portions • **Temps de préparation :** 10 minutes • **Temps de cuisson :** 35 minutes
**Congélation :** oui • **Niveau de difficulté :** facile

| | |
|---|---|
| 15 ml (1 c. à soupe) | Huile au choix (olive, canola bio ou autre) |
| 1 | Oignon, émincé |
| 1 | Gousse d'ail, émincée |
| 1 boîte de 540 ml (19 oz) | Lentilles brunes, égouttées et rincées |
| 1 boîte de 156 ml (5½ oz) | Pâte de tomates |
| 1 boîte de 540 ml (19 oz) | Tomates en dés |
| 2 | Feuilles de laurier |
| 3 g (2 c. à soupe) | Fines herbes italiennes |
| | Poivre, sel ou autres épices au goût |

**1.** Dans une grande casserole, chauffer l'huile à feu moyen et faire revenir l'oignon et l'ail environ 3 minutes.

**2.** Incorporer les lentilles, la pâte de tomates, les tomates en dés et les feuilles de laurier.

**3.** Couvrir et laisser mijoter 30 minutes à feu doux, en brassant de temps en temps.

**4.** Ajouter les fines herbes italiennes et les assaisonnements 15 minutes avant la fin de la cuisson.

**5.** Servir sur des pâtes de blé entier, avec la moitié de l'assiette remplie de légumes.

### Recette actuelle
**Valeur nutritive**
Pour 1/5 recette

| Teneur | % valeur quotidienne |
|---|---|
| **Calories** 190 | |
| **Lipides** 3,5 g | 5 % |
| saturés **0,3 g** | |
| oméga-3 0,3 g | |
| **Cholestérol** 0 mg | 0 % |
| **Sodium** 460 mg | 19 % |
| **Potassium** 930 mg | 27 % |
| **Glucides** 30 g | 10 % |
| fibres 6 g | 24 % |
| sucres 10 g | |
| **Protéines** 9 g | |
| Vitamine A 57 ER | 6 % |
| Vitamine C 14 mg | 25 % |
| Calcium 64 mg | 6 % |
| Fer 4 mg | 30 % |
| Phosphore 186 mg | 15 % |

### Recette traditionnelle
**Valeur nutritive**
Pour 1 tasse (262 g)

| Teneur | % valeur quotidienne |
|---|---|
| **Calories** 190 | |
| **Lipides** 8 g | 12 % |
| saturés **3 g** | |
| oméga-3 0,1 g | |
| **Cholestérol** 30 mg | 10 % |
| **Sodium** 550 mg | 23 % |
| **Potassium** 840 mg | 24 % |
| **Glucides** 19 g | 6 % |
| fibres 5 g | 20 % |
| sucres 9 g | |
| **Protéines** 11 g | |
| Vitamine A 725 ER | 70 % |
| Vitamine C 11 mg | 20 % |
| Calcium 57 mg | 6 % |
| Fer 2,6 mg | 20 % |
| Phosphore 146,6 mg | 15 % |

**Avantages nutritifs par rapport à la recette traditionnelle :**

- 56 % moins de lipides totaux
- 90 % moins de lipides saturés

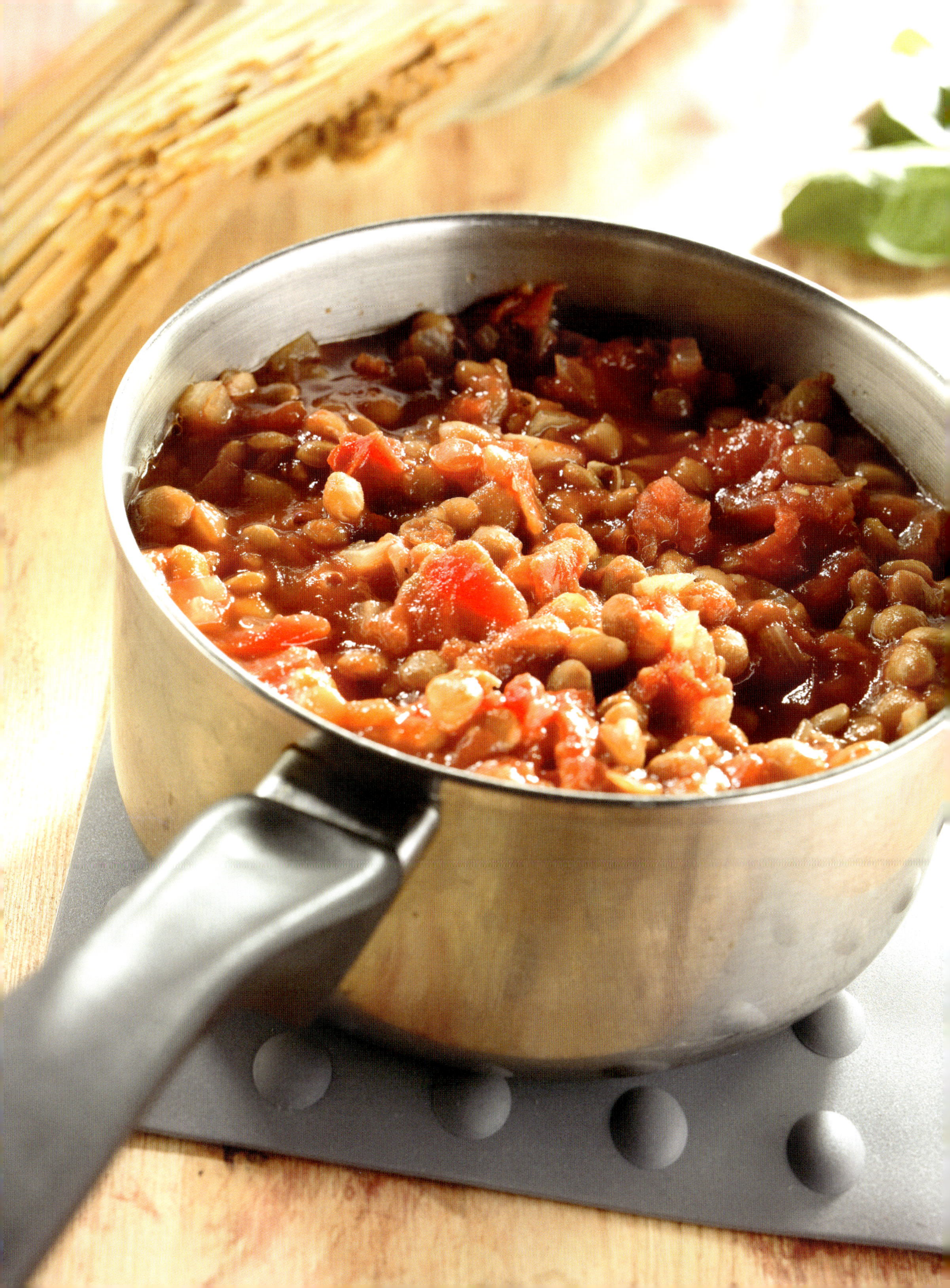

# ROULEAU DE PRINTEMPS VERSUS ROULEAU IMPÉRIAL (EGG ROLL)

6 rouleaux • **Temps de préparation :** 10 minutes • **Temps de cuisson :** aucun
**Congélation :** oui • **Niveau de difficulté :** facile

| | |
|---|---|
| 3 | Carottes, hachées |
| 3 | Courgettes, hachées |
| 80 g (½ tasse) | Champignons, émincés |
| 1 | Concombre, haché |
| 1 branche | Céleri, hachée |
| 1 | Pomme de laitue, hachée |
| 1 botte | Menthe fraîche, ciselée |
| 6 | Grandes feuilles de riz (crêpes de riz) |
| 36 (75 g) | Petites crevettes cuites |
| | Sauce au poisson, sauce soya réduite en sodium ou sauce tamari, au choix et au goût |

**1.** Mélanger tous les légumes avec la menthe.

**2.** Dans un récipient contenant de l'eau chaude, tremper une feuille de riz pour la faire ramollir, puis l'égoutter sur un linge pour absorber l'excédent d'eau.

**3.** Garnir le bas de la feuille de riz d'un peu de mélange de légumes et de 6 crevettes cuites.

**4.** Rabattre le côté gauche et le côté droit, puis rouler bien serré en forme de cigare. Répéter l'opération pour obtenir 6 rouleaux.

**5.** Couper chaque rouleau en deux, en biseau.

**6.** Servir avec une sauce au choix.

### Recette actuelle
**Valeur nutritive**
Pour 1 rouleau de printemps (200 g)

| Teneur | % valeur quotidienne |
|---|---|
| **Calories** 80 | |
| **Lipides** 0,5 g | 1 % |
| saturés 0,1 g | |
| oméga-3 0,1 g | |
| **Cholestérol** 25 mg | 8 % |
| **Sodium** 70 mg | 3 % |
| **Potassium** 400 mg | 11 % |
| **Glucides** 13 g | 4 % |
| fibres 3 g | 12 % |
| sucres 4 g | |
| **Protéines** 5 g | |
| Vitamine A 440 ER | 45 % |
| Vitamine C 11 mg | 20 % |
| Calcium 48 mg | 4 % |
| Fer 1,6 mg | 10 % |
| Phosphore 76,3 mg | 6 % |

### Recette traditionnelle
**Valeur nutritive**
Pour 1 rouleau impérial (80 g)

| Teneur | % valeur quotidienne |
|---|---|
| **Calories** 160 | |
| **Lipides** 3,5 g | 5 % |
| saturés 1 g | |
| oméga-3 0,1 g | |
| **Cholestérol** 10 mg | 3 % |
| **Sodium** 450 mg | 19 % |
| **Potassium** 230 mg | 6 % |
| **Glucides** 23 g | 8 % |
| fibres 2 g | 8 % |
| sucres 4 g | |
| **Protéines** 8 g | |
| Vitamine A 0 ER | 0 % |
| Vitamine C 0 mg | 0 % |
| Calcium 38 mg | 4 % |
| Fer 1,4 mg | 10 % |
| Phosphore 94 mg | 8 % |

**Avantages nutritifs par rapport à la recette traditionnelle :**

- 50 % moins de calories
- 86 % moins de lipides totaux

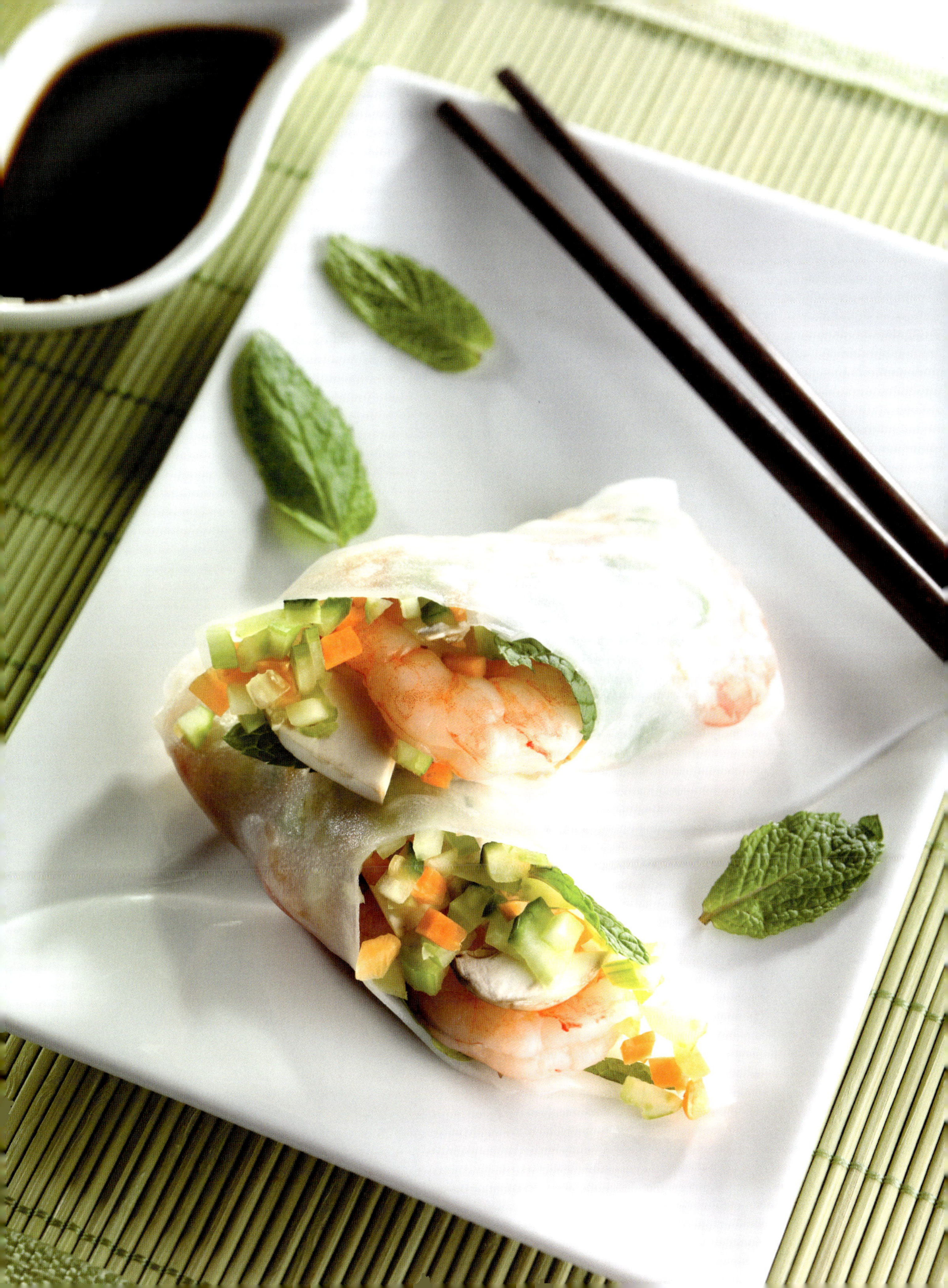

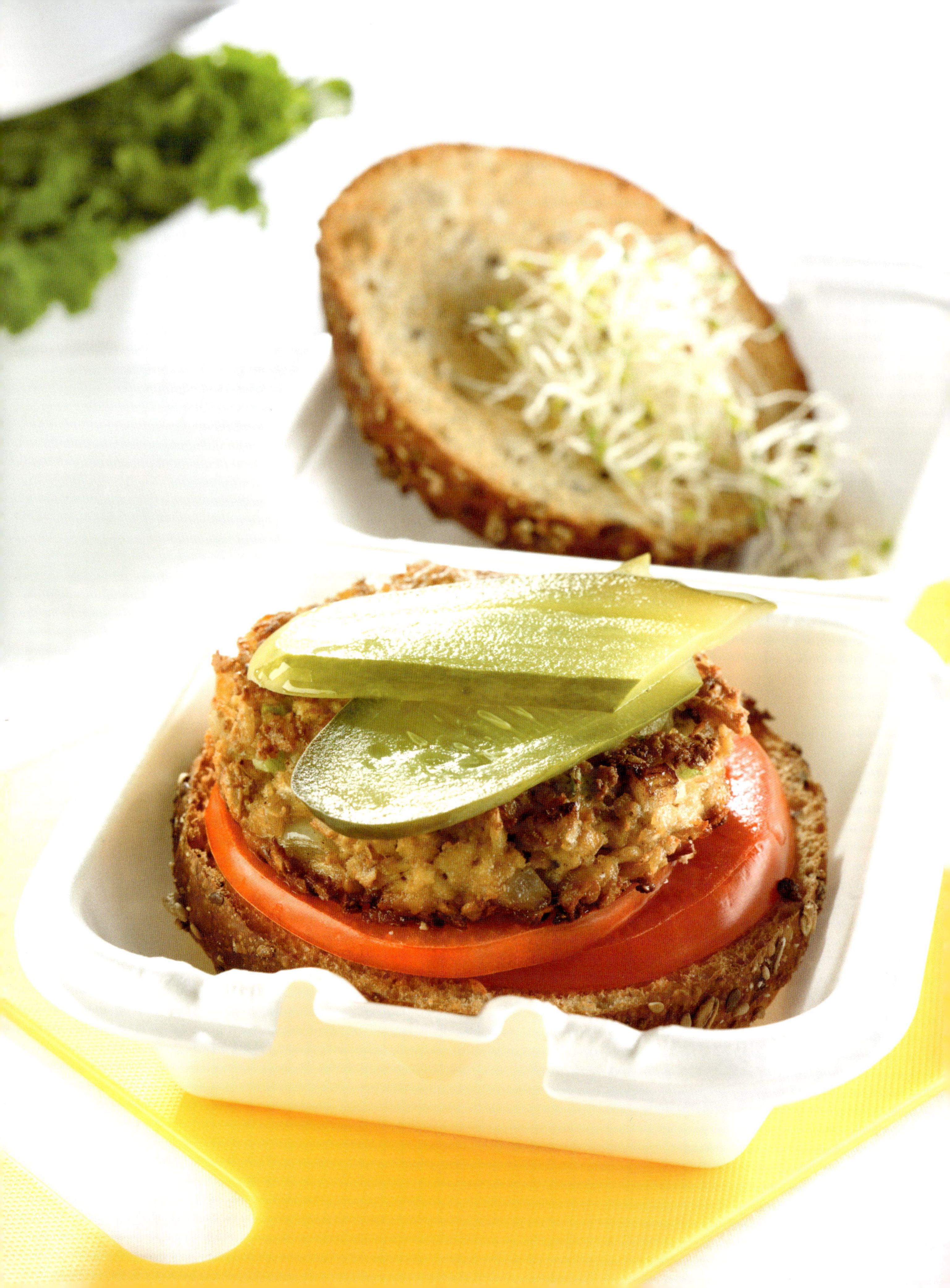

# HAMBURGER VÉGÉTARIEN VERSUS HAMBURGER TRADITIONNEL

4 hamburgers • **Temps de préparation :** 10 minutes • **Temps de cuisson :** 14 minutes
**Congélation :** non • **Niveau de difficulté :** facile

| | |
|---|---|
| 1 | Oignon, émincé |
| 1 | Gousse d'ail, émincée |
| 1 bloc (455 g) | Tofu régulier ferme, râpé |
| 15 ml (1 c. à soupe) | Sauce tamari |
| 15 g (2 c. à soupe) | Flocons d'avoine rapide |
| 1 branche | Céleri, en petits dés |
| 15 ml (1 c. à soupe) | Huile au choix (olive, canola bio ou autre) |
| 4 | Pains à hamburger multigrains |
| | Luzerne, tomates, cornichons et autres garnitures, au goût |

**1.** Mélanger les 6 premiers ingrédients dans un bol.

**2.** Façonner 4 galettes.

**3.** Dans une poêle huilée, cuire les galettes à feu moyen environ 7 minutes de chaque côté, jusqu'à ce qu'elles prennent une belle couleur dorée.

**4.** Déposer une galette dans chaque pain à hamburger et garnir au goût.

**5.** Savourer avec une bonne salade.

**Avantages nutritifs par rapport à la recette traditionnelle :**

- 31 % moins de calories
- 46 % moins de lipides totaux
- 4 g de plus de fibres

### Recette actuelle
**Valeur nutritive**
Pour 1 hamburger

| Teneur | % valeur quotidienne |
|---|---|
| **Calories** 400 | |
| **Lipides** 14 g | 22 % |
|   saturés 2,5 g | |
|   oméga-3 0,5 g | |
| **Cholestérol** 0 mg | 0 % |
| **Sodium** 720 mg | 30 % |
| **Potassium** 410 mg | 12 % |
| **Glucides** 49 g | 16 % |
|   fibres 6 g | 24 % |
|   sucres 8 g | |
| **Protéines** 20 g | |
| Vitamine A 28 ER | 2 % |
| Vitamine C 2 mg | 4 % |
| Calcium 333 mg | 30 % |
| Fer 5,9 mg | 40 % |
| Phosphore 282,1 mg | 25 % |

### Recette traditionnelle
**Valeur nutritive**
Pour 1 hamburger

| Teneur | % valeur quotidienne |
|---|---|
| **Calories** 580 | |
| **Lipides** 26 g | 40 % |
|   saturés 10 g | |
|   oméga-3 0,3 g | |
| **Cholestérol** 85 mg | 28 % |
| **Sodium** 710 mg | 30 % |
| **Potassium** 440 mg | 13 % |
| **Glucides** 52 g | 17 % |
|   fibres 2 g | 8 % |
|   sucres 9 g | |
| **Protéines** 35 g | |
| Vitamine A 23 ER | 2 % |
| Vitamine C 2 mg | 4 % |
| Calcium 159 mg | 15 % |
| Fer 6,3 mg | 45 % |
| Phosphore 252,8 mg | 25 % |

# SUCCULENTS POIVRONS FARCIS SEMI-VÉGÉTARIENS VERSUS POIVRONS FARCIS TRADITIONNELS

4 poivrons • **Temps de préparation :** 10 minutes • **Temps de cuisson :** 50 minutes
**Congélation :** non • **Niveau de difficulté :** facile

| | |
|---|---|
| 4 | Poivrons rouges, évidés |
| 225 g (8 oz) | Bœuf haché maigre |
| 1 boîte de 540 ml (19 oz) | Lentilles, rincées et égouttées |
| 1 | Gousse d'ail, émincée |
| 100 g (½ tasse) | Riz brun à grain long, cuit |
| 125 ml (½ tasse) | Lait (2 % M.G. et moins) |
| 1 | Oignon, émincé |
| 30 ml (2 c. à soupe) | Ketchup |
| 1,5 g (1 c. à soupe) | Fines herbes italiennes |
| 125 ml (½ tasse) | Jus de tomates |
| | Poivre, sel ou autres épices au goût |

**1.** Préchauffer le four à 160 °C (325 °F).

**2.** Déposer les poivrons dans un plat huilé allant au four.

**3.** Mélanger tous les autres ingrédients dans un bol.

**4.** Farcir les poivrons de ce mélange et les recouvrir de leur chapeau.

**5.** Cuire au four environ 50 minutes.

**6.** Servir avec une salade au choix.

### Recette actuelle
**Valeur nutritive**
Pour 1 poivron

| Teneur | % valeur quotidienne |
|---|---|
| **Calories** 310 | |
| **Lipides** 9 g | 14 % |
|    saturés 3,5 g | |
|    oméga-3 0,1 g | |
| **Cholestérol** 35 mg | 12 % |
| **Sodium** 430 mg | 18 % |
| **Potassium** 840 mg | 24 % |
| **Glucides** 35 g | 12 % |
|    fibres 6 g | 24 % |
|    sucres 10 g | |
| **Protéines** 22 g | |
| Vitamine A 207 ER | 20 % |
| Vitamine C 79 mg | 130 % |
| Calcium 80 mg | 8 % |
| Fer 4,6 mg | 35 % |
| Phosphore 334,7 mg | 30 % |

### Recette traditionnelle
**Valeur nutritive**
Pour 1 poivron

| Teneur | % valeur quotidienne |
|---|---|
| **Calories** 540 | |
| **Lipides** 33 g | 51 % |
|    saturés 14 g | |
|    oméga-3 0,2 g | |
| **Cholestérol** 130 mg | 43 % |
| **Sodium** 320 mg | 13 % |
| **Potassium** 840 mg | 24 % |
| **Glucides** 18 g | 6 % |
|    fibres 2 g | 8 % |
|    sucres 9 g | |
| **Protéines** 43 g | |
| Vitamine A 207 ER | 20 % |
| Vitamine C 79 mg | 130 % |
| Calcium 81 mg | 8 % |
| Fer 4,7 mg | 35 % |
| Phosphore 379,1 mg | 35 % |

**Avantages nutritifs par rapport à la recette traditionnelle :**

- 43 % moins de calories
- 73 % moins de lipides totaux
- 4 g de plus de fibres

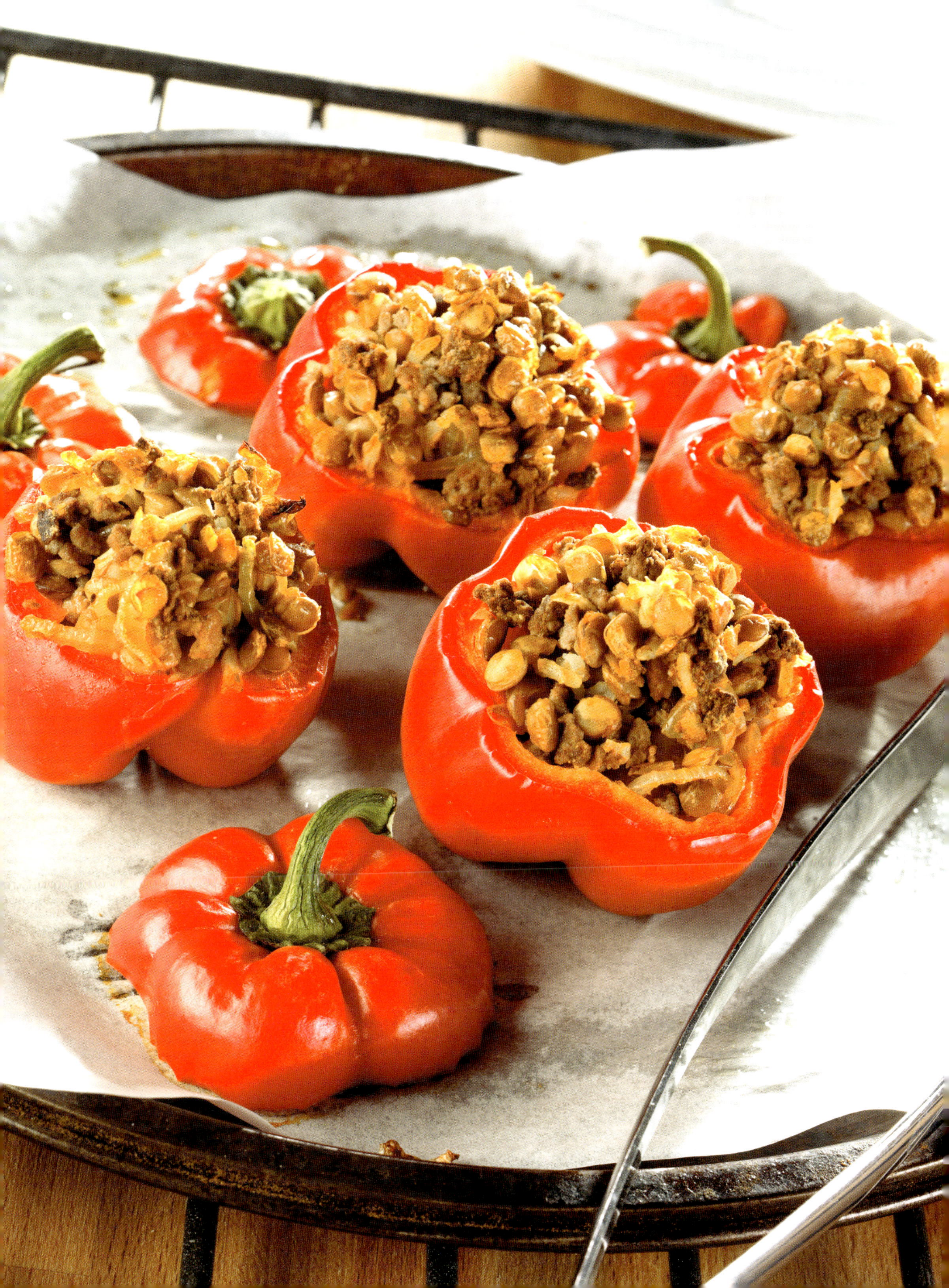

# COQUILLE SAINT-JACQUES VERSUS COQUILLE SAINT-JACQUES TRADITIONNELLE

4 coquilles • **Temps de préparation :** 30 minutes • **Temps de cuisson :** 20 minutes
**Congélation :** non • **Niveau de difficulté :** facile

| | |
|---|---|
| 310 ml (1 ¼ tasse) | Lait (2 % M.G. et moins) |
| 30 g (¼ tasse) | Farine d'épeautre, de kamut ou de quinoa |
| 60 ml (¼ tasse) | Vin blanc |
| 160 g (1 tasse) | Champignons, tranchés |
| 85 g (½ tasse) | Échalote, hachée |
| 1 pincée | Poudre d'ail |
| 16 (200 g) | Gros pétoncles crus |
| 16 (180 g) | Grosses crevettes crues |
| 4 | Pommes de terre, en purée |
| 120 g (1 tasse) | Fromage râpé (20 % M.G. et moins) |

**1.** Dans une casserole, mélanger les 6 premiers ingrédients et cuire environ 10 minutes.

**2.** Ajouter les pétoncles et les crevettes, et poursuivre la cuisson 5 minutes ou jusqu'à ce que les fruits de mer soient cuits parfaitement.

**3.** Déposer la préparation dans des coquilles huilées.

**4.** À l'aide d'une poche à pâtisserie, décorer le pourtour des coquilles avec la purée de pommes de terre.

**5.** Parsemer de fromage râpé.

**6.** Griller au four environ 5 minutes.

**7.** Servir avec une salade au choix.

---

**Recette actuelle**
**Valeur nutritive**
Pour 1 coquille

| Teneur | % valeur quotidienne |
|---|---|
| **Calories** 320 | |
| **Lipides 8 g** | 12 % |
| saturés 4,5 g | |
| oméga-3 0,4 g | |
| **Cholestérol** 110 mg | 37 % |
| **Sodium** 330 mg | 14 % |
| **Potassium** 820 mg | 23 % |
| **Glucides** 30 g | 10 % |
| fibres 2 g | 8 % |
| sucres 7 g | |
| **Protéines** 32 g | |
| Vitamine A 141 ER | 15 % |
| Vitamine C 10 mg | 15 % |
| Calcium 347 mg | 30 % |
| Fer 2,4 mg | 15 % |
| Phosphore 498,7 mg | 45 % |

**Recette traditionnelle**
**Valeur nutritive**
Pour 1 coquille

| Teneur | % valeur quotidienne |
|---|---|
| **Calories** 370 | |
| **Lipides 17 g** | 26 % |
| saturés 10 g | |
| oméga-3 0,5 g | |
| **Cholestérol** 125 mg | 42 % |
| **Sodium** 390 mg | 16 % |
| **Potassium** 880 mg | 25 % |
| **Glucides** 26 g | 9 % |
| fibres 2 g | 8 % |
| sucres 3 g | |
| **Protéines** 28 g | |
| Vitamine A 120 ER | 10 % |
| Vitamine C 13 mg | 20 % |
| Calcium 240 mg | 20 % |
| Fer 2,3 mg | 15 % |
| Phosphore 429,3 mg | 40 % |

**Avantages nutritifs par rapport à la recette traditionnelle :**

- 53 % moins de lipides totaux
- 55 % moins de lipides saturés

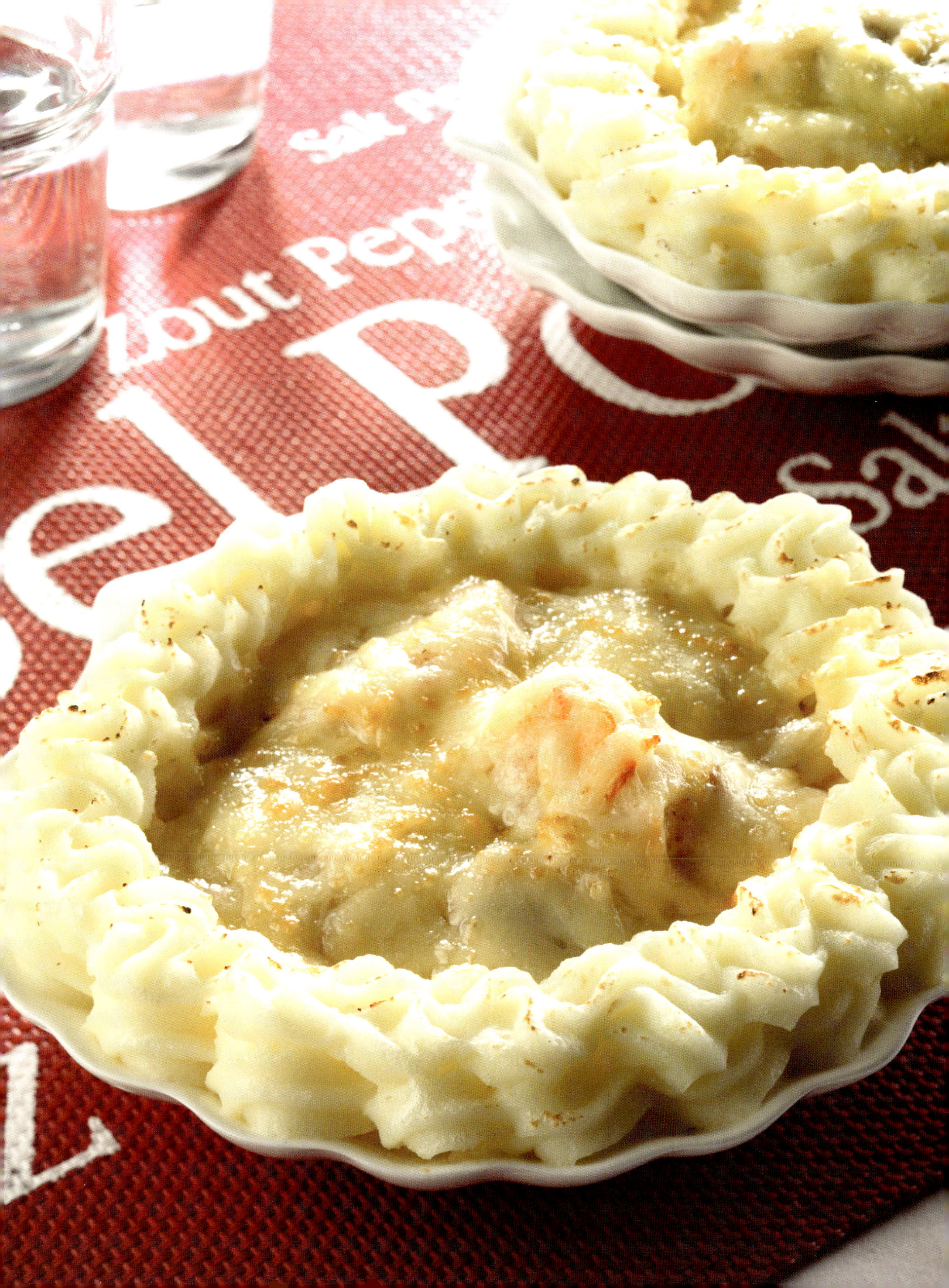

# FILETS DE SOLE AMANDINE VERSUS FILETS DE SOLE SAUCE CRÈME

4 filets • **Temps de préparation :** 5 minutes • **Temps de cuisson :** 10 minutes
**Congélation :** non • **Niveau de difficulté :** facile

| | |
|---|---|
| 4 (455 g) | Filets de sole |
| 30 g (¼ tasse) | Farine d'épeautre, de kamut ou de quinoa |
| | Poivre, sel ou autres épices au goût |
| 10 g (1 c. à soupe) | Zeste de citron |
| 25 g (¼ tasse) | Amandes émincées |

**1.** Préchauffer le four à 200 °C (400 °F).

**2.** Enfariner les filets de sole. Poivrer et saler au goût. Saupoudrer de zeste de citron.

**3.** Cuire 8 minutes au four sur une plaque à cuisson huilée ou tapissée de papier parchemin.

**4.** Ajouter les amandes et poursuivre la cuisson 2 minutes.

**5.** Servir avec un quartier de citron, une portion de riz brun et des légumes au choix.

**Avantages nutritifs par rapport à la recette traditionnelle :**

- 36 % moins de calories
- 92 % moins de lipides saturés
- 81 % moins de sodium

### Recette actuelle
**Valeur nutritive**
Pour 1 filet

| Teneur | % valeur quotidienne |
|---|---|
| **Calories** 160 | |
| **Lipides** 4,5 g | 7 % |
|    saturés 0,5 g | |
|    oméga-3 0,3 g | |
| **Cholestérol** 55 mg | 18 % |
| **Sodium** 95 mg | 4 % |
| **Potassium** 450 mg | 13 % |
| **Glucides** 7 g | 2 % |
|    fibres 1 g | 4 % |
|    sucres 1 g | |
| **Protéines** 24 g | |
| Vitamine A 8 ER | 0 % |
| Vitamine C 2 mg | 4 % |
| Calcium 44 mg | 4 % |
| Fer 1 mg | 6 % |
| Phosphore 237,9 mg | 20 % |

### Recette traditionnelle
**Valeur nutritive**
Pour 1 filet

| Teneur | % valeur quotidienne |
|---|---|
| **Calories** 250 | |
| **Lipides** 11 g | 17 % |
|    saturés 6 g | |
|    oméga-3 0,4 g | |
| **Cholestérol** 85 mg | 28 % |
| **Sodium** 510 mg | 21 % |
| **Potassium** 570 mg | 16 % |
| **Glucides** 7 g | 2 % |
|    fibres 0 g | 0 % |
|    sucres 4 g | |
| **Protéines** 31 g | |
| Vitamine A 115 ER | 10 % |
| Vitamine C 2 mg | 4 % |
| Calcium 287 mg | 25 % |
| Fer 0,7 mg | 4 % |
| Phosphore 411,9 mg | 35 % |

FILETS DE SOLE AMANDINE VERSUS FIL...
4 filets
Temps de préparation : 5 minutes
... : 10 minutes

**Avantages nutritifs** par rapport à la recette traditionnelle
36 % moins de calories
92 % moins de lipides saturés
81 % moins de sodium

# CÔTELETTE DE PORC ÉRABLE ET LÉGUMES VERSUS CÔTELETTE BBQ

4 côtelettes • **Temps de préparation :** 20 minutes • **Temps de cuisson :** 15 minutes
**Congélation :** oui • **Niveau de difficulté :** facile

| | |
|---|---|
| 4 (720 g) | Côtelettes de porc avec os de 2 cm (¾ po) d'épaisseur |
| 1 | Oignon, haché |
| 15 ml (1 c. à soupe) | Huile au choix (olive, canola bio ou autre) |
| 5 g (2 c. à thé) | Farine de kamut, d'épeautre ou de quinoa |
| 60 ml (¼ tasse) | Sirop d'érable |
| 250 ml (1 tasse) | Bouillon de poulet |
| 60 ml (¼ tasse) | Lait (2 % M.G. et moins) |
|  | Poivre, sel ou autres épices au goût |
| 450 g (4 tasses) | Légumes au choix, en lanières ou en petits morceaux |
| 15 ml (1 c. à soupe) | Huile au choix (olive, canola bio ou autre) |

1. Dégraisser les côtelettes.
2. Dans une grande poêle, les dorer à feu moyen environ 3 minutes de chaque côté. Réserver.
3. Pendant ce temps, dans une casserole, faire revenir l'oignon dans l'huile.
4. Saupoudrer de farine et ajouter le sirop d'érable, le bouillon et le lait. Assaisonner au goût.
5. Remuer et poursuivre la cuisson 2 minutes ou jusqu'à ébullition.
6. Sur feu moyen, laisser réduire la sauce d'un peu plus de la moitié, soit environ 5 minutes en remuant.
7. Cuire les légumes (poivron, brocoli, chou-fleur, etc.) à la vapeur.
8. Servir les légumes sur les côtelettes et napper de sauce. Savourer.

### Recette actuelle
**Valeur nutritive**
**Pour 1 côtelette**

| Teneur | % valeur quotidienne |
|---|---|
| **Calories** 330 | |
| **Lipides** 13 g | 20 % |
|   saturés 3 g | |
|   oméga-3 0,5 g | |
| **Cholestérol** 75 mg | 25 % |
| **Sodium** 240 mg | 10 % |
| **Potassium** 820 mg | 24 % |
| **Glucides** 25 g | 8 % |
|   fibres 3 g | 12 % |
|   sucres 17 g | |
| **Protéines** 28 g | |
| Vitamine A 264 ER | 25 % |
| Vitamine C 22 mg | 35 % |
| Calcium 100 mg | 10 % |
| Fer 1,8 mg | 15 % |
| Phosphore 308,5 mg | 30 % |

### Recette traditionnelle
**Valeur nutritive**
**Pour 1 côtelette**

| Teneur | % valeur quotidienne |
|---|---|
| **Calories** 410 | |
| **Lipides** 15 g | 23 % |
|   saturés 5 g | |
|   oméga-3 0,1 g | |
| **Cholestérol** 80 mg | 27 % |
| **Sodium** 420 mg | 18 % |
| **Potassium** 850 mg | 24 % |
| **Glucides** 43 g | 14 % |
|   fibres 2 g | 8 % |
|   sucres 38 g | |
| **Protéines** 25 g | |
| Vitamine A 639 ER | 60 % |
| Vitamine C 11 mg | 20 % |
| Calcium 73 mg | 6 % |
| Fer 1,9 mg | 15 % |
| Phosphore 257,8 mg | 25 % |

**Avantages nutritifs par rapport à la recette traditionnelle :**

- 20 % moins de calories
- 43 % moins de sodium
- 55 % moins de sucres

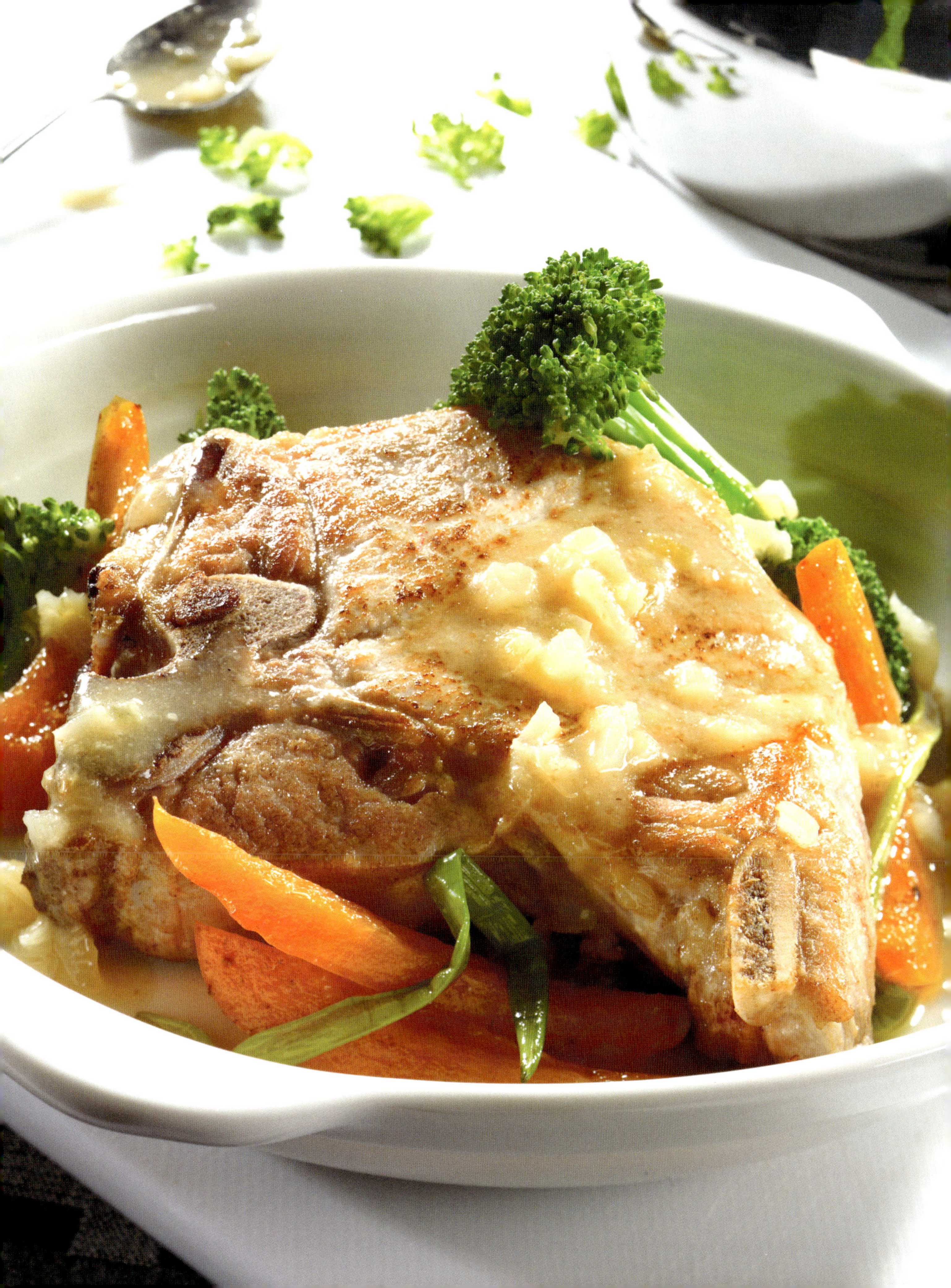

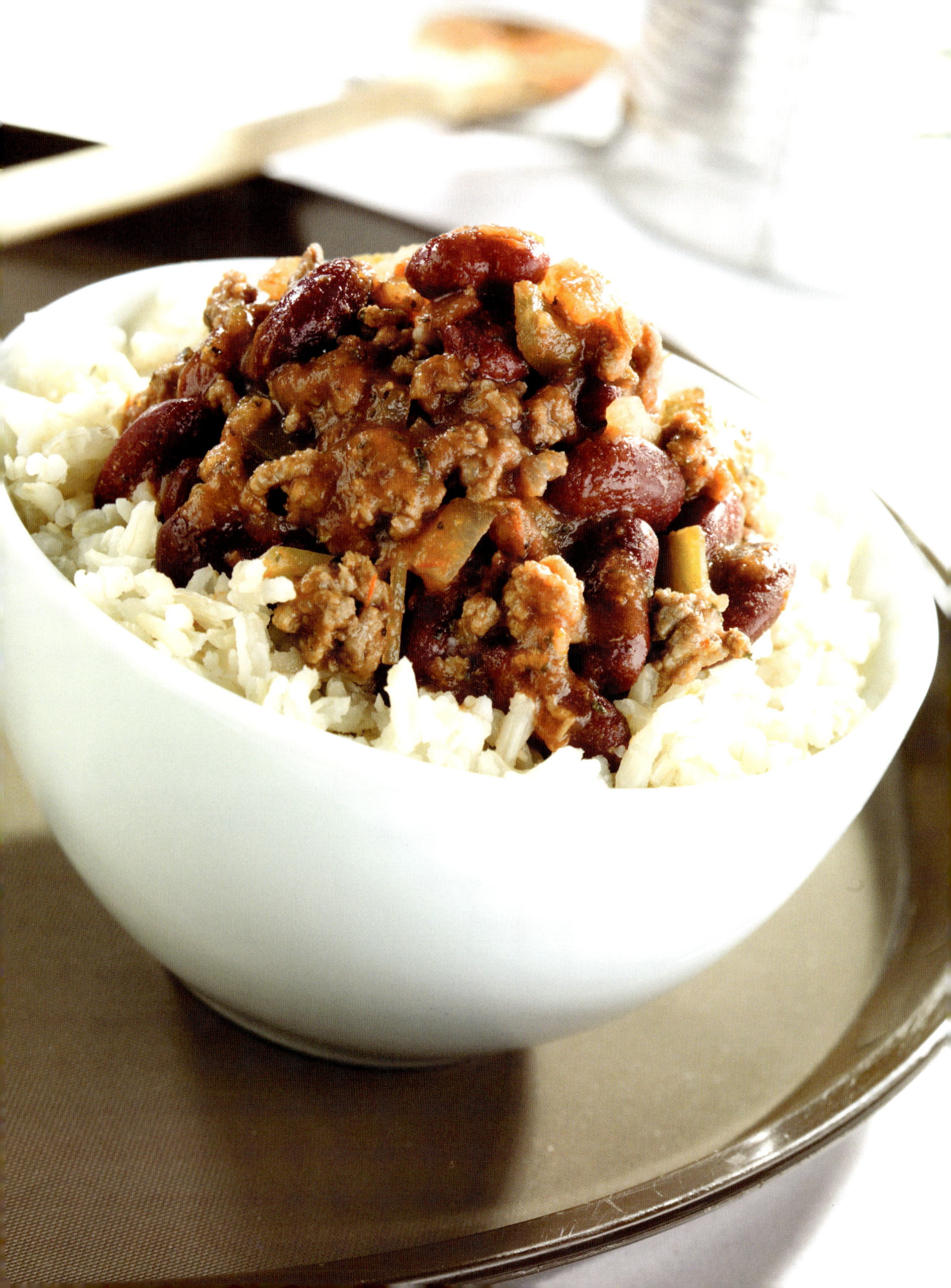

# CHILI CON CARNE VERSUS CHILI TRADITIONNEL

4 portions • **Temps de préparation :** 10 minutes • **Temps de cuisson :** 15 minutes
**Congélation :** oui • **Niveau de difficulté :** facile

| | |
|---|---|
| 455 g (16 oz) | Bœuf haché extra maigre |
| 1 | Oignon, émincé |
| 1 | Gousse d'ail, émincée |
| 500 ml (2 tasses) | Salsa maison ou du commerce |
| | Bouillon au choix, au besoin |
| 3 g (2 c. à soupe) | Fines herbes italiennes fraîches |
| 4 g (2 c. à thé) | Poudre de chili |
| 1 boîte de 540 ml (19 oz) | Haricots rouges, rincés et égouttés |
| | Jus de tomates ou eau, au besoin |

1. Dans une casserole, cuire à feu moyen les 4 premiers ingrédients, sans ajouter de matières grasses, pendant environ 10 minutes.
2. Ajouter un peu de bouillon au besoin.
3. Ajouter les fines herbes italiennes, la poudre de chili et les haricots rouges cuits.
4. Prolonger la cuisson d'environ 5 minutes.
5. Ajouter du jus de tomates ou de l'eau si la texture est trop épaisse.
6. Servir avec du riz brun, sur des pâtes de blé entier ou des germes de haricot crues ou cuites.

**Avantages nutritifs par rapport à la recette traditionnelle :**

- 17 % moins de calories
- 63 % moins de lipides totaux
- 4 g de plus de fibres

### Recette actuelle
**Valeur nutritive**
Pour ¼ de recette

| Teneur | % valeur quotidienne |
|---|---|
| **Calories** 350 | |
| **Lipides** 10 g | 15 % |
|   saturés 3,5 g | |
|   oméga-3 0,2 g | |
| **Cholestérol** 60 mg | 20 % |
| **Sodium** 1130 mg | 47 % |
| **Potassium** 1150 mg | 33 % |
| **Glucides** 31 g | 10 % |
|   fibres 9 g | 36 % |
|   sucres 5 g | |
| **Protéines** 34 g | |
| Vitamine A 63 ER | 6 % |
| Vitamine C 4 mg | 6 % |
| Calcium 79 mg | 8 % |
| Fer 5,7 mg | 40 % |
| Phosphore 369,3 mg | 35 % |

### Recette traditionnelle
**Valeur nutritive**
Pour ¼ de recette

| Teneur | % valeur quotidienne |
|---|---|
| **Calories** 420 | |
| **Lipides** 27 g | 42 % |
|   saturés 8 g | |
|   oméga-3 1 g | |
| **Cholestérol** 50 mg | 17 % |
| **Sodium** 980 mg | 41 % |
| **Potassium** 1070 mg | 31 % |
| **Glucides** 27 g | 9 % |
|   fibres 5 g | 20 % |
|   sucres 15 g | |
| **Protéines** 16 g | |
| Vitamine A 174 ER | 15 % |
| Vitamine C 34 mg | 60 % |
| Calcium 178 mg | 15 % |
| Fer 5,3 mg | 40 % |
| Phosphore 184,5 mg | 15 % |

# PAIN SIMILIVIANDE SURPRISE

VERSUS

# PAIN DE VIANDE TRADITIONNEL

6 portions • **Temps de préparation :** 10 minutes • **Temps de cuisson :** 35 minutes
**Congélation :** oui • **Niveau de difficulté :** facile

| | |
|---|---|
| 100 g (1 tasse) | Amandes ou autres noix moulues |
| 1 boîte de 540 ml (19 oz) | Pois chiches, rincés, égouttés et réduits en purée |
| 105 g (1 tasse) | Flocons d'avoine rapide |
| 2 | Œufs, battus |
| 1 | Tomate, coupée en dés |
| 1 | Oignon, émincé |
| 1 | Gousse d'ail, émincée |
| 30 ml (2 c. à soupe) | Sauce tamari |
| 1,5 g (1 c. à soupe) | Fines herbes italiennes |
| 15 ml (1 c. à soupe) | Huile au choix (olive, canola bio ou autre) |

**1.** Préchauffer le four à 180 °C (350 °F).

**2.** Dans un grand bol, mélanger tous les ingrédients en suivant l'ordre de la recette.

**3.** Verser dans un moule carré préalablement huilé.

**4.** Cuire au four environ 35 minutes.

**5.** Démouler et servir chaud ou froid, avec une sauce tomate au choix et une salade.

---

**Recette actuelle**
**Valeur nutritive**
Pour 1/6 de pain

| Teneur | % valeur quotidienne |
|---|---|
| **Calories** 320 | |
| **Lipides** 15 g | 23 % |
|   saturés 1,5 g | |
|   oméga-3 0,3 g | |
| **Cholestérol** 60 mg | 20 % |
| **Sodium** 510 mg | 21 % |
| **Potassium** 450 mg | 13 % |
| **Glucides** 33 g | 11 % |
|   fibres 7 g | 28 % |
|   sucres 5 g | |
| **Protéines** 14 g | |
| Vitamine A 36 ER | 4 % |
| Vitamine C 2 mg | 4 % |
| Calcium 90 mg | 8 % |
| Fer 3,4 mg | 25 % |
| Phosphore 290,7 mg | 25 % |

**Recette traditionnelle**
**Valeur nutritive**
Pour 1/6 de pain

| Teneur | % valeur quotidienne |
|---|---|
| **Calories** 370 | |
| **Lipides** 31 g | 48 % |
|   saturés 11 g | |
|   oméga-3 0,3 g | |
| **Cholestérol** 65 mg | 22 % |
| **Sodium** 1130 mg | 47 % |
| **Potassium** 290 mg | 8 % |
| **Glucides** 5 g | 2 % |
|   fibres 0 g | 0 % |
|   sucres 0 g | |
| **Protéines** 18 g | |
| Vitamine A 0 ER | 0 % |
| Vitamine C 0 mg | 0 % |
| Calcium 73 mg | 6 % |
| Fer 1,4 mg | 10 % |
| Phosphore 231 mg | 20 % |

**Avantages nutritifs par rapport à la recette traditionnelle :**

- 52 % moins de lipides totaux
- 86 % moins de lipides saturés
- 55 % moins de sodium

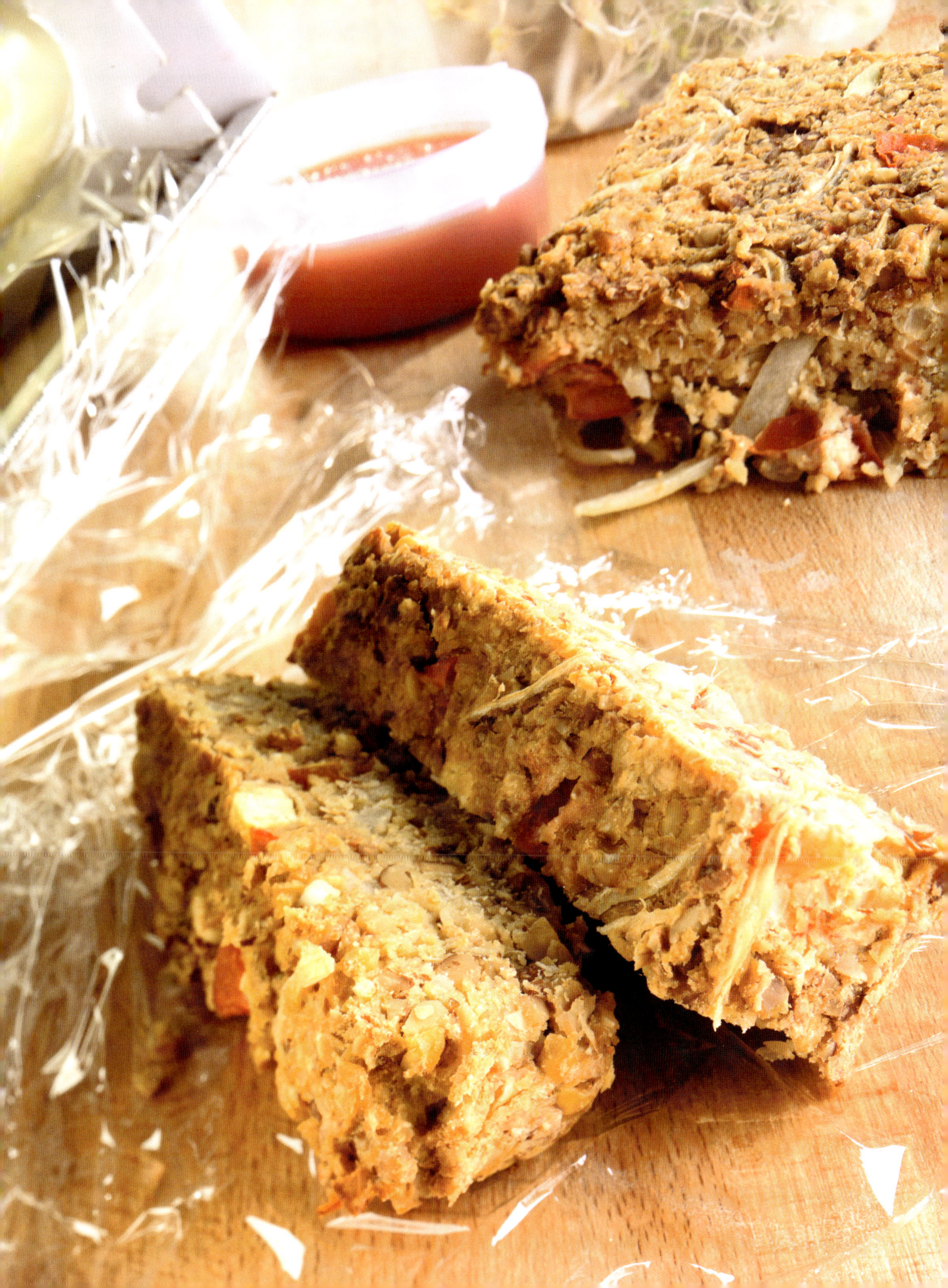

# RATATOUILLE MINI VERSUS FRITES SAUCE

6 portions • **Temps de préparation :** 10 minutes • **Temps de cuisson :** 30 minutes
**Congélation :** oui • **Niveau de difficulté :** facile

| | |
|---|---|
| 15 ml (1 c. à soupe) | Huile au choix (olive, canola bio ou autre) |
| 1 | Oignon rouge, coupé grossièrement |
| 1 | Oignon jaune, coupé grossièrement |
| 1 | Gousse d'ail, émincée |
| 1 | Aubergine, en petits cubes |
| 2 | Zucchinis, en rondelles |
| 1 boîte de 540 ml (19 oz) | Tomates en dés |
| 1 boîte de 540 ml (19 oz) | Pois chiches, rincés et égouttés |
| 3 g (2 c. à soupe) | Herbes de Provence |
| | Poivre, sel ou autres épices au goût |

**1.** Dans une grande casserole, chauffer l'huile et y faire dorer légèrement les oignons avec l'ail.

**2.** Ajouter l'aubergine, les zucchinis et les tomates. Bien mélanger.

**3.** Couvrir et laisser mijoter à feu doux environ 20 minutes, jusqu'à ce que les légumes soient bien cuits.

**4.** Ajouter les pois chiches, les herbes de Provence et les assaisonnements au goût, et prolonger la cuisson de 5 minutes.

**5.** Servir sur des vermicelles de riz brun ou des germes de haricot crues ou cuites.

### Recette actuelle
**Valeur nutritive**
Pour 1 portion de ratatouille

| Teneur | % valeur quotidienne |
|---|---|
| **Calories** 180 | |
| **Lipides** 4 g | 6 % |
|   saturés 0,4 g | |
|   oméga-3 0,3 g | |
| **Cholestérol** 0 mg | 0 % |
| **Sodium** 230 mg | 9 % |
| **Potassium** 700 mg | 20 % |
| **Glucides** 30 g | 10 % |
|   fibres 7 g | 28 % |
|   sucres 10 g | |
| **Protéines** 7 g | |
| Vitamine A 24 ER | 2 % |
| Vitamine C 12 mg | 20 % |
| Calcium 85 mg | 8 % |
| Fer 2,8 mg | 20 % |
| Phosphore 155,1 mg | 15 % |

### Recette traditionnelle
**Valeur nutritive**
Pour 1 portion de frites sauce

| Teneur | % valeur quotidienne |
|---|---|
| **Calories** 410 | |
| **Lipides** 19 g | 29 % |
|   saturés 5 g | |
|   oméga-3 0,1 g | |
| **Cholestérol** 2 mg | 0 % |
| **Sodium** 890 mg | 37 % |
| **Potassium** 830 mg | 24 % |
| **Glucides** 52 g | 17 % |
|   fibres 4 g | 16 % |
|   sucres 1 g | |
| **Protéines** 7 g | |
| Vitamine A 1 ER | 0 % |
| Vitamine C 12 mg | 20 % |
| Calcium 34 mg | 4 % |
| Fer 2,1 mg | 15 % |
| Phosphore 139,4 mg | 15 % |

**Avantages nutritifs par rapport à la recette traditionnelle :**

- 56 % moins de calories
- 74 % moins de sodium
- 3 g de plus de fibres

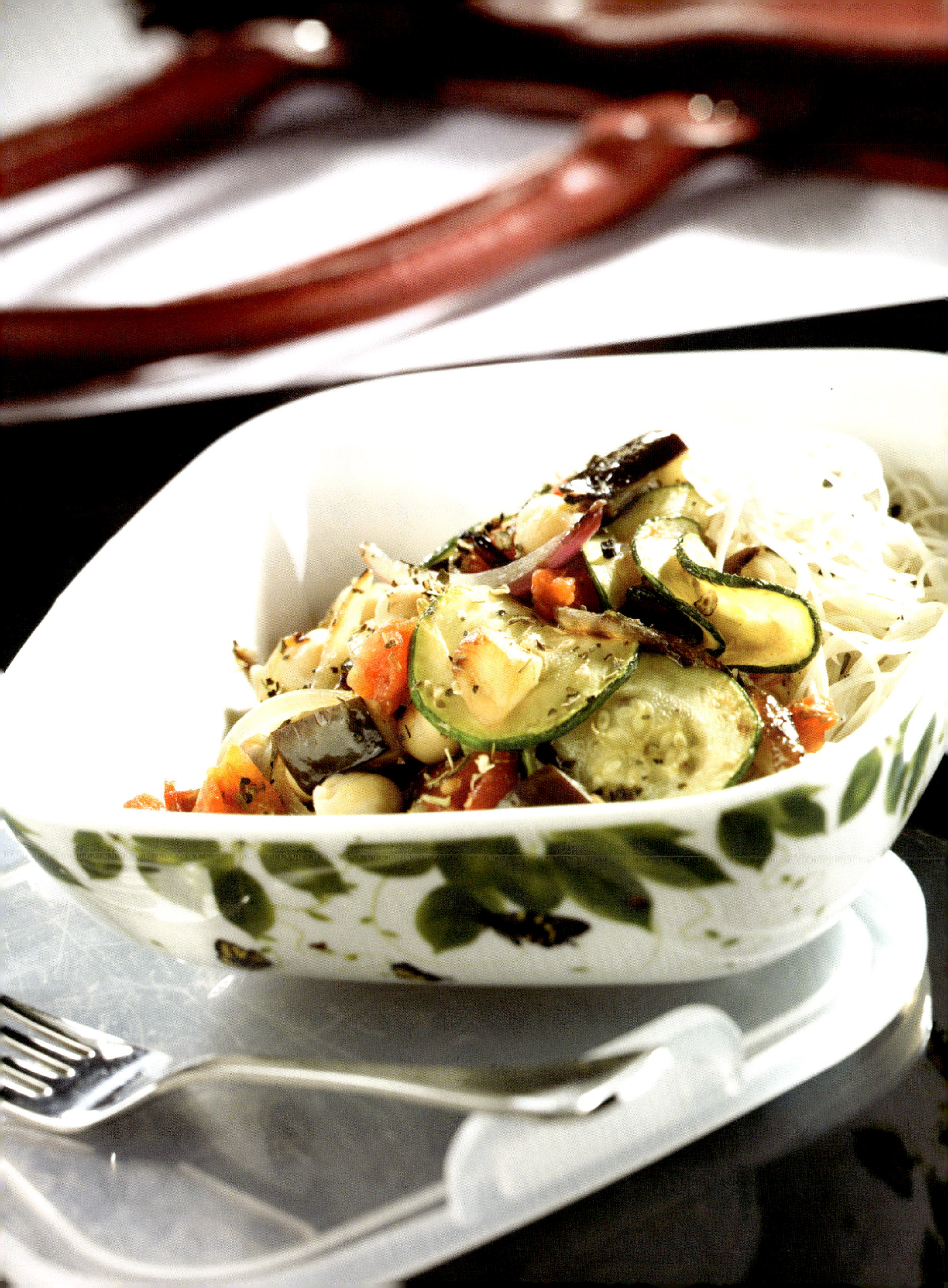

# LAIT FRAPPÉ AUX PETITS FRUITS

VERSUS

# BARBOTINE TRADITIONNELLE

4 portions • **Temps de préparation :** 5 minutes • **Temps de cuisson :** aucun
**Congélation :** non • **Niveau de difficulté :** facile

| | |
|---|---|
| 300 g (2 tasses) | Bleuets, fraises ou autres fruits au choix |
| 250 ml (1 tasse) | Lait (2 % M.G. et moins) ou boisson de soya |
| 250 ml (1 tasse) | Yogourt nature ou aromatisé à la vanille (2 % M.G. et moins) |
| | Sucre d'érable, au besoin |
| 4 | Feuilles de menthe |

**1.** Passer tous les ingrédients au mélangeur, jusqu'à l'obtention d'une préparation onctueuse.

**2.** Verser dans un verre à martini ou une coupe à vin.

**3.** Ajouter une paille, garnir d'une feuille de menthe et servir.

## Avantages nutritifs par rapport à la recette traditionnelle :

- 53 % moins de calories
- 2 g de plus de fibres
- 73 % moins de sucres

**Recette actuelle**
**Valeur nutritive**
Pour ¼ de recette

| Teneur | % valeur quotidienne |
|---|---|
| **Calories** 90 | |
| **Lipides** 1,5 g | 2 % |
|   saturés 1 g | |
|   oméga-3 0,1 g | |
| **Cholestérol** 5 mg | 2 % |
| **Sodium** 75 mg | 3 % |
| **Potassium** 370 mg | 10 % |
| **Glucides** 14 g | 5 % |
|   fibres 2 g | 8 % |
|   sucres 12 g | |
| **Protéines** 6 g | |
| Vitamine A 38 ER | 4 % |
| Vitamine C 45 mg | 80 % |
| Calcium 196 mg | 20 % |
| Fer 0,4 mg | 2 % |
| Phosphore 167,1 mg | 15 % |

**Recette traditionnelle**
**Valeur nutritive**
Pour ¼ de recette

| Teneur | % valeur quotidienne |
|---|---|
| **Calories** 190 | |
| **Lipides** 0,1 g | 0 % |
|   saturés 0 g | |
|   oméga-3 0 g | |
| **Cholestérol** 0 mg | 0 % |
| **Sodium** 4 mg | 0 % |
| **Potassium** 100 mg | 3 % |
| **Glucides** 46 g | 15 % |
|   fibres 0 g | 0 % |
|   sucres 45 g | |
| **Protéines** 0,4 g | |
| Vitamine A 4 ER | 0 % |
| Vitamine C 23 mg | 40 % |
| Calcium 9 mg | 0 % |
| Fer 0,4 mg | 2 % |
| Phosphore 10,1 mg | 0 % |

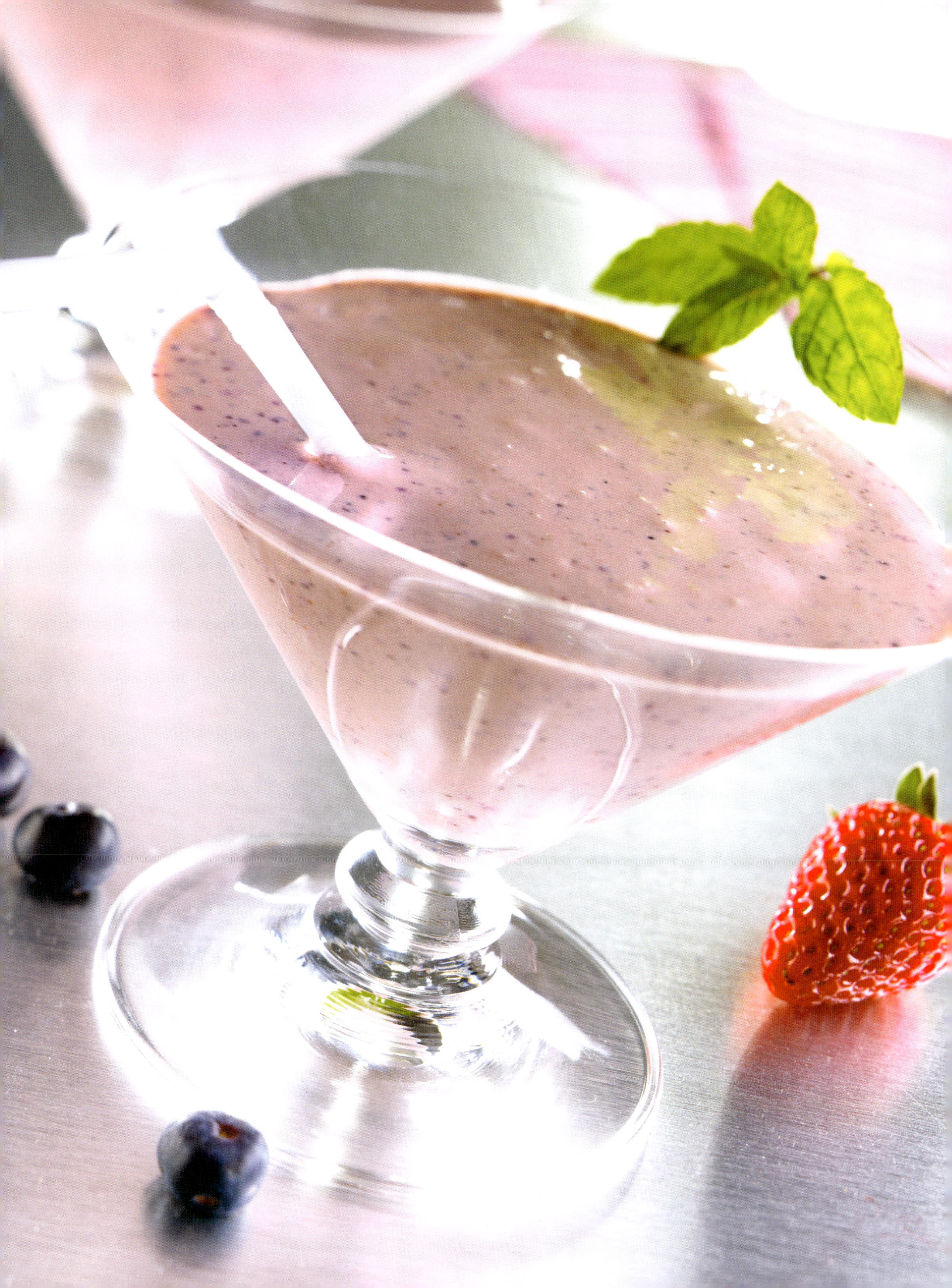

# GÉLATINE AUX FRUITS MAISON VERSUS GÉLATINE DESSERT COMMERCIALE

6 portions • **Temps de préparation :** 10 minutes • **Temps de cuisson :** 2 minutes
**Temps de réfrigération :** 1 heure • **Congélation :** non • **Niveau de difficulté :** facile

| | |
|---|---|
| 180 ml (¾ tasse) | Jus d'orange ou de raisin fait de concentré |
| 1 sachet | Gélatine neutre |
| 500 ml (2 tasses) | Eau |
| 12 (125 g) | Fraises, en morceaux |
| 8 (40 g) | Raisins rouges ou verts |
| 12 (60 g) | Bleuets |
| ½ (85 g) | Poire, en morceaux |
| 80 g (½ tasse) | Cantaloup, en morceaux |
| 5 ml (1 c. à thé) | Crème fouettée (facultatif) |

**1.** Dans une casserole, verser le jus et saupoudrer de gélatine. Laisser gonfler environ 5 minutes.

**2.** Chauffer le mélange 2 minutes à feu doux pour dissoudre la gélatine.

**3.** Ajouter l'eau et bien brasser.

**4.** Répartir la préparation dans 6 coupes à dessert.

**5.** Ajouter les fruits. Ne pas mettre de kiwis frais, ni d'ananas frais, sinon, la gélatine ne prendra pas.

**6.** Réfrigérer au moins 1 heure.

**7.** Servir le dessert tel quel ou avec 5 ml (1 c. à thé) de crème fouettée si désiré.

### Recette actuelle
**Valeur nutritive**
**Pour 1 portion**

| Teneur | % valeur quotidienne |
|---|---|
| **Calories** 50 | |
| **Lipides** 0,2 g | 0 % |
|     saturés 0 g | |
|     oméga-3 0 g | |
| **Cholestérol** 0 mg | 0 % |
| **Sodium** 5 mg | 0 % |
| **Potassium** 170 mg | 5 % |
| **Glucides** 11 g | 4 % |
|     fibres 1 g | 4 % |
|     sucres 8 g | |
| **Protéines** 2 g | |
| Vitamine A 54 ER | 6 % |
| Vitamine C 35 mg | 60 % |
| Calcium 13 mg | 2 % |
| Fer 0,3 mg | 2 % |
| Phosphore 16,5 mg | 2 % |

### Recette traditionnelle
**Valeur nutritive**
**Pour ⅔ tasse (180 g)**

| Teneur | % valeur quotidienne |
|---|---|
| **Calories** 110 | |
| **Lipides** 0 g | 0 % |
|     saturés 0 g | |
|     oméga-3 0 g | |
| **Cholestérol** 0 mg | 0 % |
| Sodium 135 mg | 6 % |
| Potassium 2 mg | 0 % |
| Glucides 26 g | 9 % |
|     fibres 0 g | 0 % |
|     sucres 26 g | |
| **Protéines** 2 g | |
| Vitamine A 0 ER | 0 % |
| Vitamine C 0 mg | 0 % |
| Calcium 5 mg | 0 % |
| Fer 0 mg | 0 % |
| Phosphore 40,2 mg | 4 % |

**Avantages nutritifs par rapport à la recette traditionnelle :**

- 55 % moins de calories
- 96 % moins de sodium
- 69 % moins de sucres

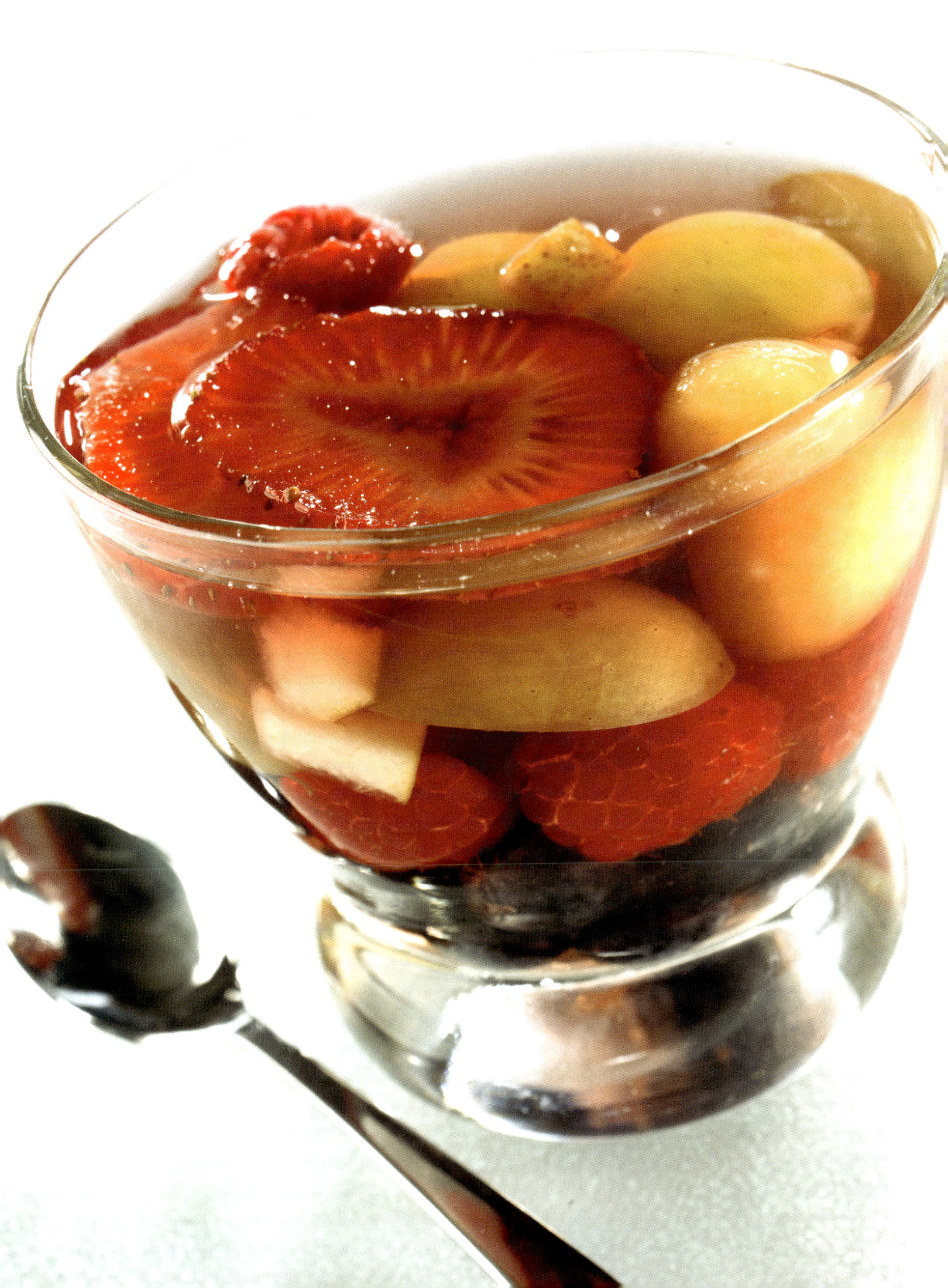

# DESSERT GLACÉ versus GLACE TRADITIONNELLE

8 portions • **Temps de préparation :** 5 minutes • **Temps de cuisson :** aucun
**Temps de congélation :** 1 heure 30 minutes • **Congélation :** oui • **Niveau de difficulté :** facile

| | |
|---|---|
| 3 | Bananes mûres, tranchées |
| 15 ml (1 c. à soupe) | Jus de citron |
| 200 g (1⅓ tasse) | Fraises entières |
| 15 ml (1 c. à soupe) | Miel ou sirop d'érable |
| 2 | Blancs d'œufs frais |
| 6 | Feuilles de menthe |

**1.** Dans un bol, battre les 4 premiers ingrédients au mélangeur électrique jusqu'à consistance homogène.

**2.** Ajouter les 2 blancs d'œufs et mélanger jusqu'à consistance onctueuse.

**3.** Verser dans un contenant hermétique.

**4.** Réserver au congélateur au moins une heure et demie.

**5.** Répartir dans 8 petites coupes à dessert. Garnir d'une feuille de menthe ou d'un filet de crème 15 % M.G.

**6.** Servir avec une cuillère à crème glacée.

### Recette actuelle
**Valeur nutritive**
Pour 1 portion (82 g)

| Teneur | % valeur quotidienne |
|---|---|
| **Calories** 70 | |
| **Lipides** 0,2 g | 0 % |
|    saturés 0,1 g | |
|    oméga-3 0 g | |
| **Cholestérol** 0 mg | 0 % |
| **Sodium** 15 mg | 1 % |
| **Potassium** 210 mg | 6 % |
| **Glucides** 14 g | 5 % |
|    fibres 1 g | 4 % |
|    sucres 8 g | |
| **Protéines** 2 g | |
| Vitamine A 6 ER | 0 % |
| Vitamine C 20 mg | 35 % |
| Calcium 9 mg | 0 % |
| Fer 0,3 mg | 2 % |
| Phosphore 16,9 mg | 2 % |

### Recette traditionnelle
**Valeur nutritive**
Pour 1 portion (82 g)

| Teneur | % valeur quotidienne |
|---|---|
| **Calories** 170 | |
| **Lipides** 9 g | 14 % |
|    saturés 6 g | |
|    oméga-3 0,1 g | |
| **Cholestérol** 35 mg | 12 % |
| **Sodium** 65 mg | 3 % |
| **Potassium** 160 mg | 5 % |
| **Glucides** 19 g | 6 % |
|    fibres 1 g | 4 % |
|    sucres 17 g | |
| **Protéines** 3 g | |
| Vitamine A 98 ER | 10 % |
| Vitamine C 0 mg | 0 % |
| Calcium 105 mg | 10 % |
| Fer 0,1 mg | 0 % |
| Phosphore 86,1 mg | 8 % |

**Avantages nutritifs par rapport à la recette traditionnelle :**

- 59 % moins de calories
- 98 % moins lipides saturés
- 53 % moins de sucres

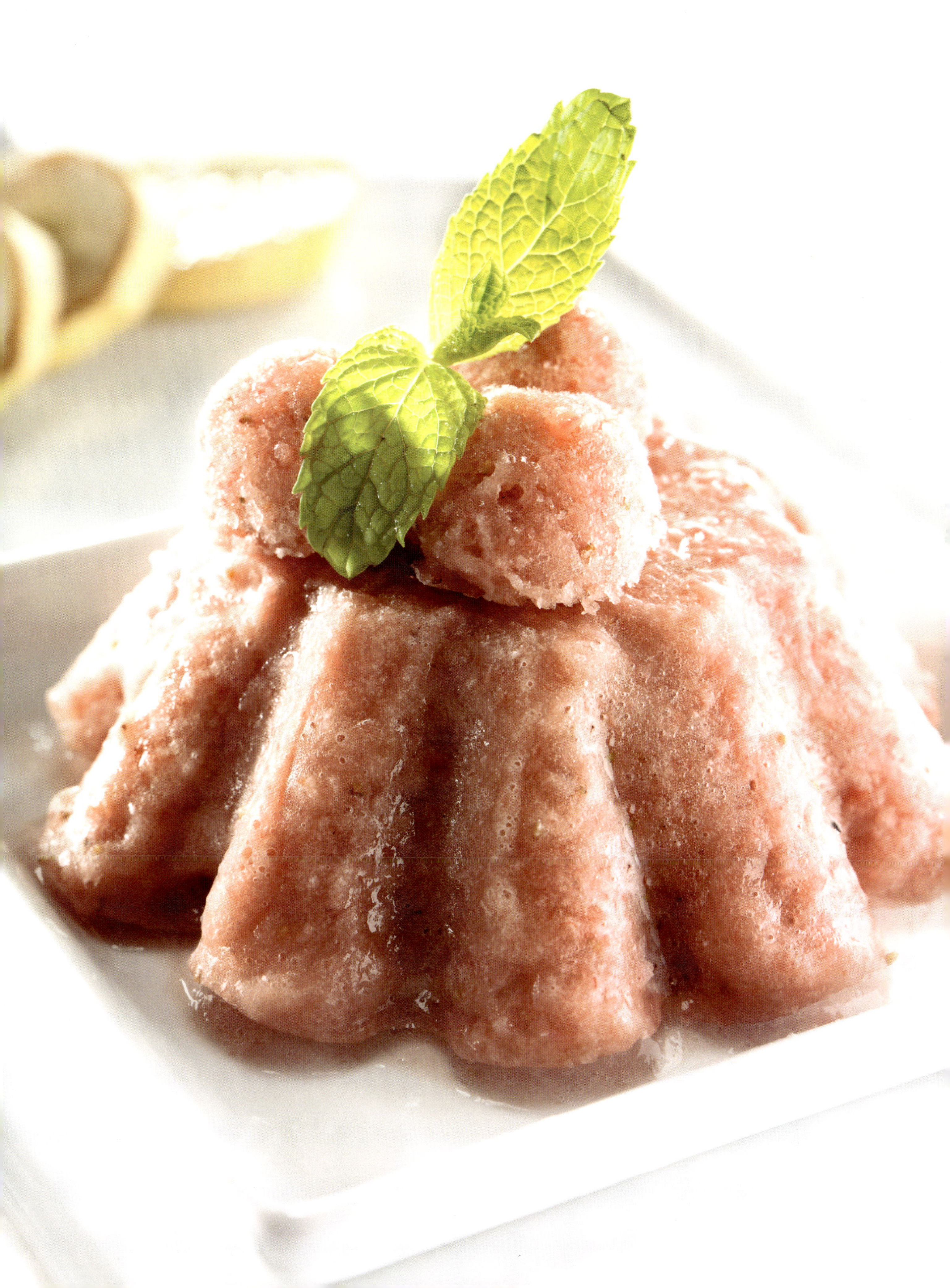

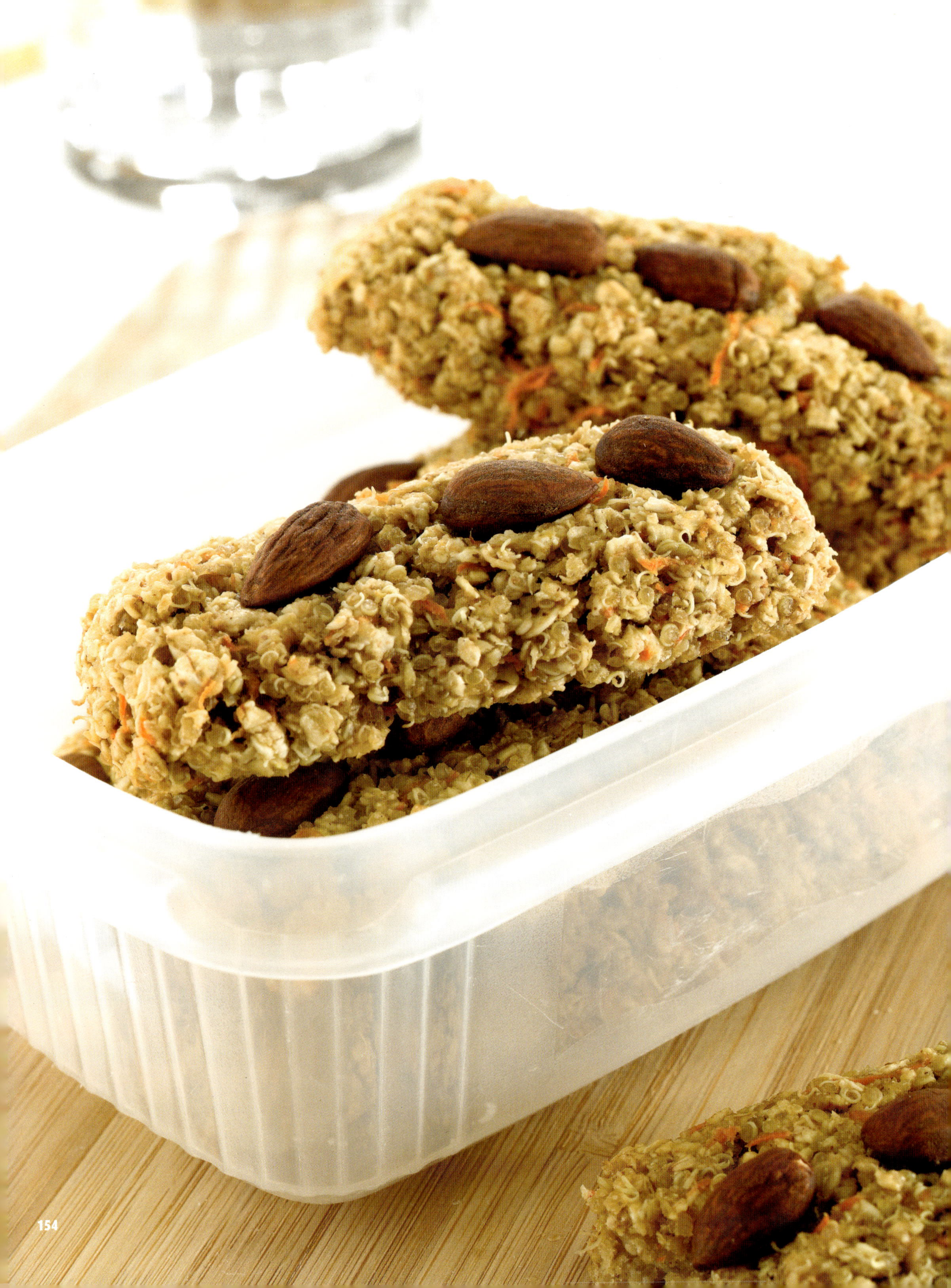

# BISCUIT OU BARRE TENDRE AUX CAROTTES, À L'AVOINE ET AU QUINOA

VERSUS

# BISCUIT OU BARRE TENDRE TRADITIONNELLE

12 biscuits ou 12 barres • **Temps de préparation :** 10 minutes
**Temps de cuisson :** 30 minutes • **Congélation :** oui • **Niveau de difficulté :** facile

## INGRÉDIENTS

| | |
|---|---|
| 3 | Carottes, râpées |
| 210 g (2 tasses) | Gruau d'avoine rapide |
| 75 g (½ tasse) | Quinoa, cuit 20 minutes et égoutté |
| 60 ml (¼ tasse) | Sirop d'érable |
| 45 ml (3 c. à table) | Beurre d'amande |
| 1 | Œuf |
| 30 ml (2 c. à soupe) | Vanille |
| | Amandes au tamari, pour garnir |

1. Préchauffer le four à 180 °C (350 °F).

2. Mélanger les carottes râpées, le gruau et le quinoa.

3. Dans une petite casserole, porter le sirop d'érable à ébullition, puis retirer du feu. Ajouter le beurre d'amande, l'œuf et la vanille, et bien remuer. Incorporer au mélange de carottes.

4. Étaler la préparation sur une tôle à biscuits en sillonnant les portions, ou diviser en 12 portions pour faire des biscuits. Garnir d'amandes au tamari.

5. Cuire au four environ 30 minutes.

**Avantages nutritifs par rapport à la recette traditionnelle :**

- 67 % moins de lipides totaux
- 92 % moins de lipides saturés
- 33 % moins de sucres

### Recette actuelle
**Valeur nutritive**
Pour 1 barre

| Teneur | % valeur quotidienne |
|---|---|
| **Calories** 140 | |
| **Lipides** 4 g | 6 % |
|   saturés 0,5 g | |
|   oméga-3 0 g | |
| **Cholestérol** 15 mg | 5 % |
| **Sodium** 20 mg | 1 % |
| **Potassium** 190 mg | 6 % |
| **Glucides** 21 g | 7 % |
|   fibres 3 g | 12 % |
|   sucres 6 g | |
| **Protéines** 4 g | |
| Vitamine A 177 ER | 20 % |
| Vitamine C 1 mg | 2 % |
| Calcium 34 mg | 4 % |
| Fer 1,2 mg | 8 % |
| Phosphore 117,6 mg | 10 % |

### Recette traditionnelle
**Valeur nutritive**
Pour 1 barre

| Teneur | % valeur quotidienne |
|---|---|
| **Calories** 200 | |
| **Lipides** 12 g | 18 % |
|   saturés 6 g | |
|   oméga-3 0 g | |
| **Cholestérol** 4 mg | 2 % |
| **Sodium** 70 mg | 3 % |
| **Potassium** 125 mg | 4 % |
| **Glucides** 20 g | 7 % |
|   fibres 1 g | 4 % |
|   sucres 9 g | |
| **Protéines** 4 g | |
| Vitamine A 3 ER | 0 % |
| Vitamine C 0 mg | 0 % |
| Calcium 40 mg | 4 % |
| Fer 0,5 mg | 4 % |
| Phosphore 84 mg | 8 % |

# POUDING AU RIZ NUTRITIF versus POUDING AU RIZ TRADITIONNEL

6 portions • **Temps de préparation :** 10 minutes • **Temps de cuisson :** 30 minutes
**Congélation :** oui • **Niveau de difficulté :** facile

| | |
|---|---|
| 415 g (2 tasses) | Riz brun cuit |
| 125 ml (½ tasse) | Lait (2 % M.G. et moins) ou boisson de soya |
| 10 g (2 c. à soupe) | Amandes émincées |
| 95 g (½ tasse) | Dattes hachées |
| 35 g (¼ tasse) | Raisins secs |
| 10 g (1 c. à soupe) | Zeste d'orange |
| 1 | Pincée de muscade |

**1.** Préchauffer le four à 180 °C (350 °F).

**2.** Dans un grand bol, mélanger tous les ingrédients, sauf la muscade.

**3.** Verser dans un plat légèrement huilé allant au four.

**4.** Cuire au four 30 minutes.

**5.** Servir dans une coupe avec une pincée de muscade.

### Recette actuelle
**Valeur nutritive**
Pour 1 pouding (116 g)

| Teneur | % valeur quotidienne |
|---|---|
| **Calories** 180 | |
| **Lipides** 2,5 g | 4 % |
|   saturés **0,4 g** | |
|   oméga-3 0 g | |
| **Cholestérol** 0 mg | 0 % |
| **Sodium** 15 mg | 1 % |
| **Potassium** 250 mg | 7 % |
| **Glucides** 35 g | 12 % |
|   fibres 3 g | 12 % |
|   sucres 14 g | |
| **Protéines** 4 g | |
| Vitamine A 9 ER | 0 % |
| Vitamine C 2 mg | 2 % |
| Calcium 50 mg | 4 % |
| Fer 1 mg | 6 % |
| Phosphore 92,8 mg | 8 % |

### Recette traditionnelle
**Valeur nutritive**
Pour 1 pouding (116 g)

| Teneur | % valeur quotidienne |
|---|---|
| **Calories** 140 | |
| **Lipides** 3 g | 5 % |
|   saturés **2 g** | |
|   oméga-3 0 g | |
| **Cholestérol** 20 mg | 7 % |
| **Sodium** 40 mg | 2 % |
| **Potassium** 150 mg | 4 % |
| **Glucides** 25 g | 8 % |
|   fibres 0 g | 0 % |
|   sucres 13 g | |
| **Protéines** 4 g | |
| Vitamine A 61 ER | 6 % |
| Vitamine C 0 mg | 0 % |
| Calcium 108 mg | 10 % |
| Fer 0,2 mg | 2 % |
| Phosphore 104,7 mg | 10 % |

**Avantages nutritifs par rapport à la recette traditionnelle :**

- 80 % moins de lipides saturés
- 3 g de plus de fibres
- Sans sucre ajouté

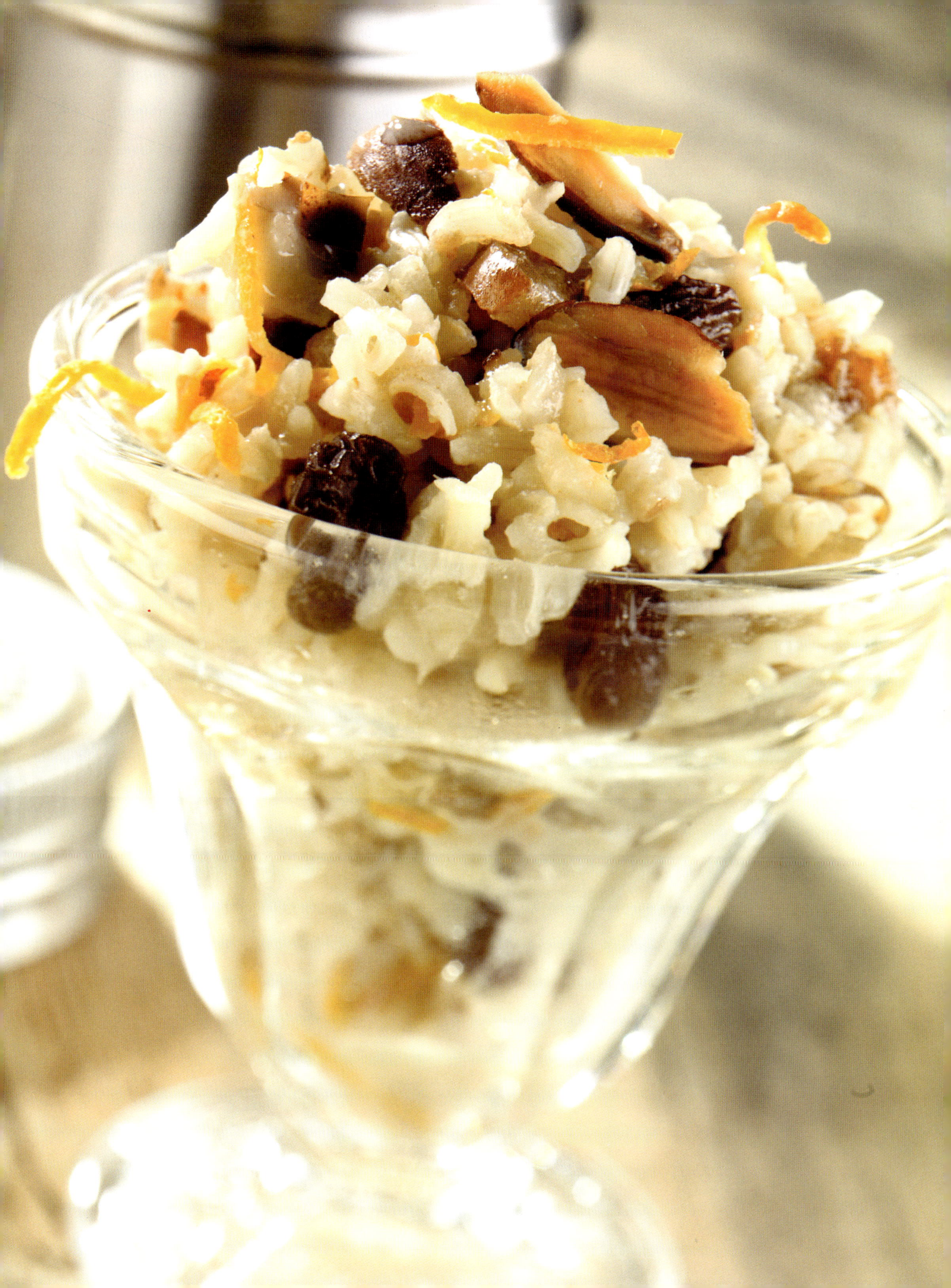

# MUFFIN AU SON D'AVOINE ET AUX POMMES versus MUFFIN DU COMMERCE

12 muffins de 55 g • **Temps de préparation :** 10 minutes • **Temps de cuisson :** 15 à 20 minutes
**Congélation :** oui • **Niveau de difficulté :** facile

|  |  |
|---|---|
| 60 ml (¼ tasse) | Huile au choix (olive, canola bio ou autre) |
| 60 ml (¼ tasse) | Purée de dattes ou sirop d'érable |
| 1 | Œuf |
| 185 ml (¾ tasse) | Lait (2 % M.G. et moins) ou boisson de soya |
| 125 ml (½ tasse) | Compote de pommes non sucrée |
| 2 g (1 c. à thé) | Cannelle moulue |
| 75 g (½ tasse) | Canneberges, bleuets ou raisins secs |
| 10 g (1 c. à soupe) | Levure chimique |
| 200 g (2 tasses) | Son d'avoine cru |

1. Préchauffer le four à 220 °C (425 °F).
2. Dans un grand bol, mélanger l'huile avec la purée de dattes ou le sirop d'érable.
3. Ajouter l'œuf, le lait ou la boisson de soya et la compote de pommes. Bien mélanger.
4. Dans un autre bol, mélanger tous les ingrédients secs.
5. Incorporer le mélange d'ingrédients secs au mélange d'ingrédients liquides, en brassant juste assez pour humecter le tout, sans plus.
6. Déposer la préparation dans 12 moules à muffins huilés ou tapissés d'un moule en papier.
7. Cuire de 15 à 20 minutes.

## Recette actuelle
**Valeur nutritive**
Pour 1 muffin

| Teneur | % valeur quotidienne |
|---|---|
| **Calories** 170 | |
| **Lipides** 7 g | 11 % |
| saturés 1 g | |
| oméga-3 0,5 g | |
| **Cholestérol** 15 mg | 5 % |
| **Sodium** 140 mg | 6 % |
| **Potassium** 210 mg | 6 % |
| **Glucides** 22 g | 7 % |
| fibres 3 g | 12 % |
| sucres 9 g | |
| **Protéines** 4 g | |
| Vitamine A 16 ER | 2 % |
| Vitamine C 1 mg | 2 % |
| Calcium 108 mg | 10 % |
| Fer 1,3 mg | 10 % |
| Phosphore 178,5 mg | 15 % |

## Recette traditionnelle
**Valeur nutritive**
Pour 1 muffin

| Teneur | % valeur quotidienne |
|---|---|
| **Calories** 220 | |
| **Lipides** 8 g | 12 % |
| saturés 3,5 g | |
| oméga-3 0,1 g | |
| **Cholestérol** 30 mg | 10 % |
| **Sodium** 300 mg | 12 % |
| **Potassium** 80 mg | 2 % |
| **Glucides** 32 g | 11 % |
| fibres 2 g | 8 % |
| sucres 13 g | |
| **Protéines** 4 g | |
| Vitamine A 50 ER | 6 % |
| Vitamine C 1 mg | 2 % |
| Calcium 39 mg | 4 % |
| Fer 1,1 mg | 8 % |
| Phosphore 131,2 mg | 10 % |

**Avantages nutritifs par rapport à la recette traditionnelle :**

- 23 % moins de calories
- 71 % moins de gras saturés
- 53 % moins de sodium

S'il s'agit de l'objet, le
La coupe Stanley
Si la dénomination est
Il joue dans la Ligue
Le zéro est

# CÉRÉALES MATINALES VERSUS CÉRÉALES MUESLIS COMMERCIALES

8 portions • **Temps de préparation** : 10 minutes • **Temps de cuisson** : 2 minutes
**Congélation** : oui • **Niveau de difficulté** : facile

| | |
|---|---|
| 210 g (2 tasses) | Flocons d'avoine rapide |
| 50 g (½ tasse) | Son d'avoine |
| 25 g (¼ tasse) | Germes de blé |
| 50 g (½ tasse) | Amandes ou autres noix hachées |
| 25 g (¼ tasse) | Graines de lin moulues |
| 1 l (4 tasses) | Lait (2 % M.G. et moins) ou boisson de soya |
| 1 kg (4 tasses) | Fruits frais de saison (facultatif) |

**1.** Dans un bol, mélanger les 5 premiers ingrédients secs.

**2.** Mettre dans un bocal hermétique et conserver au réfrigérateur.

**3.** Au petit-déjeuner, ajouter 250 ml (1 tasse) de lait ou de boisson de soya à 125 ml (½ tasse) de mélange de céréales et faire cuire 2 minutes sur la cuisinière à feu doux; ou laisser tremper la veille et manger cru le lendemain matin.

**4.** Garnir de 130 g (½ tasse) de fruits frais de saison coupés en morceaux, si désiré.

### Recette actuelle
**Valeur nutritive**
**Pour 1 portion**

| Teneur | % valeur quotidienne |
|---|---|
| **Calories** 300 | |
| **Lipides** 9 g | 14 % |
|   saturés 2,5 g | |
|   oméga-3 0,5 g | |
| **Cholestérol** 10 mg | 3 % |
| **Sodium** 60 mg | 2 % |
| **Potassium** 530 mg | 15 % |
| **Glucides** 42 g | 14 % |
|   fibres 7 g | 28 % |
|   sucres **13 g** | |
| **Protéines** 12 g | |
| Vitamine A 83 ER | 8 % |
| Vitamine C 19 mg | 30 % |
| Calcium 202 mg | 20 % |
| Fer 2,2 mg | 15 % |
| Phosphore 339,3 mg | 30 % |

### Recette traditionnelle
**Valeur nutritive**
**Pour 1 portion (55 g de céréales)**

| Teneur | % valeur quotidienne |
|---|---|
| **Calories** 330 | |
| **Lipides** 6 g | 9 % |
|   saturés 1,5 g | |
|   oméga-3 0,1 g | |
| **Cholestérol** 10 mg | 3 % |
| **Sodium** 230 mg | 9 % |
| **Potassium** 570 mg | 16 % |
| **Glucides** 59 g | 20 % |
|   fibres 6 g | 24 % |
|   sucres **29 g** | |
| **Protéines** 9 g | |
| Vitamine A 75 ER | 8 % |
| Vitamine C 19 mg | 30 % |
| Calcium 190 mg | 15 % |
| Fer 7,6 mg | 50 % |
| Phosphore 242,7 mg | 20 % |

**Avantages nutritifs par rapport à la recette traditionnelle :**

- 1 g de plus de fibres
- 33 % plus de protéines
- 55 % moins de sucres

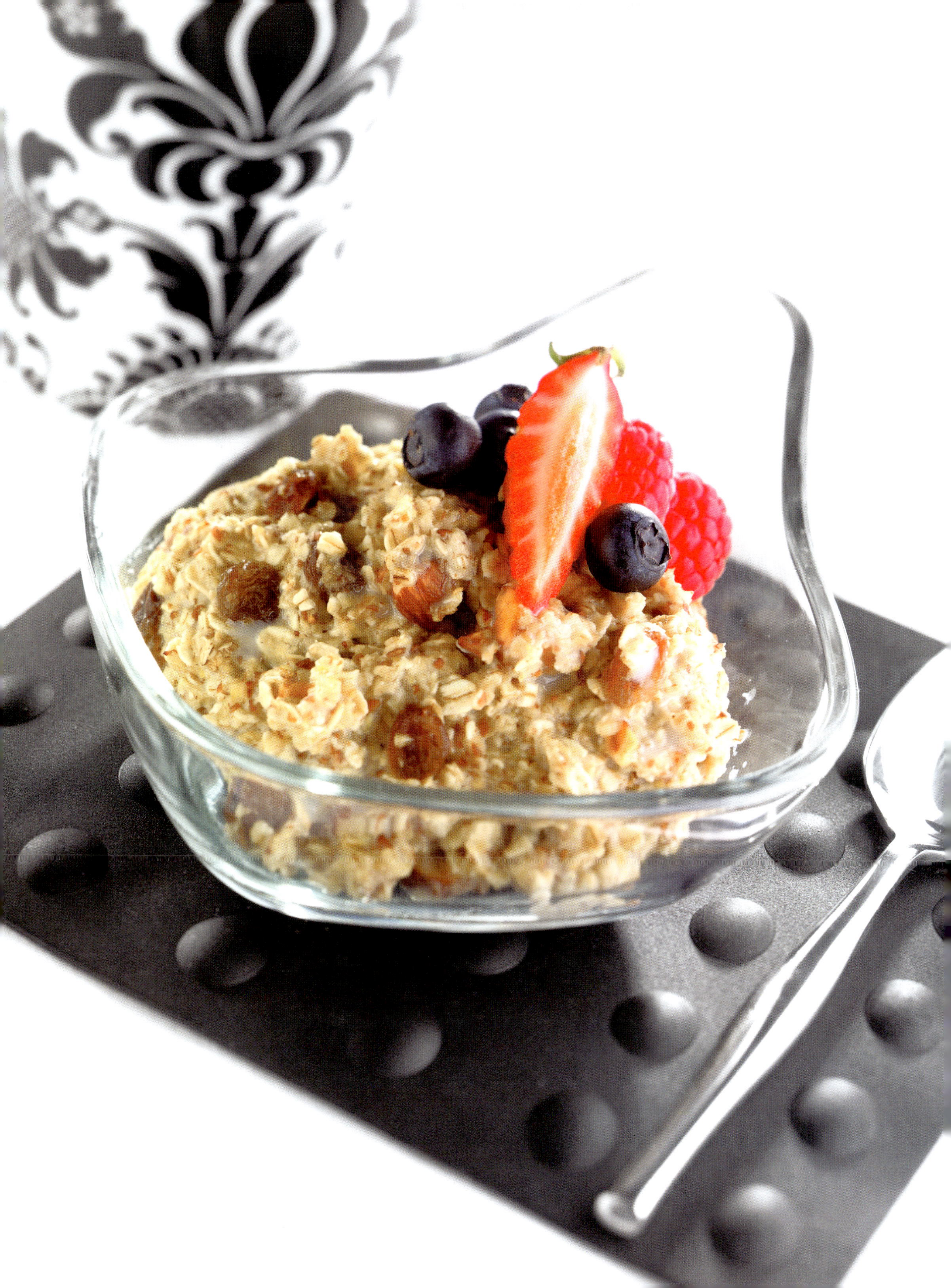

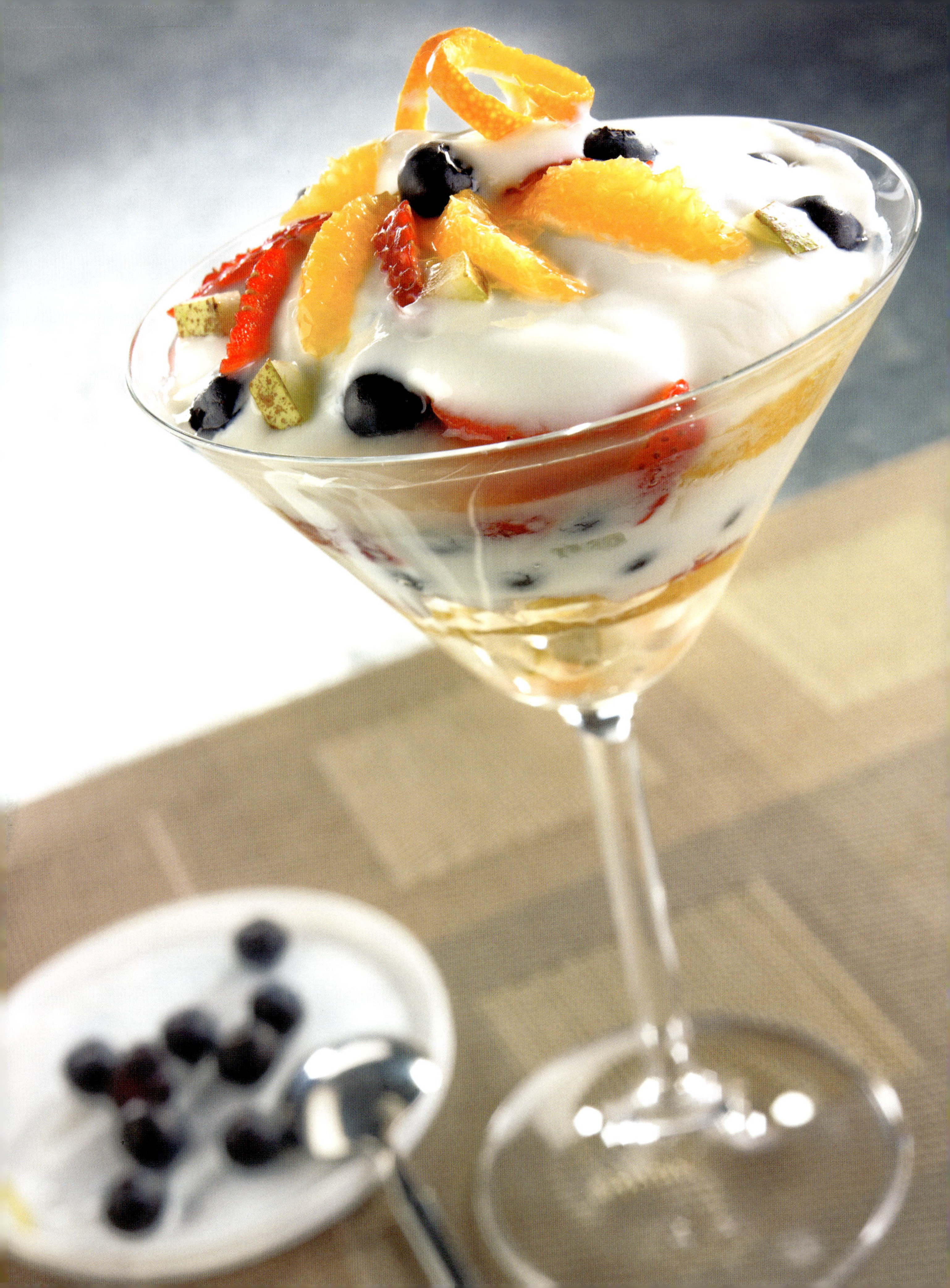

# SALADE DE FRUITS AU YOGOURT

VERSUS

# YOGOURT AUX FRUITS COMMERCIAL

4 portions • **Temps de préparation :** 5 minutes • **Temps de cuisson :** aucun
**Congélation :** oui • **Niveau de difficulté :** facile

| | |
|---|---|
| 1 | Orange, en morceaux |
| 1 | Poire, en cubes |
| 75 g (½ tasse) | Bleuets |
| | Jus de ½ citron |
| 250 ml (1 tasse) | Yogourt nature (2 % M.G. et moins) |
| 10 g (1 c. à soupe) | Zeste d'orange |
| 10 g (1 c. à soupe) | Zeste de citron |

**1.** Dans un bol, mélanger tous les fruits avec le jus de citron frais.

**2.** Dans 4 petites coupes (à dessert, à martini ou à vin), alterner : salade de fruits, yogourt, salade de fruits, yogourt, salade de fruits.

**3.** Saupoudrer de zeste d'orange et de citron et déposer un soupçon de yogourt.

**Note :** Nul besoin d'ajouter du sucre, on s'habitue rapidement au goût moins sucré.

**Avantages nutritifs par rapport à la recette traditionnelle :**

- 39 % moins de calories
- 4 g de plus de fibres
- 53 % moins de sucres

| Recette actuelle<br>Valeur nutritive<br>Pour 1 portion | | |
|---|---|---|
| **Teneur** | | % valeur<br>quotidienne |
| **Calories** 110 | | |
| **Lipides** 0,4 g | | 1 % |
|   saturés 0,1 g | | |
|   oméga-3 0,1 g | | |
| **Cholestérol** 1 mg | | 0 % |
| **Sodium** 50 mg | | 2 % |
| **Potassium** 380 mg | | 11 % |
| **Glucides** 23 g | | 8 % |
|   fibres 4 g | | 16 % |
|   sucres **17 g** | | |
| **Protéines** 4 g | | |
| Vitamine A 13 ER | | 2 % |
| Vitamine C 60 mg | | 100 % |
| Calcium 141 mg | | 15 % |
| Fer 0,4 mg | | 4 % |
| Phosphore 112,8 mg | | 10 % |

| Recette traditionnelle<br>Valeur nutritive<br>Pour ¾ tasse (190 g) | | |
|---|---|---|
| **Teneur** | | % valeur<br>quotidienne |
| **Calories** 180 | | |
| **Lipides** 0,4 g | | 1 % |
|   saturés 0,2 g | | |
|   oméga-3 0 g | | |
| **Cholestérol** 4 mg | | 2 % |
| **Sodium** 110 mg | | 5 % |
| **Potassium** 370 mg | | 11 % |
| **Glucides** 36 g | | 12 % |
|   fibres 0 g | | 0 % |
|   sucres **36 g** | | |
| **Protéines** 8 g | | |
| Vitamine A 5 ER | | 0 % |
| Vitamine C 1 mg | | 2 % |
| Calcium 292 mg | | 25 % |
| Fer 0,1 mg | | 0 % |
| Phosphore 228,5 mg | | 20 % |

# CARRÉS AUX DATTES OMÉGA-3 VERSUS CARRÉS AUX DATTES TRADITIONNELS

24 carrés • **Temps de préparation :** 10 minutes • **Temps de cuisson :** 45 minutes
**Congélation :** oui • **Niveau de difficulté :** facile

| | |
|---|---|
| 455 g (16 oz) | Dattes dénoyautées |
| 60 ml (¼ tasse) | Eau |
| 125 g (1 tasse) | Farine d'épeautre, de kamut ou de quinoa |
| 160 g (1½ tasse) | Flocons d'avoine rapide |
| 50 g (½ tasse) | Graines de lin moulues |
| 60 ml (¼ tasse) | Huile au choix (olive, canola bio ou autre) |

1. Préchauffer le four à 180 °C (350 °F).
2. Mettre les dattes et l'eau dans une casserole et cuire à feu modéré 15 minutes, ou jusqu'à épaississement. Réserver.
3. Mélanger les autres ingrédients dans un bol, jusqu'à l'obtention d'une texture grossière et uniforme.
4. Presser fermement la moitié du mélange dans un plat carré huilé allant au four.
5. Étendre dessus la garniture aux dattes.
6. Couvrir du reste de mélange de farine et presser avec les doigts sans écraser.
7. Cuire au four environ 30 minutes.
8. Laisser tiédir, couper en 24 petits carrés et servir.

**Recette actuelle**
Valeur nutritive
Pour 1 carré (35 g)

| Teneur | % valeur quotidienne |
|---|---|
| **Calories** 140 | |
| **Lipides** 4 g | 6 % |
|   saturés **0,4 g** | |
|   oméga-3 0,5 g | |
| **Cholestérol** 0 mg | 0 % |
| **Sodium** 2 mg | 0 % |
| **Potassium** 170 mg | 5 % |
| **Glucides** 23 g | 8 % |
|   fibres 3 g | 12 % |
|   sucres 13 g | |
| **Protéines** 2 g | |
| Vitamine A 4 ER | 0 % |
| Vitamine C 0 mg | 0 % |
| Calcium 29 mg | 2 % |
| Fer 0,8 mg | 6 % |
| Phosphore 45 mg | 4 % |

**Recette traditionnelle**
Valeur nutritive
Pour 1 carré (35 g)

| Teneur | % valeur quotidienne |
|---|---|
| **Calories** 140 | |
| **Lipides** 3 g | 5 % |
|   saturés **1,5 g** | |
|   oméga-3 0 g | |
| **Cholestérol** 5 mg | 2 % |
| **Sodium** 1 mg | 0 % |
| **Potassium** 170 mg | 5 % |
| **Glucides** 25 g | 8 % |
|   fibres 2 g | 8 % |
|   sucres 13 g | |
| **Protéines** 2 g | |
| Vitamine A 4 ER | 0 % |
| Vitamine C 0 mg | 0 % |
| Calcium 29 mg | 2 % |
| Fer 0,8 mg | 6 % |
| Phosphore 45 mg | 4 % |

**Avantages nutritifs par rapport à la recette traditionnelle :**

- 73 % moins de lipides saturés
- 0,5 g de plus d'oméga-3
- 1 g de plus de fibres

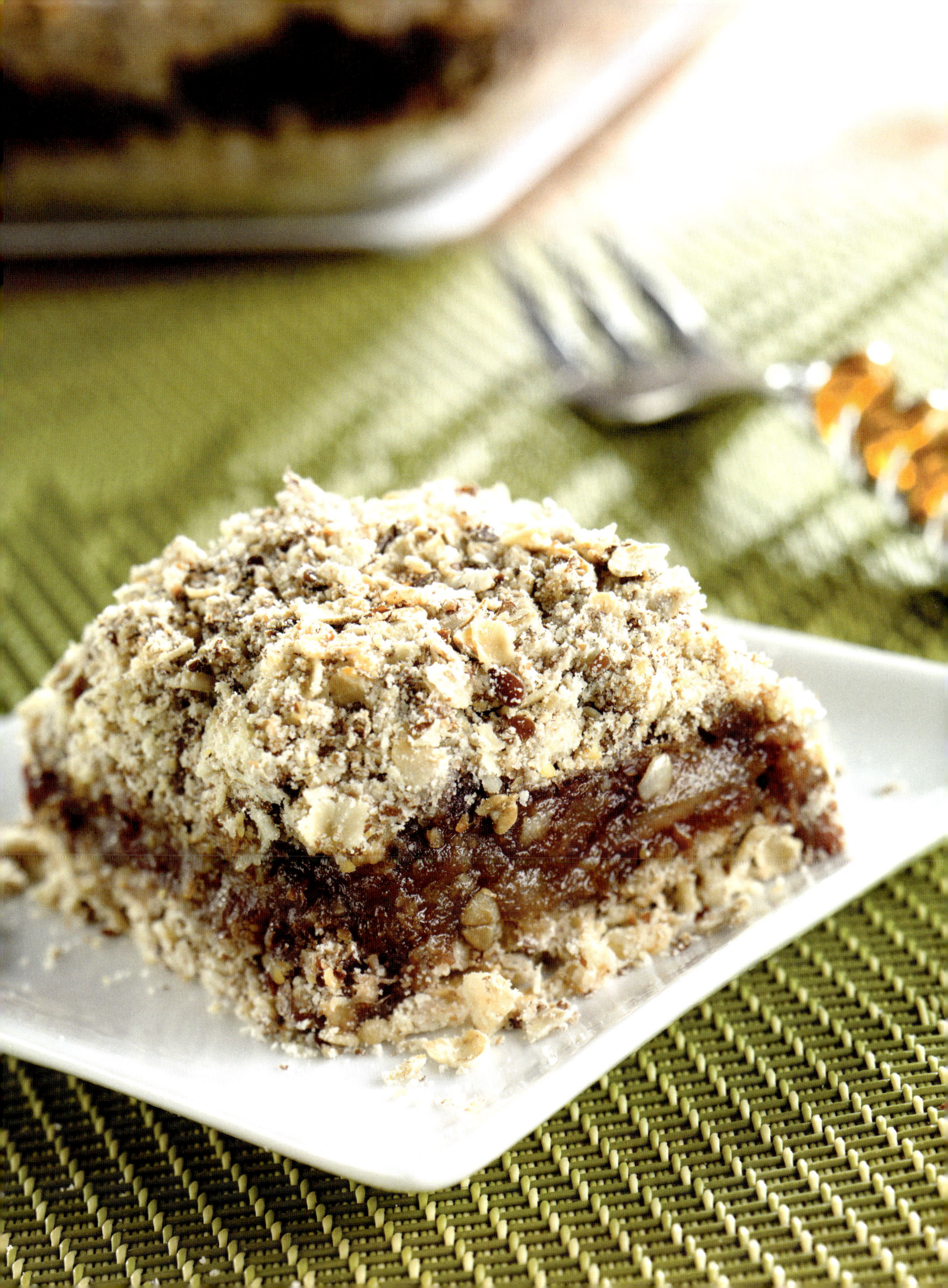

# MUFFINS AU QUINOA ET AUX BLEUETS OU CANNEBERGES

VERSUS

# MUFFINS AUX BLEUETS COMMERCIAUX

12 muffins de 50 g • **Temps de préparation :** 15 minutes • **Temps de cuisson :** 25 à 30 minutes
**Congélation :** oui • **Niveau de difficulté :** facile

| | |
|---|---|
| 60 ml (¼ tasse) | Huile au choix (olive, canola bio ou autre) |
| 2 | Œufs, battus |
| 125 ml (½ tasse) | Lait (2 % M.G. et moins) |
| 125 ml (½ tasse) | Yogourt nature ou vanille (2 % M.G. et moins) |
| 5 ml (1 c. à thé) | Jus de citron |
| 50 g (⅓ tasse) | Bleuets ou canneberges |
| 75 g (½ tasse) | Farine de quinoa (quinoa au moulin à café) ou d'avoine |
| 125 g (1 tasse) | Farine d'épeautre ou de kamut |
| 10 ml (2 c. à thé) | Levure chimique |

1. Préchauffer le four à 180 °C (350 °F).
2. Dans un bol, mélanger les 6 premiers ingrédients.
3. Dans un autre bol, mélanger les 3 ingrédients secs.
4. Incorporer les ingrédients liquides aux ingrédients secs.
5. Mélanger assez, mais pas trop, pour que le tout soit homogène.
6. Verser dans 12 moules à muffins huilés ou tapissés d'un moule en papier.
7. Cuire de 25 à 30 minutes, ou jusqu'à ce qu'un cure-dent inséré au centre d'un muffin en ressorte complètement propre.

### Recette actuelle
**Valeur nutritive**
Pour 1 muffin

| Teneur | % valeur quotidienne |
|---|---|
| **Calories** 130 | |
| **Lipides** 6 g | 9 % |
|   saturés 0,5 g | |
|   oméga-3 0,4 g | |
| **Cholestérol** 30 mg | 10 % |
| **Sodium** 105 mg | 4 % |
| **Potassium** 55 mg | 2 % |
| **Glucides** 14 g | 5 % |
|   fibres 2 g | 8 % |
|   sucres 2 g | |
| **Protéines** 4 g | |
| Vitamine A 18 ER | 2 % |
| Vitamine C 0 mg | 0 % |
| Calcium 84 mg | 8 % |
| Fer 0,7 mg | 4 % |
| Phosphore 53,6 mg | 4 % |

### Recette traditionnelle
**Valeur nutritive**
Pour 1 muffin

| Teneur | % valeur quotidienne |
|---|---|
| **Calories** 220 | |
| **Lipides** 8 g | 12 % |
|   saturés 3,5 g | |
|   oméga-3 0,1 g | |
| **Cholestérol** 30 mg | 10 % |
| **Sodium** 300 mg | 12 % |
| **Potassium** 80 mg | 2 % |
| **Glucides** 32 g | 11 % |
|   fibres 2 g | 8 % |
|   sucres 13 g | |
| **Protéines** 4 g | |
| Vitamine A 50 ER | 6 % |
| Vitamine C 1 mg | 2 % |
| Calcium 39 mg | 4 % |
| Fer 1,1 mg | 8 % |
| Phosphore 131,2 mg | 10 % |

**Avantages nutritifs par rapport à la recette traditionnelle :**

- 41 % moins de calories
- 86 % moins de gras saturés
- 85 % moins de sucres

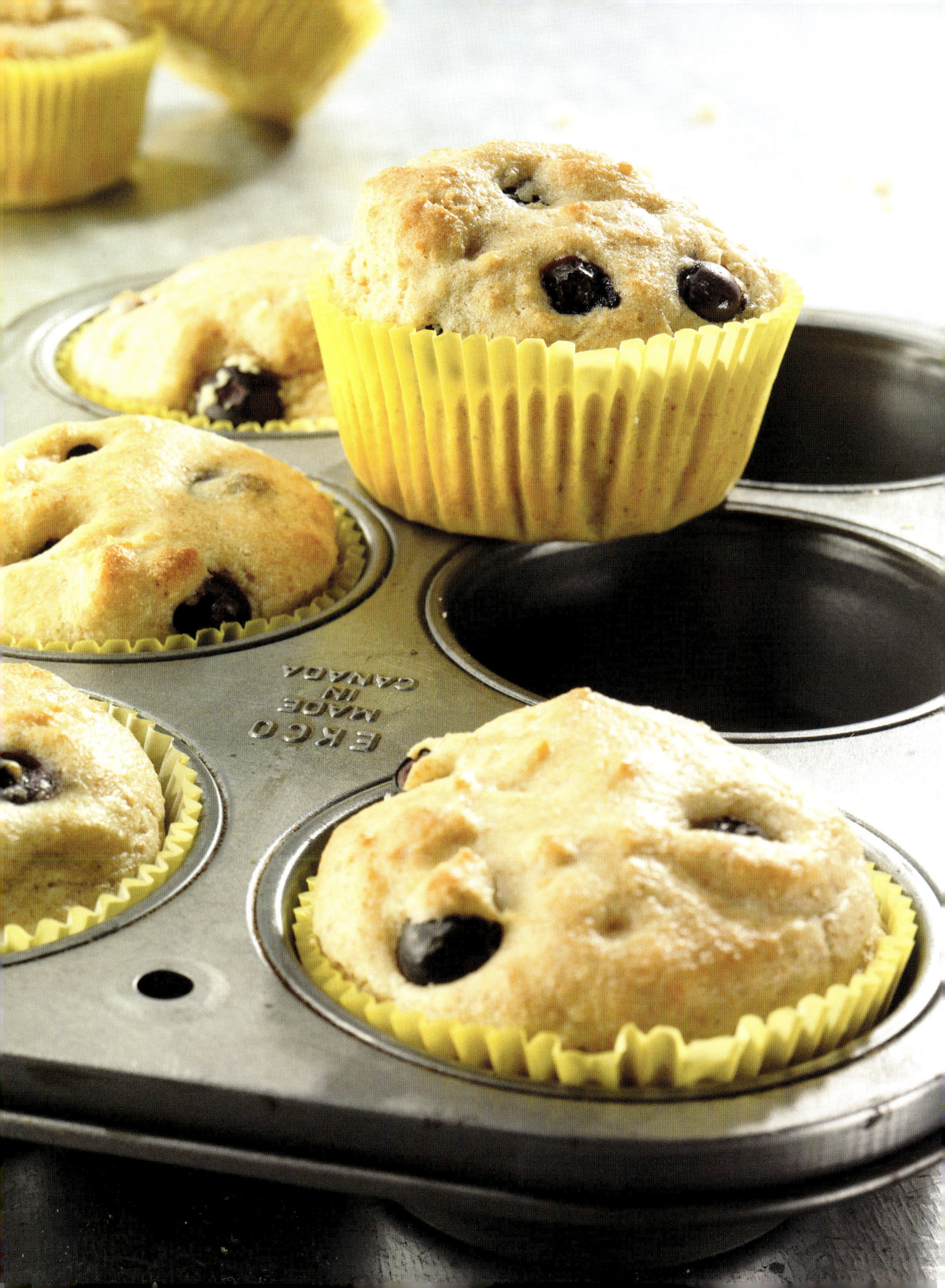
EKCO
MADE
IN
CANADA

# BISCUITS OU BARRES TENDRES DÉCOUVERTES
*VERSUS*
# BISCUITS OU BARRES TENDRES COMMERCIALES

48 petites barres • **Temps de préparation :** 10 minutes • **Temps de cuisson :** 20 minutes
**Congélation :** oui • **Niveau de difficulté :** facile

| | |
|---|---|
| 1 boîte de 540 ml (19 oz) | Lentilles, rincées et égouttées |
| 4 | Œufs |
| 265 g (1 tasse) | Beurre d'amande |
| 185 ml (¾ tasse) | Miel, sirop d'érable ou purée de dattes |
| 70 g (½ tasse) | Chocolat noir, râpé ou en copeaux |
| 180 g (1 tasse) | Farine de quinoa (quinoa passé au moulin à café) |
| 105 g (1 tasse) | Son d'avoine |
| 420 g (4 tasses) | Flocons d'avoine rapide |

**1.** Préchauffer le four à 190 °C (375 °F).

**2.** Passer les lentilles, les œufs, le beurre d'amande et le miel au robot culinaire ou au mélangeur.

**3.** Dans un bol, mélanger tous les autres ingrédients et y incorporer le premier mélange.

**4.** Presser le tout dans un moule huilé et cuire au four 20 minutes.

**5.** Laisser refroidir, puis couper en 48 barres.

---

**Recette actuelle**
**Valeur nutritive**
Pour 1 barre ou petit biscuit (40 g)

| Teneur | % valeur quotidienne |
|---|---|
| **Calories** 130 | |
| **Lipides** 5 g | 8 % |
|   saturés 1 g | |
|   oméga-3 0,1 g | |
| **Cholestérol** 15 mg | 5 % |
| **Sodium** 25 mg | 1 % |
| **Potassium** 160 mg | 5 % |
| **Glucides** 17 g | 6 % |
|   fibres 2 g | 8 % |
|   sucres 5 g | |
| **Protéines** 4 g | |
| Vitamine A 9 ER | 0 % |
| Vitamine C 0 mg | 0 % |
| Calcium 29 mg | 2 % |
| Fer 1,6 mg | 10 % |
| Phosphore 119,7 mg | 10 % |

**Recette traditionnelle**
**Valeur nutritive**
Pour 1 barre (40 g)

| Teneur | % valeur quotidienne |
|---|---|
| **Calories** 190 | |
| **Lipides** 8 g | 12 % |
|   saturés 2 g | |
|   oméga-3 0 g | |
| **Cholestérol** 0 mg | 0 % |
| **Sodium** 130 mg | 5 % |
| **Potassium** 150 mg | 4 % |
| **Glucides** 25 g | 8 % |
|   fibres 2 g | 8 % |
|   sucres 15 g | |
| **Protéines** 4 g | |
| Vitamine A 1 ER | 0 % |
| Vitamine C 0 mg | 0 % |
| Calcium 32 mg | 2 % |
| Fer 0,8 mg | 6 % |
| Phosphore 104,8 mg | 10 % |

**Avantages nutritifs par rapport à la recette traditionnelle :**

- 32 % moins de calories
- 81 % moins de sodium
- 66 % moins de sucres

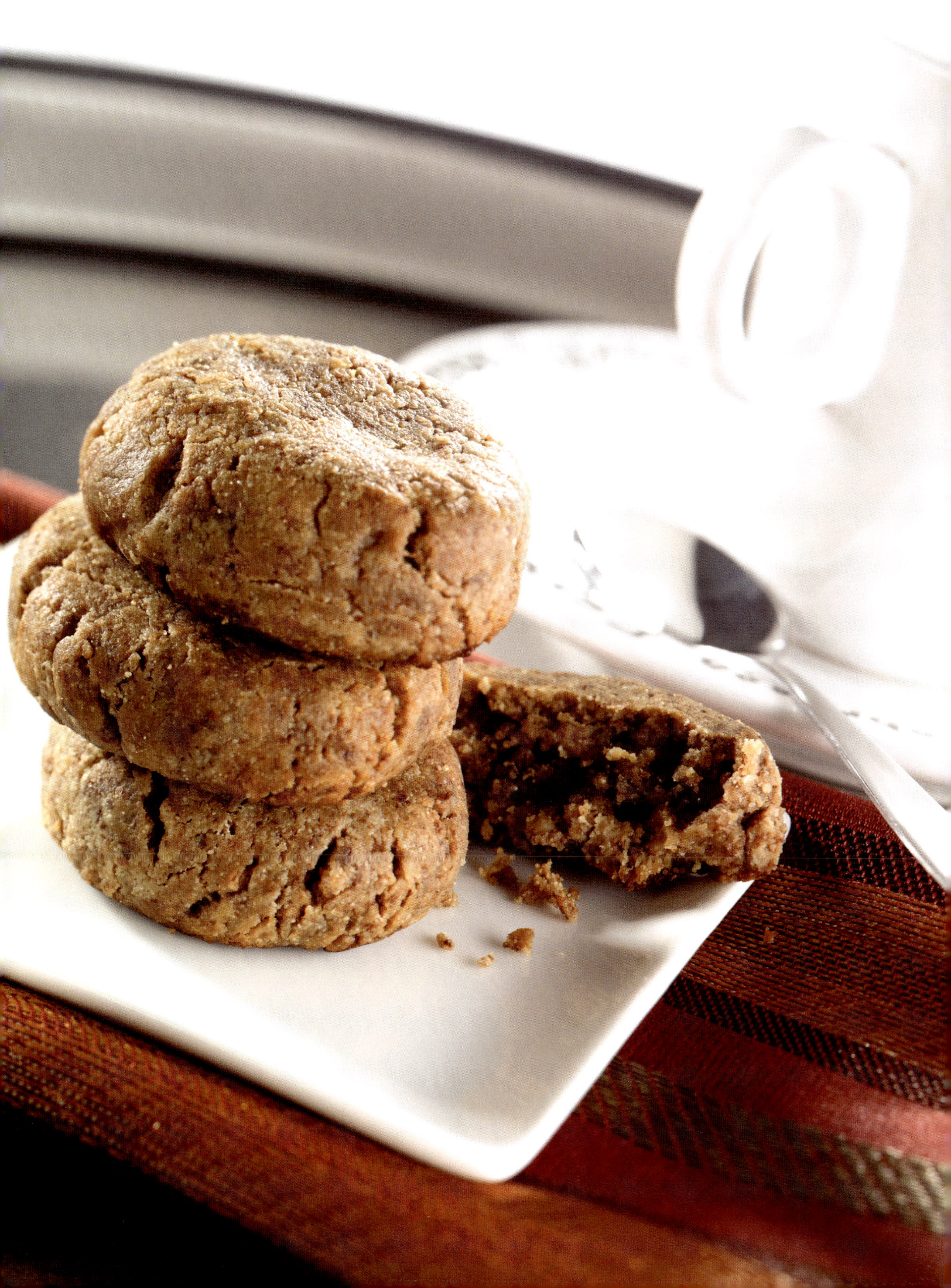

# YOGOURT GREC EN COUPE OU EN BARRE GLACÉE

VERSUS

# BARRE GLACÉE TRADITIONNELLE

6 coupes glacées ou 6 barres glacées • **Temps de préparation :** 5 minutes • **Temps de cuisson :** aucun • **Temps de réfrigération :** aucun ou 2 heures • **Temps de congélation :** aucun ou 2 heures
**Congélation :** oui • **Niveau de difficulté :** facile

| | |
|---|---|
| 500 ml (2 tasses) | Yogourt grec nature |
| 2 | Bananes mûres, écrasées à la fourchette |
| | Jus de ½ citron |
| 75 g (½ tasse) | Bleuets |
| 25 g (¼ tasse) | Son d'avoine |
| 40 g (¼ tasse) | Graines de lin moulues |

**1.** Mélanger tous les ingrédients ensemble.

**2.** Verser dans des verrines ou dans des moules à sucettes glacées.

**3.** Réfrigérer ou congeler.

**Avantages nutritifs par rapport à la recette traditionnelle :**

- 3 g de plus de fibres
- 75 % moins de sucres
- 100 % plus de protéines

| Recette actuelle | | |
|---|---|---|
| **Valeur nutritive** | | |
| **Pour 1 coupe glacée (150 g)** | | |
| Teneur | | % valeur quotidienne |
| **Calories** 160 | | |
| **Lipides** 3,5 g | | 5 % |
|   saturés 0,5 g | | |
|   oméga-3 2 g | | |
| **Cholestérol** 1 mg | | 0 % |
| **Sodium** 50 mg | | 2 % |
| **Potassium** 240 mg | | 7 % |
| **Glucides** 19 g | | 6 % |
|   fibres 3 g | | 12 % |
|   sucres **9 g** | | |
| **Protéines** 12 g | | |
| Vitamine A 3 ER | | 0 % |
| Vitamine C 7 mg | | 10 % |
| Calcium 106 mg | | 10 % |
| Fer 0,7 mg | | 4 % |
| Phosphore 72,4 mg | | 6 % |

| Recette traditionnelle | | |
|---|---|---|
| **Valeur nutritive** | | |
| **Pour 1 coupe glacée (150 g)** | | |
| Teneur | | % valeur quotidienne |
| **Calories** 250 | | |
| **Lipides** 9 g | | 14 % |
|   saturés 5 g | | |
|   oméga-3 0,1 g | | |
| **Cholestérol** 3 mg | | 2 % |
| **Sodium** 130 mg | | 6 % |
| **Potassium** 320 mg | | 9 % |
| **Glucides** 37 g | | 12 % |
|   fibres 0 g | | 0 % |
|   sucres **36 g** | | |
| **Protéines** 6 g | | |
| Vitamine A 91 ER | | 10 % |
| Vitamine C 1 mg | | 2 % |
| Calcium 217 mg | | 20 % |
| Fer 0,5 mg | | 4 % |
| Phosphore 196,1 mg | | 20 % |

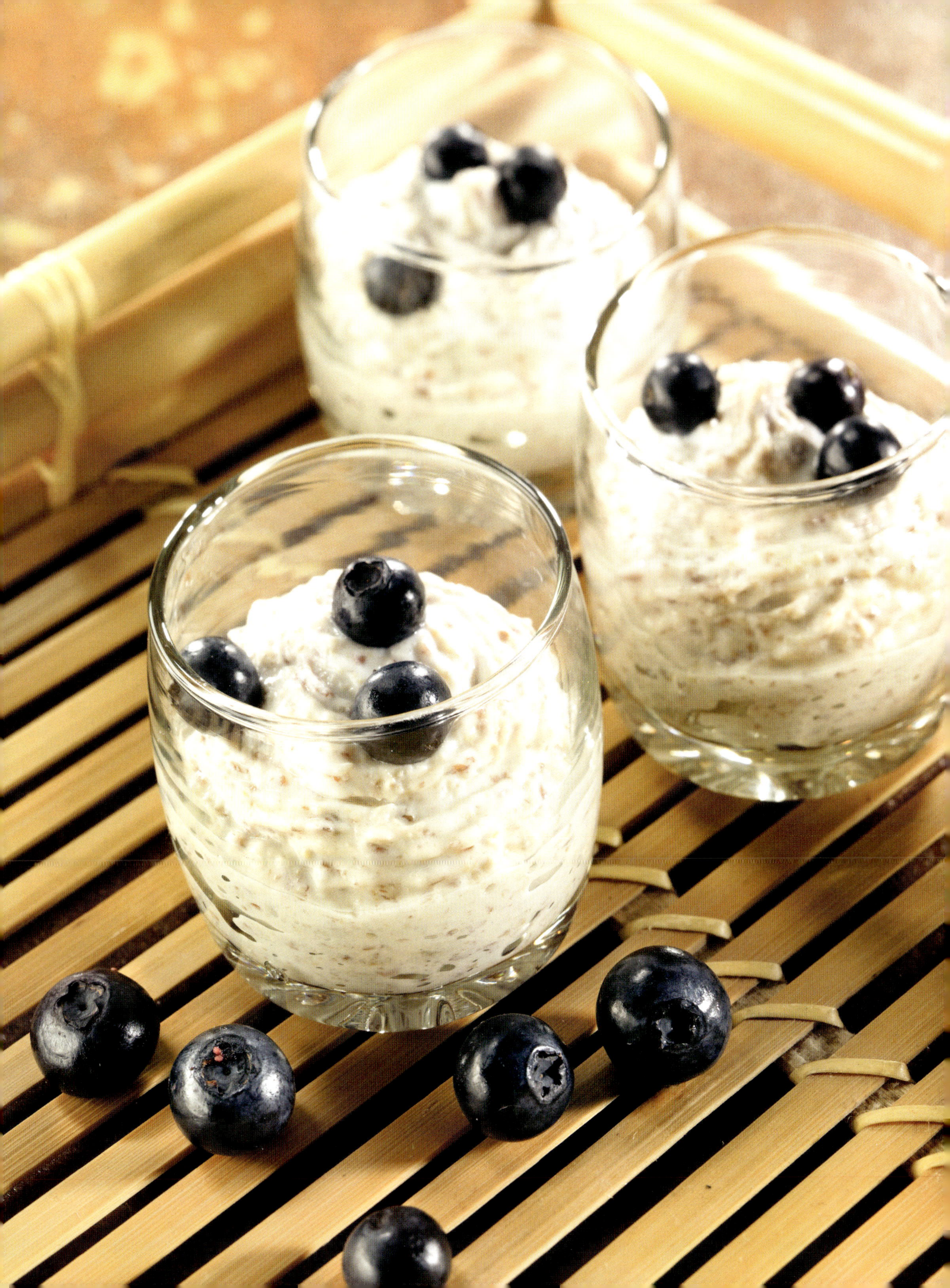

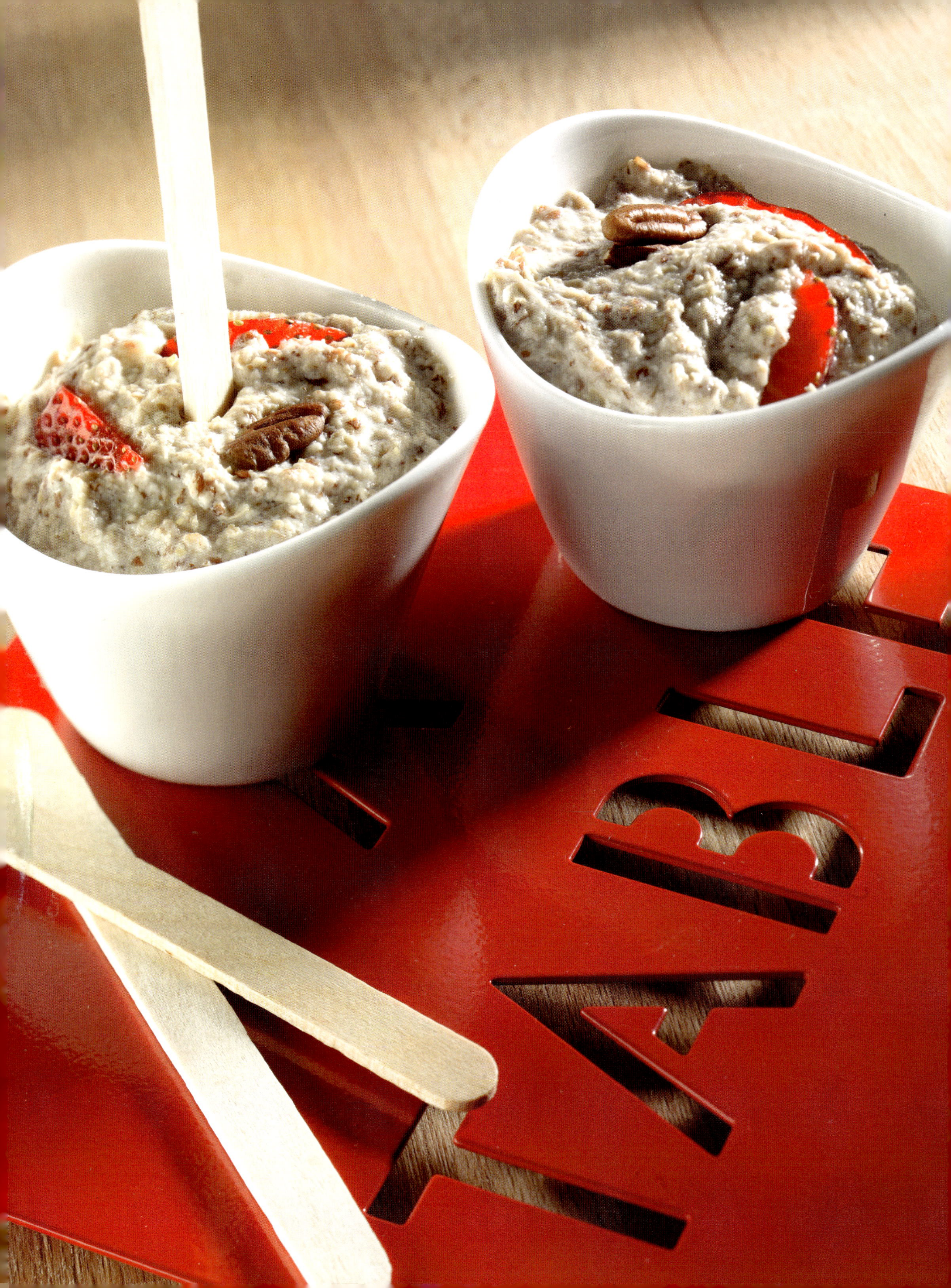

# GLACE VELOUTÉE AU TOFU ET AUX FRUITS VERSUS CRÈME GLACÉE

6 sucettes glacées ou 6 coupes • **Temps de préparation :** 5 minutes • **Temps de cuisson :** aucun
**Temps de congélation :** 2 heures ou aucun • **Congélation :** oui • **Niveau de difficulté :** facile

| | |
|---|---|
| 340 g (1⅓ tasse) | Tofu soyeux mou |
| 1 | Banane, écrasée |
| | Jus de ½ citron |
| 220 g (1½ tasse) | Petits fruits congelés ou frais (framboises, fraises, bleuets) |
| 30 g (¼ tasse) | Pacanes en morceaux |
| 15 g (¼ tasse) | Son d'avoine |
| 40 g (¼ tasse) | Graines de lin moulues |

**1.** Passer tous les ingrédients au mélangeur électrique.

**2.** Congeler dans des moules à sucettes glacées ou servir dans des coupes à dessert.

### Avantages nutritifs par rapport à la recette traditionnelle :

- 46 % moins de calories
- 3 g de plus de fibres
- 79 % moins de sucres

**Recette actuelle**
**Valeur nutritive**
Pour 1 sucette glacée (132 g)

| Teneur | % valeur quotidienne |
|---|---|
| **Calories** 150 | |
| **Lipides** 8 g | 12 % |
| saturés 1 g | |
| oméga-3 2 g | |
| **Cholestérol** 0 mg | 0 % |
| **Sodium** 30 mg | 1 % |
| **Potassium** 310 mg | 9 % |
| **Glucides** 15 g | 5 % |
| fibres 4 g | 16 % |
| sucres 6 g | |
| **Protéines** 5 g | |
| Vitamine A 3 ER | 0 % |
| Vitamine C 16 mg | 25 % |
| Calcium 50 mg | 4 % |
| Fer 1,4 mg | 10 % |
| Phosphore 106,1 mg | 10 % |

**Recette traditionnelle**
**Valeur nutritive**
Pour 1 portion (132 g)

| Teneur | % valeur quotidienne |
|---|---|
| **Calories** 280 | |
| **Lipides** 15 g | 23 % |
| saturés 9 g | |
| oméga-3 0,2 g | |
| **Cholestérol** 60 mg | 20 % |
| **Sodium** 105 mg | 4 % |
| **Potassium** 260 mg | 8 % |
| **Glucides** 31 g | 10 % |
| fibres 1 g | 4 % |
| sucres 28 g | |
| **Protéines** 5 g | |
| Vitamine A 157 ER | 15 % |
| Vitamine C 1 mg | 2 % |
| Calcium 169 mg | 15 % |
| Fer 0,1 mg | 0 % |
| Phosphore 138,6 mg | 15 % |

# SECTION 3

# SOYEZ VOTRE PROPRE CHEF...

## Rapido presto!

Cette section, propose plusieurs tableaux pour créer vos propres recettes. Vous y trouverez des mets de repas cru, des verrines, des salades-repas, des soupes et des sandwichs, des pâtes et des pizzas, des sautés et des légumes grillés, ainsi que des smoothies et des desserts santé.

Osez, testez, goûtez, appréciez. Soyez fier de vos réalisations, et donnez-leur un nom.

Nous vous invitons à nous faire part de vos créations « coup de cœur » sur le site abcdelices.com; consultez par la même occasion celles d'autres lecteurs pour vous donner encore plus d'idées.

La création est un moteur motivant pour le bonheur – le vôtre et celui des autres.

# REPAS CRUSINÉS

L'alimentation crue est tendance. Il s'agit de repas préparés à l'aide d'aliments crus ou à peine cuits. Vous constaterez que manger des aliments moins transformés rassasie davantage et favorise le bien-être.

Les suggestions suivantes proviennent de l'entreprise québécoise Crudessence qui innove activement dans ce domaine. Je vous encourage à visiter leur site afin de découvrir d'autres bonnes idées de recettes, ou encore, à vous inscrire à l'un de leurs ateliers culinaires. Allez-y graduellement, en mettant de plus en plus d'aliments crus dans vos repas. Visez un équilibre entre les aliments crus et cuits, 50 % pouvant être un bon début.

MISE EN GARDE : On ne parle pas de viandes, de volailles ou de poissons crus, à cause des risques d'intoxications alimentaires.

**Combinaisons de repas crusinés**

| Choix A | Choix B Tartinade | Choix C | Choix D | Choix E |
|---|---|---|---|---|
| Feuille de nori | Guacamole (purée d'avocat, jus de citron, gousse d'ail) | Tempeh ou tofu rôti dans sauce tamari | Carottes ou céleri en juliennes | Épinards |
| Feuille de riz cuite ronde | Tahini (beurre de tournesol + purée de graines de sésame) | Houmous (pois chiches, beurre de sésame) | Tomates en tranches | Pousses au choix |
| Tortilla | Beurre d'amande | Végé-pâté (voir recette p. 76) | Concombre en bâtonnets minces | Laitue romaine |
| Pain pita traditionnel ou fait à la main et séché | Pesto aux tomates séchées ou au basilic | Taboulé de chou-fleur (couscous cuit, chou-fleur) | Échalotes ou oignons verts émincés | Kale macéré ou bok choy en fines juliennes |
| Craquelins cuits à basse température | Pâté de graines germées (voir recette sur le site de crudessence.com) | Fromage de noix (voir recette sur le site de crudessence.com) | Aubergines ou courgettes rôties | Lentilles germées ou roquette |

1. Mettre sur le choix A les aliments selon l'ordre des colonnes B, C, D et E.
*Ce qui est en gris correspond à la photo de droite

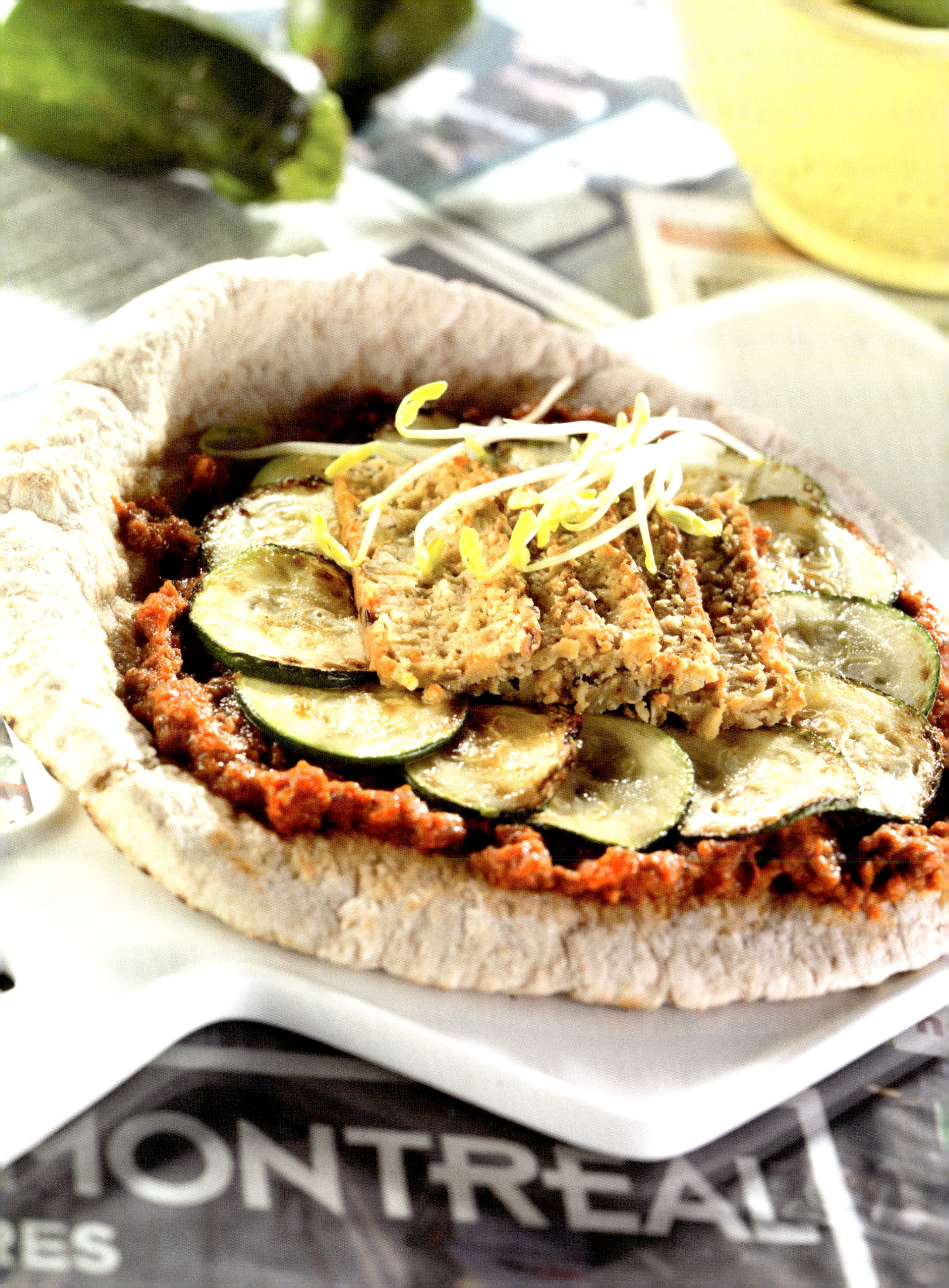
MONTREAL

# VERRINES

Facile à réaliser, les verrines sont parfaites pour une entrée rapide et sont très appréciées des convives. Composez une verrine à votre goût, en choisissant un ingrédient qui vous plaît dans chaque colonne de la grille. Des milliers de combinaisons sont possibles. Faites-vous confiance et mettez la quantité d'aliments que vous désirez selon vos préférences, vos besoins et votre faim. Faites varier vos ingrédients ainsi que votre vaissellerie!

**Combinaisons de verrines**

| Choix A<br>455 g équivaut à environ 4 portions | Choix B | Choix C | Choix D | Choix E |
|---|---|---|---|---|
| Morue cuite émiettée ou autre poisson au choix | Yogourt grec nature | Oignons perlés | Roquette ou épinards hachés | Pomme verte en très petits dés ou tomates confites |
| Saumon cuit grossièrement haché | Yogourt tzatziki ou fromage ricotta | Morceaux de concombre ou tranches de tomate | Thym frais ou oignons verts | Rondelles de citron frais |
| Filets de lapin ou de poulet cuit, en très petits dés | Purée de pommes de terre douces ou gelée de pommes non sucrée | Ail et oignon en poudre | Persil frais avec zeste d'orange | Champignons en tranches |
| Crabe émietté frais ou en conserve | Purée d'avocat | Jus de citron ou tranches de pamplemousse rose | Sauce Tabasco (au goût) | Crevettes cuites |
| Œufs brouillés | Crème fraîche épaisse 15 % M.G. | Poivre, salière sans sel (p. 25) ou sel | Ciboulette fraîche ou oignon grillé | Saumon fumé en tranches ou thon cuit frais ou en conserve |

1. Mélanger ou disposer en étages les ingrédients ABCD selon l'inspiration du moment.
2. Mettre le choix E sur le dessus de la verrine ou sur le pourtour pour décorer.

*Ce qui est en gris correspond à la photo de droite

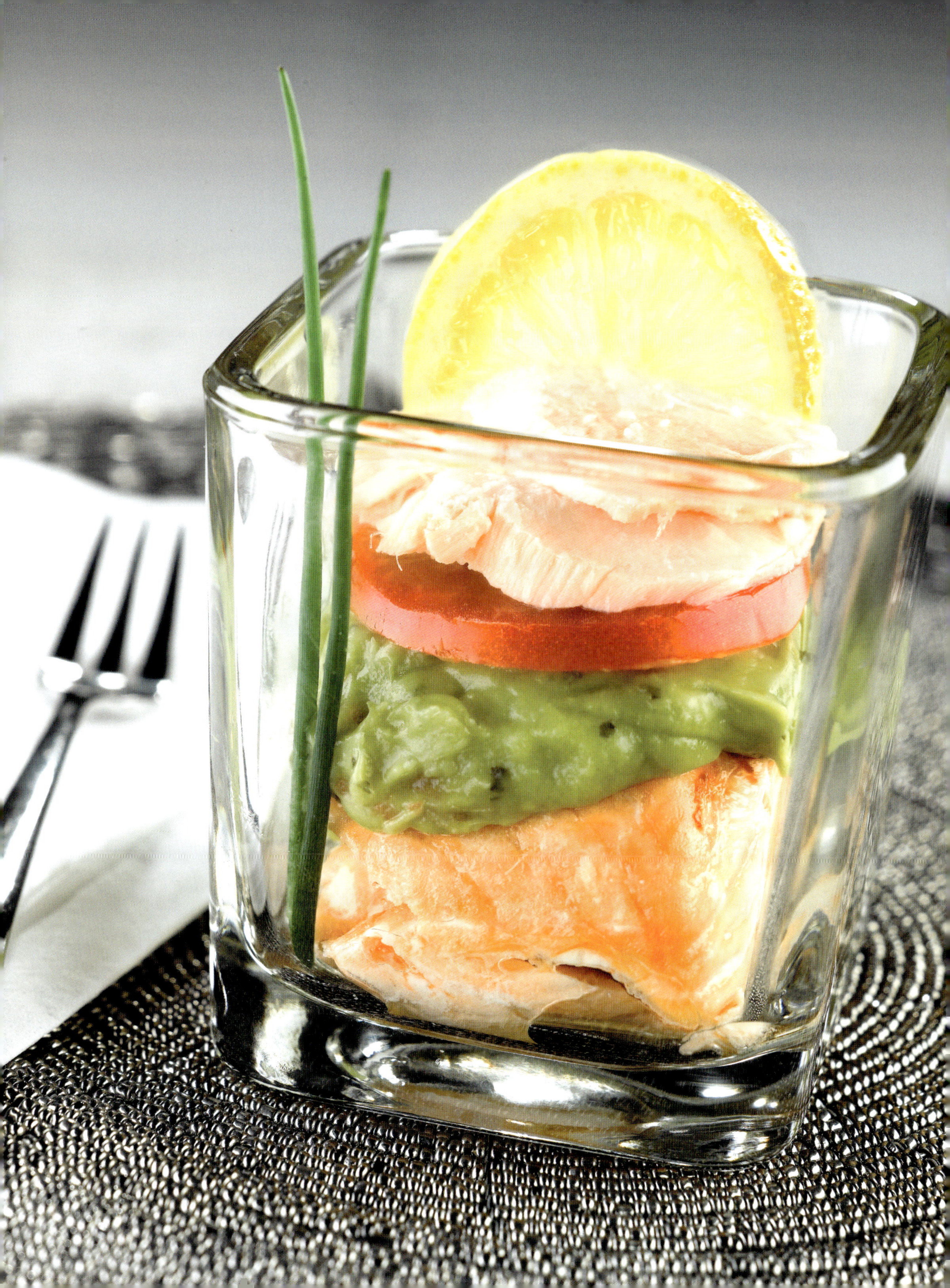

# SALADES-REPAS

Vous avez envie d'une salade-repas nourrissante et rafraîchissante? Composez votre salade en choisissant un ingrédient dans chaque colonne de la grille. Faites-vous confiance et mettez la quantité d'aliments que vous désirez selon vos préférences, vos besoins et votre faim. Surtout, amusez-vous!

**Combinaisons de salades-repas**

| Choix A | Choix B<br>455 g équivaut à environ 4 portions | Choix C | Choix D<br>Utiliser une salière sans sel au choix (p. x) | Choix E |
|---|---|---|---|---|
| Épinards ou roquette avec feuilles d'endive | Poulet grillé en lanières | Lanières de poivron grillées, rondelles d'oignon grillées | Vinaigrette Ranch maison (mayonnaise, yogourt nature ou crème sure, persil, poudre d'ail et d'oignon) | Fèves de soya ou pois chiches grillés |
| Laitue romaine | Légumineuses cuites au choix (pois chiches, lentilles, haricots de soya ou haricots blancs) | Suprêmes d'orange ou morceaux d'orange, de clémentine ou de pamplemousse | Vinaigrette mexicaine maison (huile, vinaigre au choix, citron, miel, poivre de Cayenne) | Quinoa cuit |
| Roquette | Filet de saumon grillé | Canneberges séchées ou petits fruits coupés en deux ou en cubes (raisins, ananas, poire) | Vinaigrette crémeuse maison (huile d'olive, vinaigre balsamique, moutarde de Dijon, yogourt nature) | Noix de pin ou noix de Grenoble |
| Mélange de diverses laitues avec un ajout de feuilles de basilic | Tranche de thon rouge enrobée de graines de sésame et saisie | Tomates cerises, tranches de concombre | Vinaigrette asiatique au sésame maison (vinaigre de riz doux, huile d'olive extra-vierge, gingembre frais râpé, miel, sauce soya, graines de sésame grillées) | Croûtons de pain de blé entier |
| Endives | Œufs durs coupés en tranches | Dés de céleri, fleurons de brocoli, persil haché, tranches de concombre | Vinaigrette italienne maison (huile d'olive, vinaigre de vin blanc, moutarde de Dijon, ail haché, poudre d'oignon, persil, thym) | Graines de lin moulues |

1. Déposer le choix A dans un plat à salade.
2. Ajouter un ingrédient de chacune des autres colonnes.

*Ce qui est en gris correspond à la photo de droite

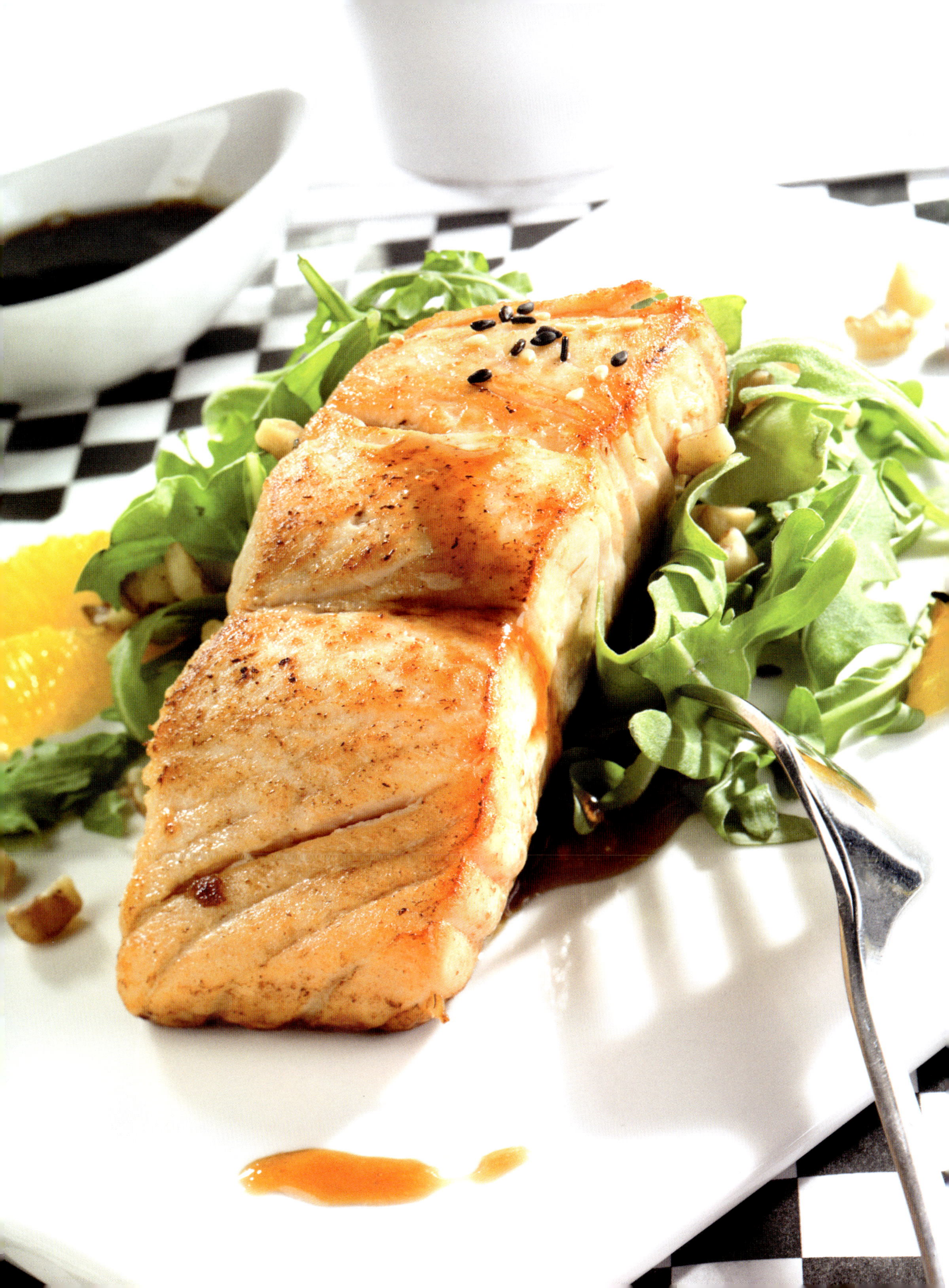

# SOUPES-REPAS

Les soupes-repas sont délicieuses et faciles à préparer. Inspirez-vous de notre grille à suggestions pour cuisiner une variété de soupes. Sélectionnez un aliment dans chaque colonne pour former une combinaison à votre goût, selon votre inspiration du moment, ou pour expérimenter de nouvelles saveurs. Les quantités ne sont pas précisées; faites-vous confiance. Pour un repas plus complet, accompagnez-la d'un fruit et d'un verre de lait ou d'une boisson de soya.

## Combinaisons de soupes-repas

| Choix A 455 g équivaut à environ 4 portions | Choix B | Choix C | Choix D | Choix E |
|---|---|---|---|---|
| Bouillon de légumes (légumes dans de l'eau, garder les légumes pour une soupe crème) | Légumineuses cuites au choix (pois chiches, haricots noirs, gourganes, fèves rouges, lentilles) | Macédoine de légumes fraîche ou surgelée (carottes, céleri, oignons et poivrons verts en petits cubes) | Orge cuite | Basilic ciselé, ail émincé, coriandre fraîche hachée avec poivre et sel au goût |
| Jus de légumes (moitié jus, moitié bouillon au choix : poulet, légumes) | Fruits de mer cuits (pétoncles, crevettes, palourdes...) | Champignons en tranches | Nouilles aux œufs | Poivre, sel ou autres épices au goût |
| Bouillon de poulet | Poulet ou tofu cuit coupé en dés | Bok choy en feuilles ou chou râpé | Riz brun cuit | Gingembre râpé avec poivre, sel ou autres épices au goût |
| Miso et eau | Tofu coupé en dés | Légumes asiatiques surgelés, germes de haricot | Vermicelles de riz brun cuits | Graines de sésame avec poivre, sel ou autres épices au goût |
| Bouillon de bœuf | Lanières de bœuf, de veau, de tofu, de poulet, cuites | Navets, carottes et rutabagas en fines lanières | Quinoa cuit | Paprika, curcuma, curry avec poivre, sel ou autres épices au goût |

1. Déposer un ingrédient de chaque colonne dans un chaudron.
2. Couvrir et cuire environ 15 minutes ou au goût.

*Ce qui est en gris correspond à la photo de droite

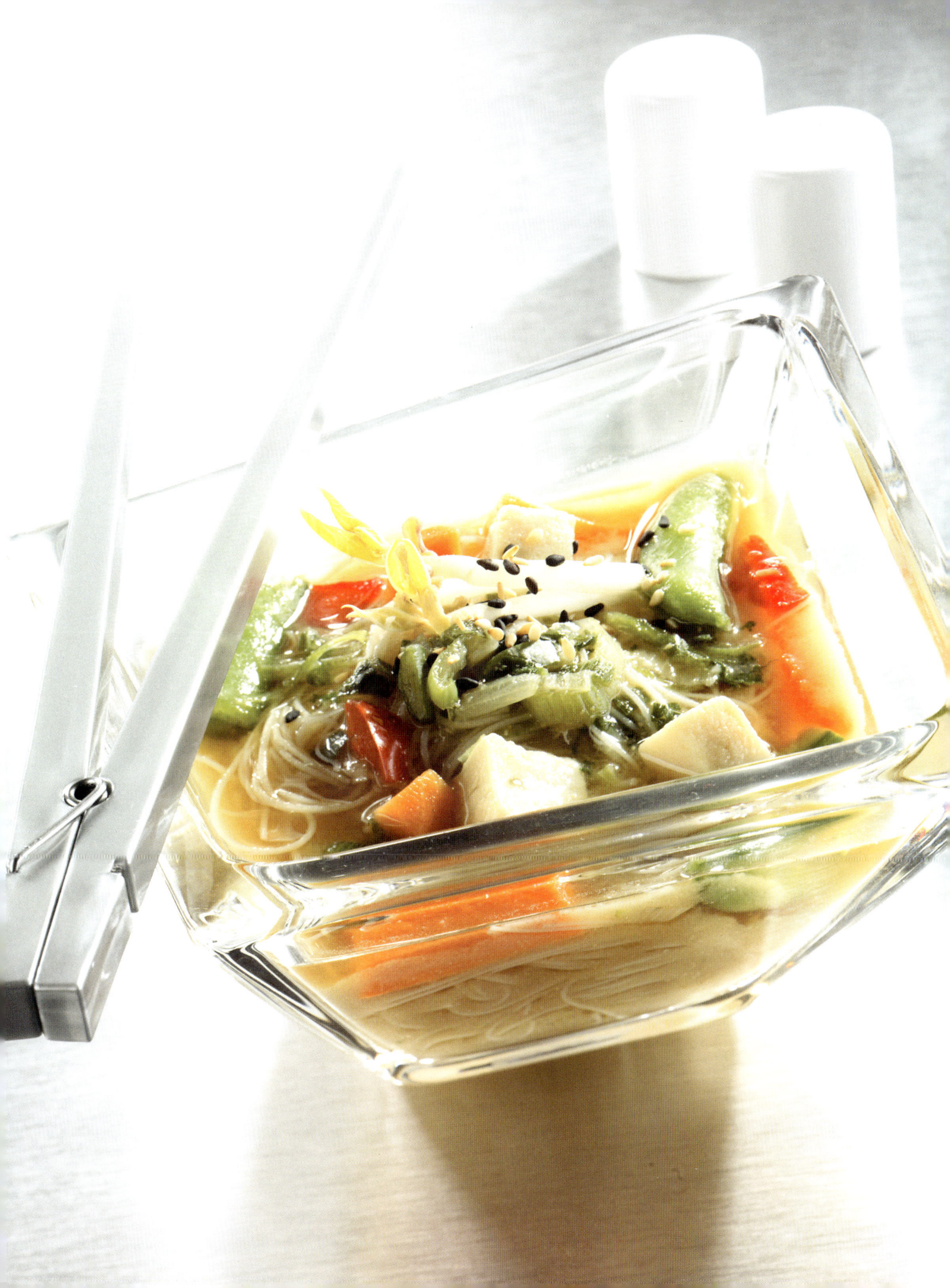

# SANDWICHS

Le secret pour déguster de savoureux sandwichs est de varier les ingrédients qui les composent. Osez les combinaisons et diversifiez vos menus. Dans cette grille, vous trouverez plusieurs choix de pains, de garnitures et de condiments. Variez les textures, les couleurs et les formes pour satisfaire vos papilles. Soyez maître de vos réalisations.

## Combinaisons de sandwichs

| Choix A | Choix B<br>455 g équivaut à environ 4 portions | Choix C | Choix D | Choix E |
|---|---|---|---|---|
| Pain ciabatta | Garniture au thon ou au saumon, mayonnaise, yogourt nature, céleri haché, échalote hachée | Fromage suisse en tranches | Tomate en tranches | Luzerne |
| Pain de seigle | Garniture aux œufs, mayonnaise, moutarde ou relish, échalote émincée | Fromage cheddar en tranches | Laitue romaine | Poivron en lanières |
| Muffin anglais de grains entiers | Végé-pâté (eau, graines de tournesol, farine de seigle, levure alimentaire, huile végétale, cari, curcuma) | Fromage gruyère en tranches | Laitue frisée, pousses de tournesol ou radis en tranches | Carottes râpées |
| Bagel de grains entiers | Saumon fumé | Fromage mozzarella en tranches | Mayonnaise maison (œuf, huile, vinaigre, moutarde, poivre et sel) | Concombre en tranches avec ou sans tomate |
| Pain baguette de grains entiers | Houmous ou pâté de légumineuses (eau, pois chiches, beurre de sésame, cumin, coriandre, jus de citron, huile d'olive, ail) | Fromage emmental en tranches | Chou rouge râpé | Olives en rondelles avec tomates en tranches ou tomates confites |

1. Choisir un pain de la colonne A.
2. Garnir d'ingrédients dans l'ordre des colonnes B, C, D, E.

*Ce qui est en gris correspond à la photo de droite

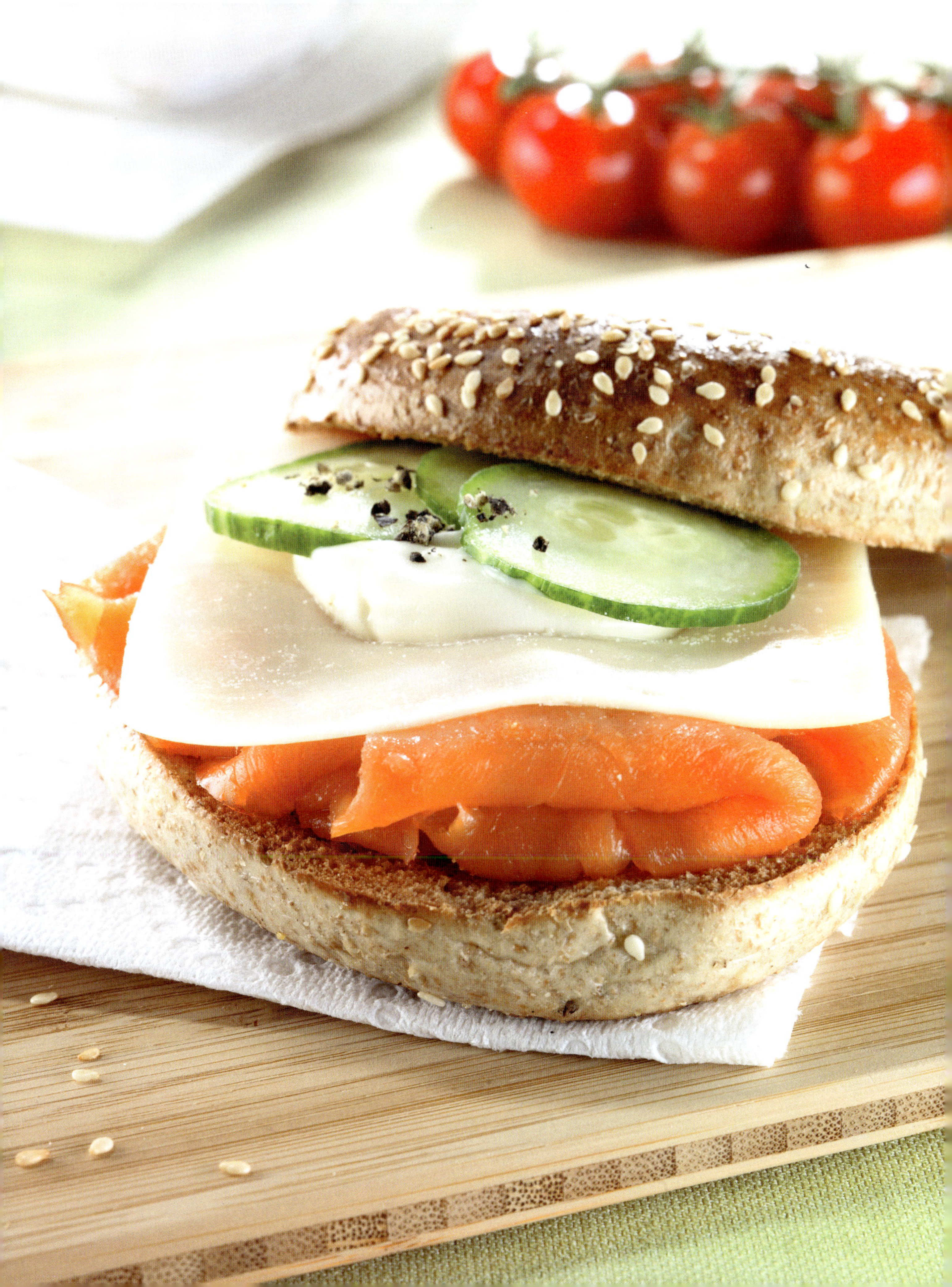

# PÂTES

Les pâtes cuisinées à la maison sont souvent bien meilleures que les prêts-à-manger. Préparez des pâtes à votre goût, en combinant les ingrédients de notre grille qui vous plaisent le plus. Aucune quantité n'est précisée. Apprenez à vous faire confiance et à respecter vos goûts, vos préférences, vos signaux et votre instinct.

## Combinaisons de pâtes

| Choix A | Choix B 455 g équivaut à environ 4 portions | Choix C | Choix D | Choix E |
|---|---|---|---|---|
| Fettuccinis de grains entiers | Fruits de mer cuits ou crevettes cuites | Pois mange-tout et poivrons en fines lanières | Noix de Grenoble natures ou grillées | Sauce Alfredo (crème 15 % M.G. mélangée avec tofu, lait ou boisson de soya nature, farine, fines herbes, poivre et sel au goût) |
| Tortellinis de grains entiers | Tofu en cubes | Brocoli en fleurons | Échalote émincée, origan | Sauce rosée (sauce tomate, crème 15 % M.G. mélangée avec tofu, lait ou boisson de soya nature, farine, fines herbes, poivre et sel au goût) |
| Macaronis de grains entiers | Cubes de poulet cuit | Tomates cerises entières ou coupées en deux | Fromage parmesan râpé | Pesto au basilic ou aux tomates séchées (noix de pin avec basilic, tomates séchées et huile d'olive, fines herbes, poivre et sel au goût) |
| Fusillis de grains entiers | Viande hachée cuite au choix (bœuf, porc, poulet, veau, cheval) | Légumes surgelés pour sauce spaghetti | Lentilles rouges ou vertes cuites | Sauce aux tomates (tomates, ail haché, poudre d'oignon, huile au choix, fines herbes, poivre sel au goût) |
| Spaghettis ou spaghettinis de grains entiers | Légumineuses cuites au choix (haricots blancs, lentilles, pois cassés) | Oignon haché, ail émincé | Persil haché finement avec poivre au goût | Huile du Périgord (huile de noix de Grenoble) ou autres à saveurs particulières, avec fines herbes italiennes ou herbes de Provence |

1. Cuire les pâtes choisies dans la colonne A.
2. Ajouter un ingrédient de chacune des colonnes B, C et D.
3. Napper d'une sauce de la colonne E.

*Ce qui est en gris correspond à la photo de droite

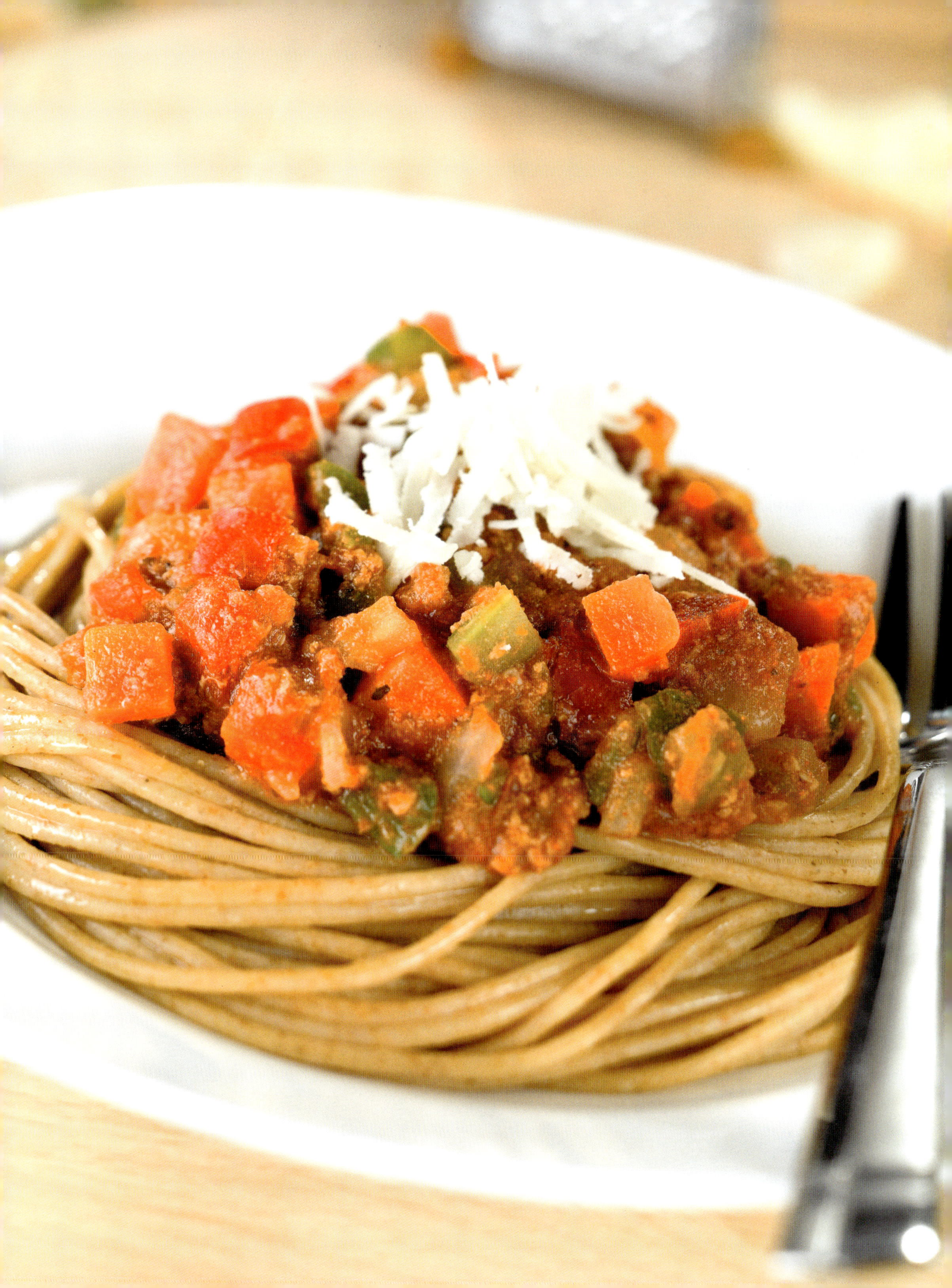

# PIZZAS EXPRESS

Bonne nouvelle, les pizzas peuvent s'avérer très santé! Il s'agit d'avoir un peu d'inspiration, une variété d'ingrédients frais, une combinaison gagnante et le tour est joué! Utilisez notre grille à suggestions pour vous guider. Assurez-vous d'inclure un aliment de chaque colonne. Mettez les quantités que vous souhaitez, selon vos goûts. Les membres de votre famille ou vos proches seront enchantés de se prêter au jeu du chef qui fait la meilleure pizza!

**Combinaisons de pizzas express**

| Choix A | Choix B | Choix C | Choix D<br>455 g équivaut<br>à environ<br>4 portions | Choix E |
|---|---|---|---|---|
| Pain pita de grains entiers | Sauce tomate ou mélange de moutarde de Dijon, miel et soupçon d'estragon | Asperges en petits tronçons, olives en tranches | Saumon fumé en tranches | Feta en cubes |
| Tortilla de blé entier | Huile pimentée, huile de noix de Grenoble (Périgord), huile d'olive parfumée ou huile d'olive extra-vierge | Champignons en tranches avec oignon caramélisé | Poulet grillé en cubes | Bocconcinis en rondelles |
| Pain kaiser de grains entiers | Fromage cottage | Jambon sans additifs alimentaires (sans nitrite) | Ananas en morceaux, échalotes ciselées, poivrons en dés | Cheddar râpé |
| Baguette de pain de grains entiers coupée sur la longueur | Fromage ricotta | Roquette | Prosciutto | Parmesan râpé |
| Pain ciabatta coupé en deux | Pesto au basilic, pesto aux tomates séchées ou tomates en purée | Tomates italiennes en rondelles et jeunes épinards | Crevettes cuites ou autres fruits de mer cuits | Mélange de fromages râpés (Cheddar, mozzarella, emmental) |

1. Choisir un pain de la colonne A et le garnir d'un ingrédient sélectionné dans les colonnes B, C, D et E successivement.
2. Manger sans faire cuire ou cuire au four de 15 à 20 minutes à 180 °C (350 °F).

*Ce qui est en gris correspond à la photo de droite

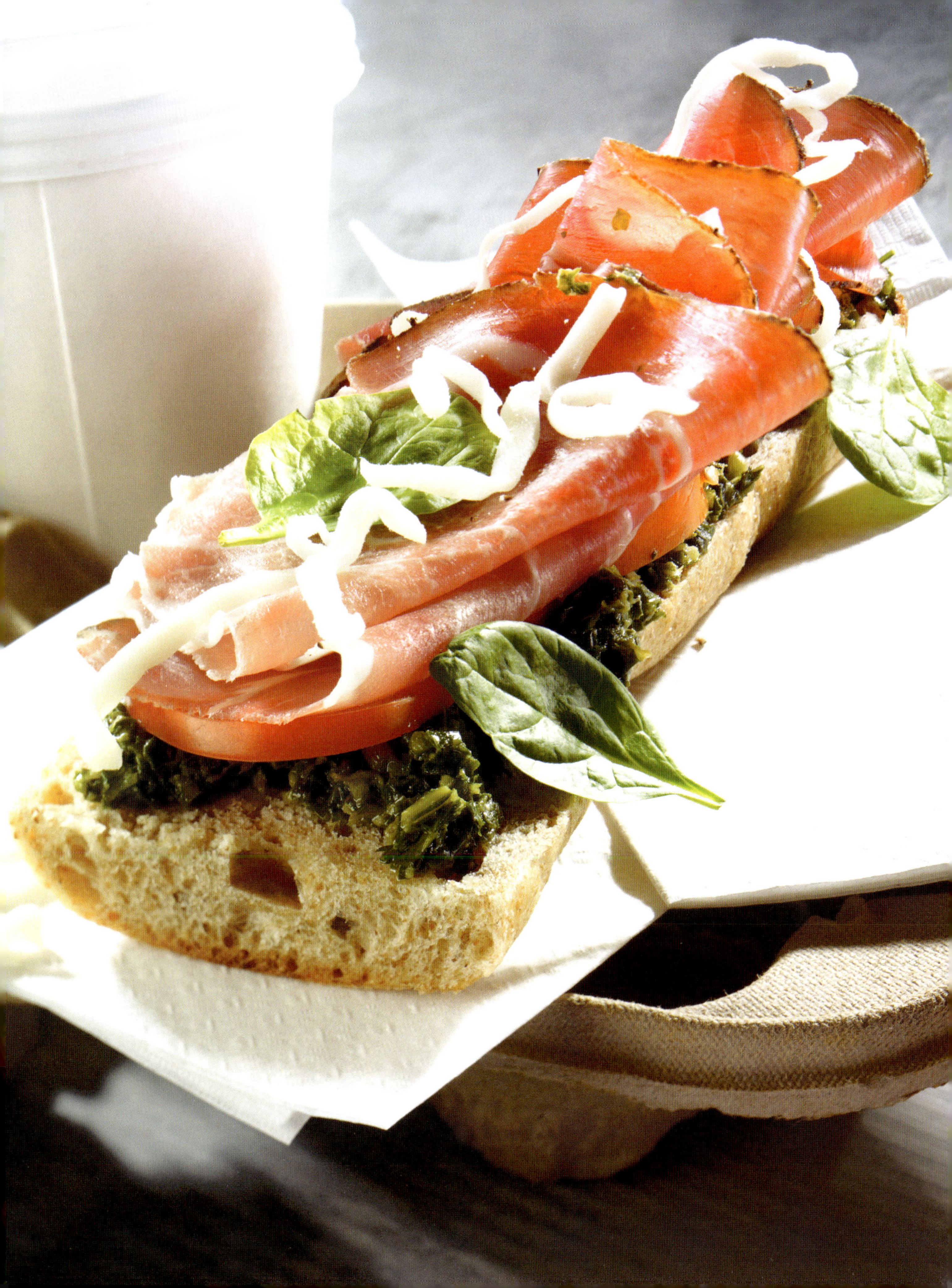

# PLATS SAUTÉS

Rapides à réaliser, les sautés sont délicieux, car ils permettent de préserver la texture croquante des légumes. Notre grille à suggestions vous simplifiera la tâche. Laissez aller votre imagination et vous pourriez créer et réaliser plusieurs sautés en combinant les aliments de votre choix dans chaque colonne. Faites confiance au chef en vous. Bon appétit!

**Combinaisons de sautés**

| Choix A<br>455 g équivaut à environ 4 portions | Choix B | Choix C | Choix D | Choix E |
|---|---|---|---|---|
| Crevettes fraîches ou pétoncles crus | Légumes asiatiques au choix, germes de haricot | Noix de pin | Sauce hoisin, huile d'olive, vinaigre de riz et sauce soya | Vermicelles de riz brun cuits |
| Bœuf ou veau en lanières, cru | Brocoli ou chou-fleur en fleurons ou légumes à l'orientale surgelés | Pacanes | Jus d'orange avec une goutte de sauce thaïe | Orge mondé cuit |
| Poulet cru en lanières | Champignons tranchés et germes de haricot | Graines de sésame | Huile de sésame | Riz brun cuit |
| Tofu en bâtonnets | Poivrons en lanières avec une boîte de châtaignes d'eau, pois mange-tout | Graines de pavot | Sauce aux huîtres | Riz sauvage cuit |
| Dinde crue en lanières | Bok choy ou chou de Savoie en morceaux | Amandes | Sauce teriyaki | Quinoa cuit |

1. Faire sauter à feu vif les ingrédients des colonnes A, B, C et D de 3 à 10 minutes selon la cuisson désirée.
2. Servir sur le choix de la colonne E.

*Ce qui est en gris correspond à la photo de droite

190

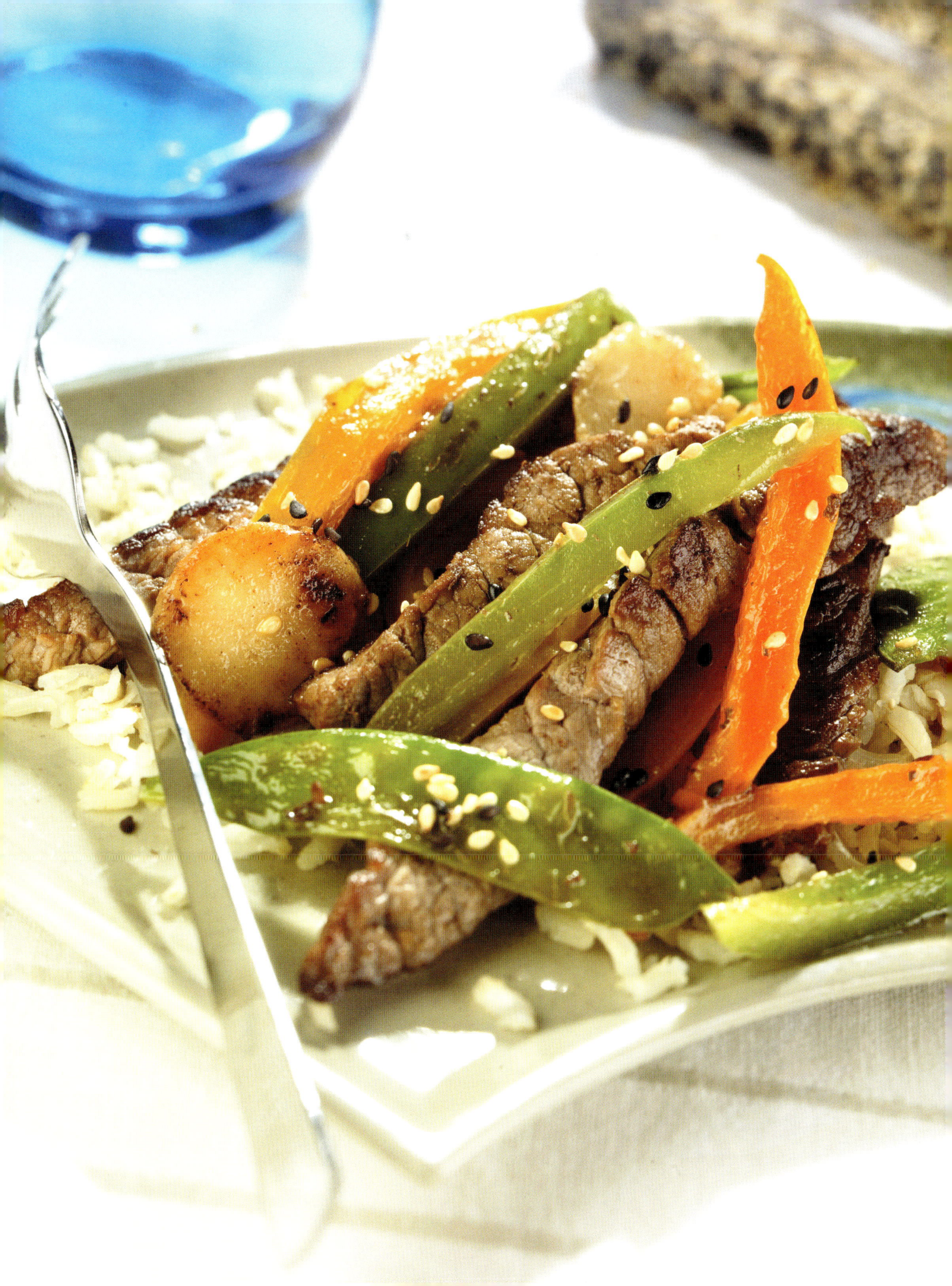

# PLATS DE LÉGUMES GRILLÉS

Les plats cuits au four sont pratiques, simples et débordants de saveurs. Or, dans la majorité des foyers, nous sommes à court de temps et d'idées. Les mêmes mets reviennent souvent, ce qui atténue le plaisir de cuisiner et de manger. C'est pour vous aider que nous avons mis sur pied cette grille à suggestions de plats de légumes grillés. Nous y avons réuni une sélection d'aliments sains et savoureux. À vous de choisir un ingrédient de chaque colonne pour élaborer votre propre recette équilibrée et santé. À vos fourneaux, prêt ? Cuisinez !

**Combinaisons de plats de légumes grillés**

| Choix A 455 g équivaut à environ 4 portions | Choix B | Choix C | Choix D | Choix E |
|---|---|---|---|---|
| Poitrine de poulet cru | Marinade italienne (huile d'olive, vinaigre de vin blanc, moutarde de Dijon, ail haché, poudre d'oignon, persil, thym) | Carottes, courgettes ou aubergines en bâtonnets minces | Pommes de terre avec pelure coupées en quatre | Cubes de fromage au choix |
| Tournedos de bœuf cru | Pesto aux tomates séchées | Courge musquée en cubes | Patates douces en tranches minces ou en bâtonnets | Tofu en cubes mariné dans un peu de soya liquide |
| Tofu cru en tranches | Pesto au basilic | Poivrons verts et rouges en morceaux grossiers | Maïs en épi ou en grains | Noix de pin |
| Filet de poisson cru | Moutarde de Dijon, aneth frais, persil frais, tranches de citron ou de lime | Oignons en rondelles, poivrons rouges en lanières | Aubergines en bâtonnets | Noix d'acajou |
| Filet de porc cru | Sauce barbecue et eau pétillante ou sauce hoisin, sauce soya, miel, vinaigre de riz | Céleri émincé en biseau | Navets, rutabagas en fins bâtonnets | Noix de Grenoble |

1. Mélanger tous les aliments choisis dans les colonnes A, B, C, D et E.
2. Laisser reposer de 5 à 60 minutes, puis étaler sur une plaque à cuisson.
3. Cuire de 20 à 30 minutes au four préchauffé à 180 °C (350 °F).

*Ce qui est en gris correspond à la photo de droite

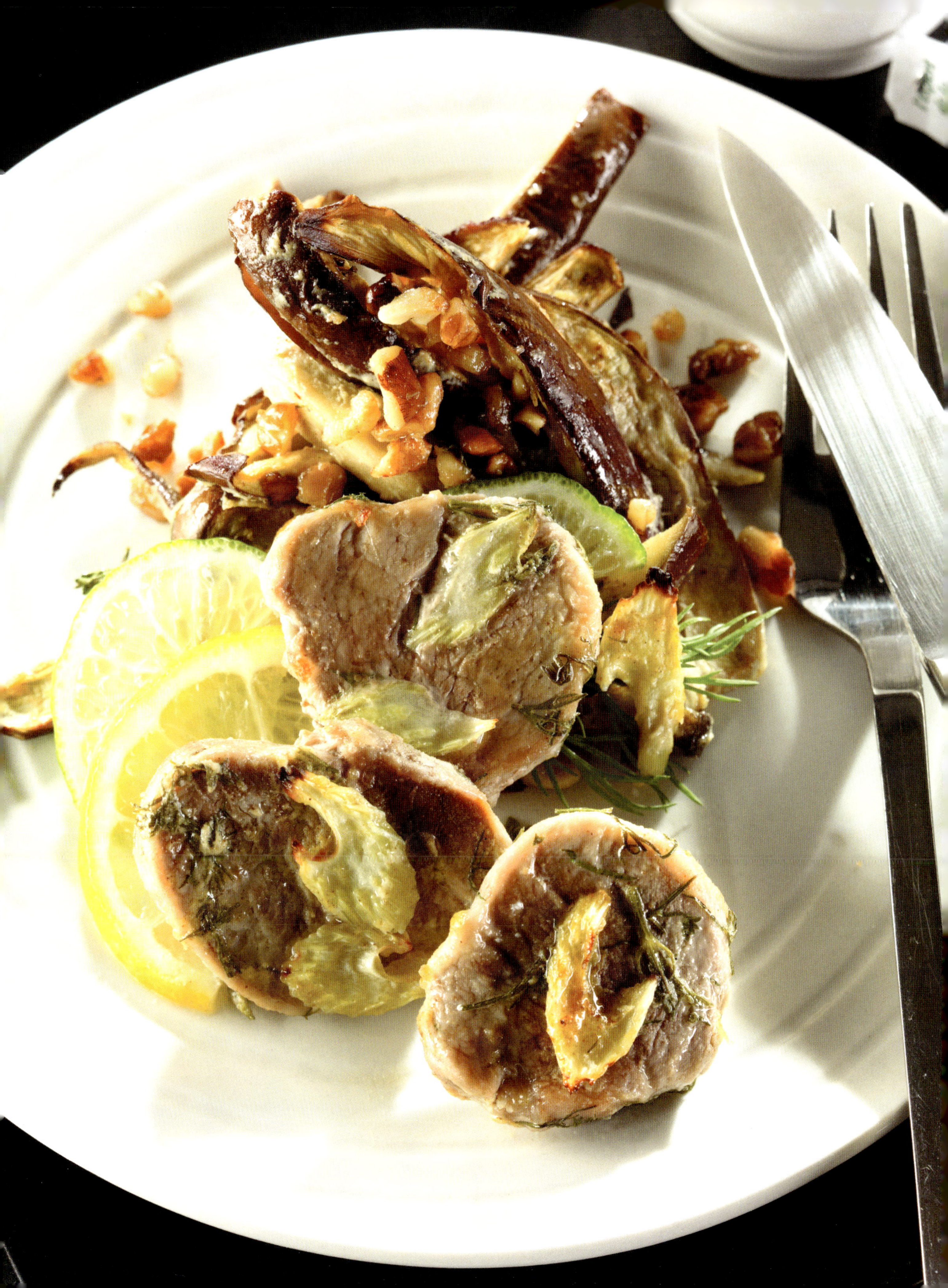

# SMOOTHIES AUX FRUITS ET AUX LÉGUMES

Quoi de mieux qu'un délicieux smoothie pour commencer la journée du bon pied? Il s'agit d'un déjeuner léger, facile à préparer, qui se transporte très bien et qui peut se boire sur la route. Faites des économies d'argent et de temps en créant votre propre bar laitier santé, à même votre réfrigérateur! Notre grille à suggestions vous aidera à préparer un breuvage nutritif, savoureux et santé en un rien de temps. Consultez, choisissez, combinez, fouettez et le tour est joué.

**Combinaisons de smoothies**

| Choix A | Choix B | Choix C (facultatif) | Choix D | Choix E |
|---|---|---|---|---|
| Mangue et ananas | Yogourt grec nature ou yogourt nature | Graines de lin moulues ou graines de chia (les moudre avant) | Thé vert, tisane à la menthe et eau ou boisson de soya nature ou lait | Poignée d'épinards |
| Poires et pommes | Tofu soyeux | Noix de Grenoble (les moudre avant) | Moitié jus de pomme 100 % pur et moitié eau ou boisson de soya nature ou lait | Poignée de jeunes épinards |
| Fraises, banane | Carottes crues ou cuites | Amandes (les moudre avant) ou beurre d'amande | Moitié jus d'ananas 100 % pur et moitié eau | Extrait de vanille |
| Cerises, kiwis | Branche de céleri | Flocons d'avoine, de quinoa, de sarrasin ou autres grains au choix | Moitié jus tropical 100 % pur et moitié eau ou boisson de soya nature ou lait | Zeste de citron, de lime ou d'orange |
| Mélange de petits fruits (bleuets, framboises, mûres, fraises) | Fromage cottage | Son d'avoine | Moitié jus d'orange 100 % pur et moitié eau ou boisson de soya nature ou lait | Poignée de luzerne |

1. Passer au mélangeur électrique tous les ingrédients choisis dans les colonnes A, B, C, D et E, jusqu'à l'obtention d'une consistance lisse. Au besoin, passer ensuite au tamis pour enlever la pulpe.
2. Ajuster au goût le liquide ainsi que tous les autres ingrédients.
3. Servir dans des coupes en verre variées (ex. : verre à martini, verre à champagne, verre à vin, verre à jus).
4. Décorer le verre de tranches de fruits frais (ex. : citron, lime, fraises) ou de feuilles de menthe.

*Ce qui est en gris correspond à la photo de droite

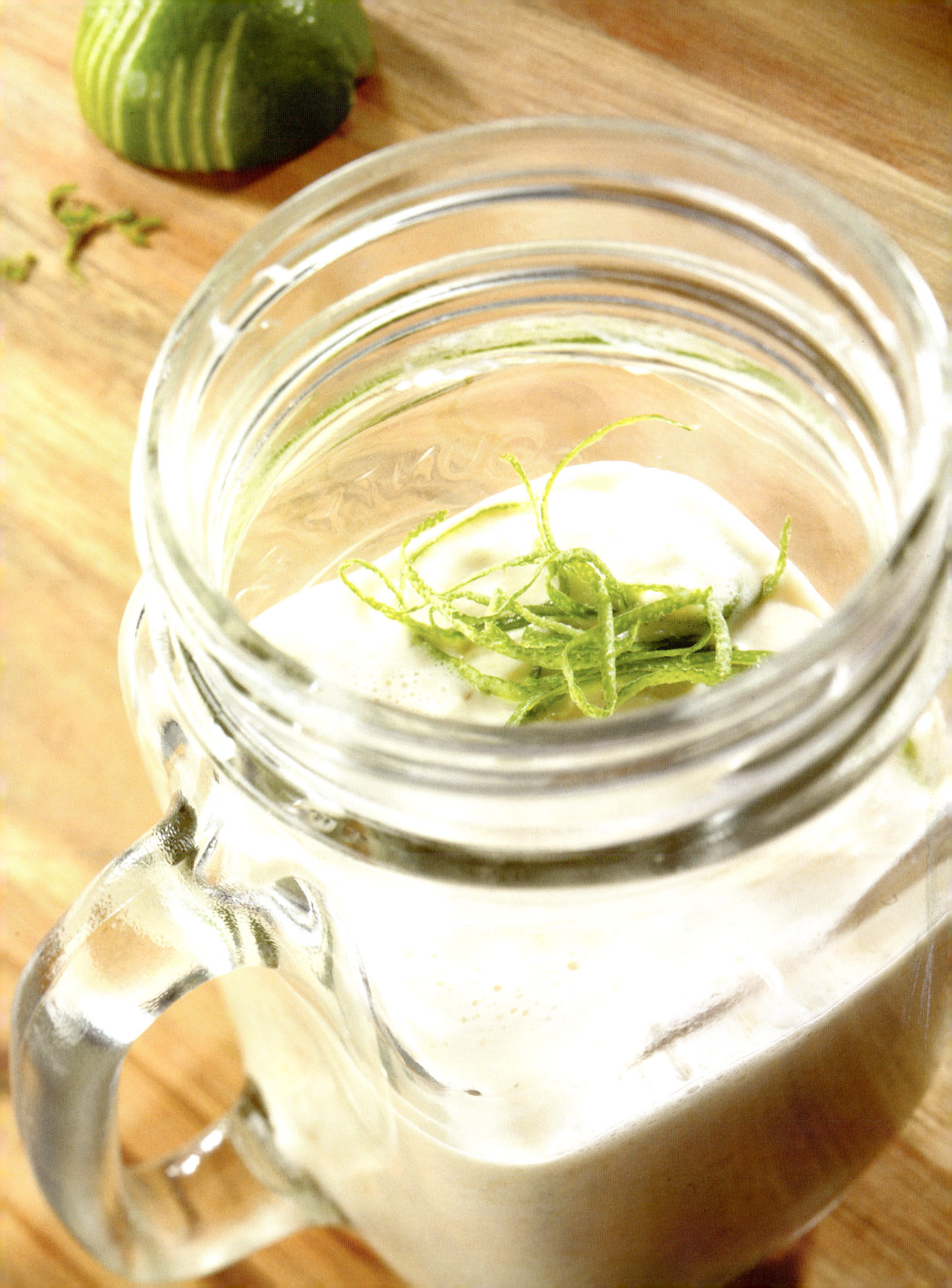

# DESSERTS SANTÉ

Il est possible d'allier desserts et saine alimentation. Les desserts peuvent être à la fois délicieux, nutritifs et rassasiants et, savourés lentement, ils procurent bien-être et plaisir, c'est garanti! Notre grille à suggestions vous aidera à préparer des desserts variés. Les desserts que vous pouvez concocter avec cette grille complètent à merveille les repas proposés dans cet ouvrage. Rappelez-vous qu'en plus de respecter vos goûts et préférences, il importe de demeurer à l'écoute de vos signaux corporels. Ainsi, un dessert peut très bien être retardé et dégusté à un autre moment de la journée, en collation par exemple. Lorsque la faim se fera sentir, il n'en sera que plus savoureux.

## Combinaisons de desserts

| Choix A | Choix B | Choix C | Choix D | Choix E |
|---------|---------|---------|---------|---------|
| Yogourt grec nature | Cannelle ou muscade | Noix de Grenoble ou amandes | Pêches ou pommes en morceaux | Graines de lin moulues |
| Fromage ricotta | Miel ou sirop d'érable au goût | Céréales croque-nature maison (flocons d'avoine, de quinoa et de sarrasin, graines de lin moulues, noix de Grenoble en morceaux, miel au goût) | Poires en morceaux et fraises | Une feuille de menthe fraîche ciselée et une entière |
| Tofu soyeux | Purée de dattes, miel ou mélasse | Céréales de psyllium (All-Bran Buds) | Bleuets ou framboises, mûres, fraises | Noix de Grenoble |
| Yogourt nature | Purée de bananes, sirop d'érable, sirop de bouleau ou sirop d'agave | Son d'avoine, de riz ou de blé | Cubes d'ananas, kiwis, bananes, tranches d'orange | Graines de tournesol |
| Fromage cottage | Fruits séchés (canneberges, raisins, figues, abricots) | Barre de céréales croquantes en petits morceaux | Raisins en moitiés | Amandes effilées |

1. Mélanger le choix A avec le choix B.
2. Remplir de belles coupes d'un tiers de mélange AB, puis d'ingrédients des colonnes C et D en alternance.
3. Finir avec le choix E.

*Ce qui est en gris correspond à la photo de droite

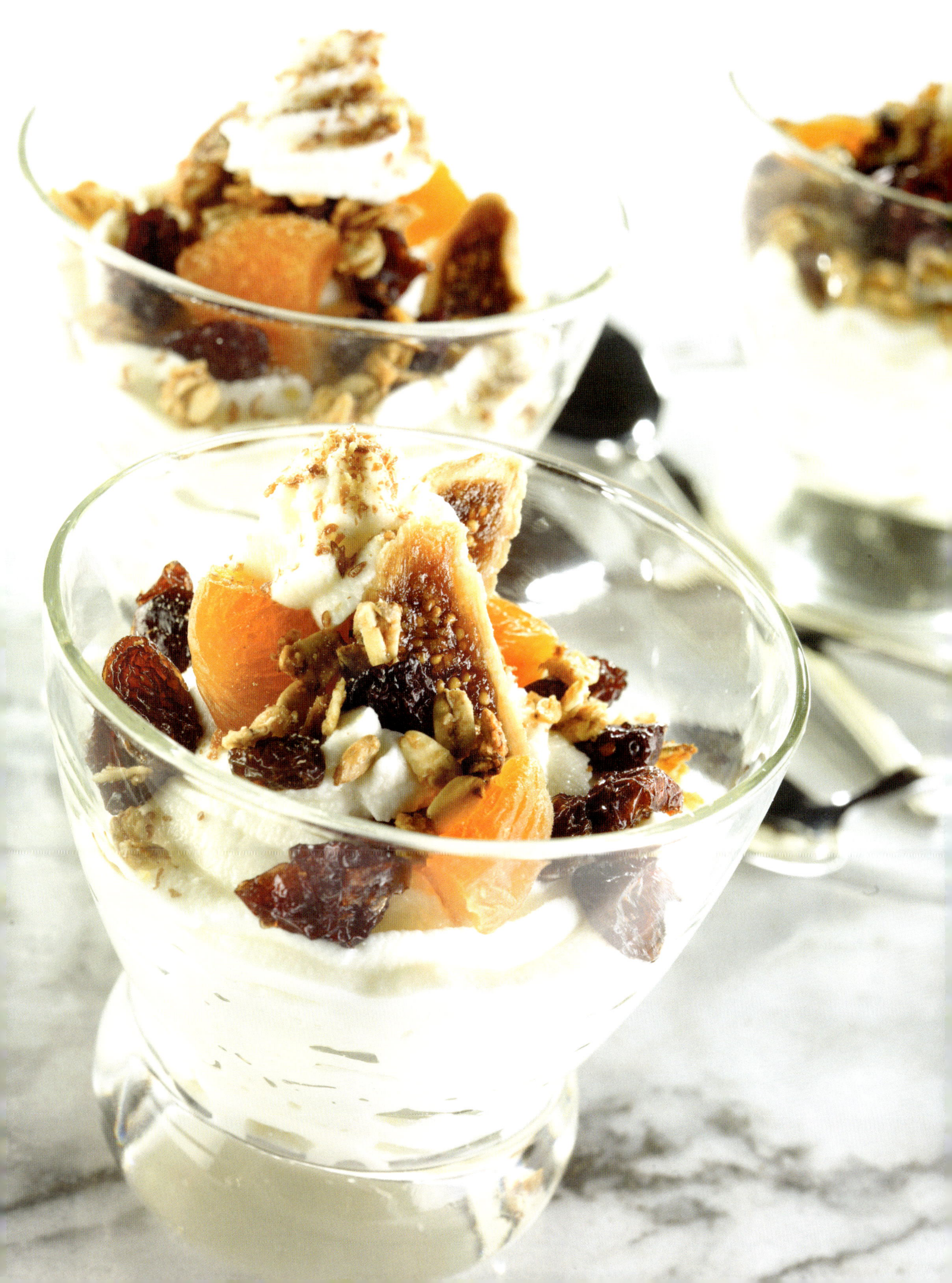

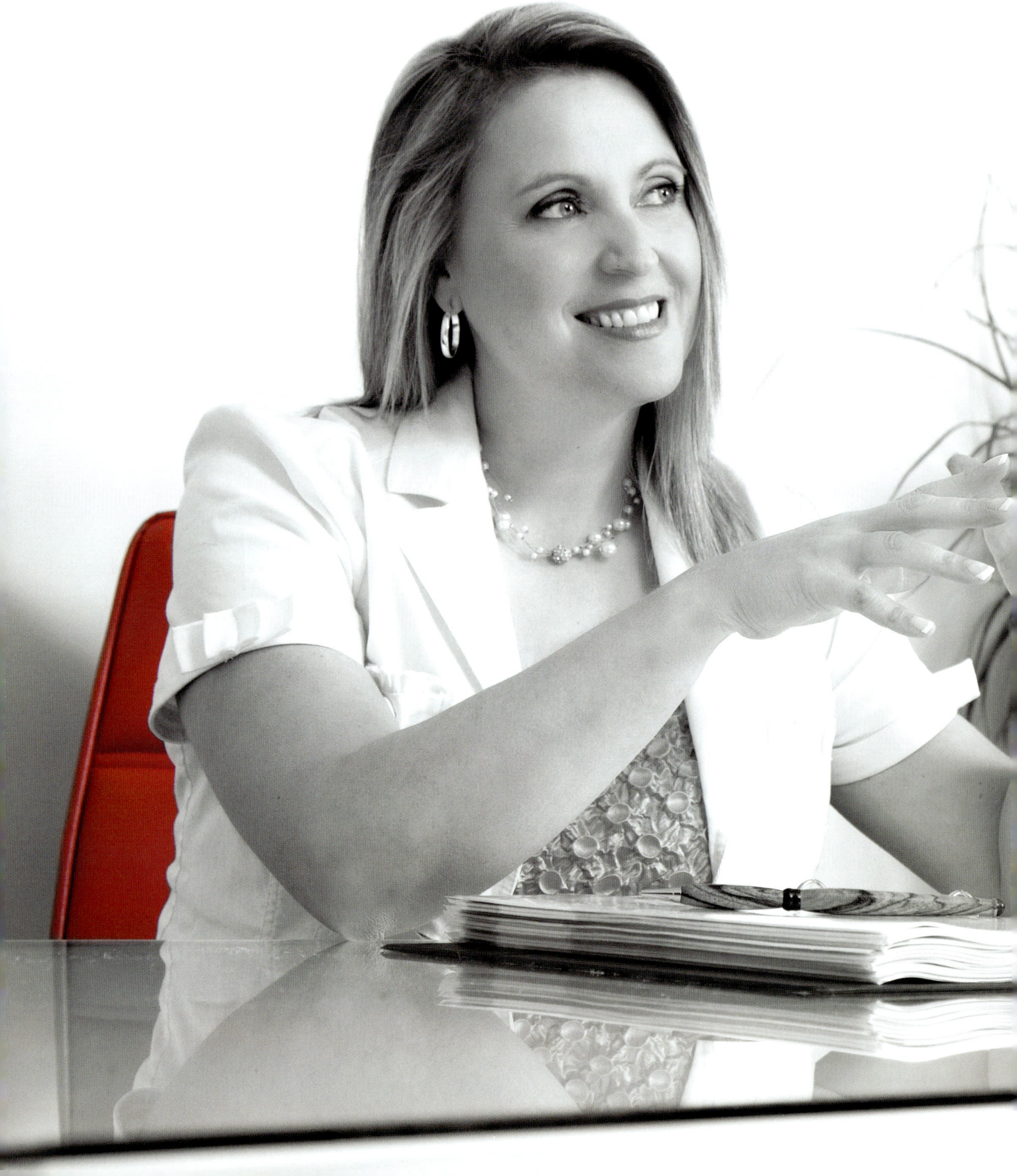

# À PROPOS DE L'AUTEURE

**Marise Charron** détient un baccalauréat en nutrition de l'Université Laval et elle est membre de l'Ordre professionnel des diététistes du Québec et des Diététistes du Canada.

Avant toute chose, Marise aime transmettre la simplicité dans l'assiette. Elle est d'ailleurs l'auteure de deux autres livres de recettes : *Cuisine santé simplifiée Tome 1* et *Cuisine santé simplifiée Tome 2*, ainsi que du journal alimentaire *Harmonie dans votre assiette Tome 1*.

Fille d'un père agriculteur et d'une mère enseignante, elle a hésité entre les professions d'agronome et de nutritionniste. Elle n'a pas regretté son choix. De la fourche à la fourchette, Marise sait que la base d'une saine alimentation part aussi d'une terre que les agriculteurs ont traitée avec soin.

Même après plus de 25 ans de pratique, la retraite, Marise n'y pense même pas; elle va poursuivre sa passion toute sa vie et la transmettre à des jeunes nutritionnistes qui, à leur tour, voudront aider le plus de personnes possible.

Mère et conjointe, elle cuisine régulièrement des repas nutritifs qu'elle partage volontiers.

Marise s'emploie activement, par l'entremise de ses trois entreprises, à favoriser le continuum des soins de santé dans une équipe interdisciplinaire : médecins, nutritionnistes, psychologues, kinésiologues, infirmières, pharmaciens et autres professionnels de la santé.

**GROUPE HARMONIE SANTÉ** offre ses services aux nutritionnistes et aux autres professionnels de la santé en encourageant un continuum des soins de santé et de l'efficience dans nos réseaux de la santé privé et public.

Pour en savoir plus, visitez le site : harmoniesante.com.

**NUTRISIMPLE**, co-fondée avec la nutritionniste Élisabeth Cerqueira, nutritionniste, et composée d'une équipe de nutritionnistes cliniciennes.

Pour en savoir plus, visitez le site : nutrisimple.com.

**ABCDÉLICES** offre ses services aux CHÉRISA (clients, centres hospitaliers, hôtels, écoles, entreprises diverses, restaurants, industries alimentaires, services alimentaires) sous forme de recettes nutritives, de tableaux de valeurs nutritives, de conférences, d'élaboration de menus, etc.

Pour en savoir plus, visitez le site : abcdelices.com.

Pour joindre l'auteure :
**info@nutrisimple.com**

# REMERCIEMENTS

Je tiens à remercier la maison d'édition Modus Vivendi d'avoir pensé à moi pour réaliser ce beau projet. Merci spécialement à l'éditeur, Marc Alain, et à l'éditrice déléguée, Isabelle Jodoin. Merci à Émilie et Catherine Houle pour le design graphique ainsi qu'au photographe, André Noël, pour ses photos.

Merci à la chef Mélissa Pépin qui, par son talent, réussit à rendre appétissante et savoureuse n'importe quelle recette traditionnelle. J'apprécie énormément son savoir-faire culinaire.

Merci à Élisabeth Cerqueira, une collègue qui m'a fait sortir de ma zone de confort pour aller plus loin dans l'aide apportée aux gens qui ont besoin de soutien dans leur démarche de modifications d'habitudes alimentaires.

Plusieurs personnes ont collaboré à la relecture. Merci à Julie Leblanc, future docteure en nutrition, qui m'a été d'une aide précieuse pour ce livre et pour tous les projets en nutrition sur lesquels je travaille. Merci à Sheila Bicknell, Julie Bédard et Lucie Corbeil d'avoir ajouté leurs touches personnelles à mes idées. Merci à Élie Gabriel, Mélissa Allain et Amélie Robert, stagiaires, ainsi qu'à toutes les nutritionnistes qui ont lu le livre et qui ont apporté leurs commentaires : Josiane Lanthier, Marie-Hélène Carrier, Linda Montpetit, Andréanne Martin, Anne Durocher, Charlotte Froehlicher, Johanne Guillemette, Judith Pelletier, Paola Vergara, Lise Gagnon, Chantal Beaudoin et Claude Henri Lapierre.

Merci à tous mes clients et clientes, qui me motivent dans la réalisation de mes projets axés sur l'accompagnement vers la conscience, le plaisir de la santé. Je vous aime.

Merci à ma grande famille, si importante pour moi, mes parents, mes frères, ma sœur, mes belles-sœurs et mon beau-frère. Merci à Pierre, Jessica, Valérie et Dominique d'être les amours de ma vie et de toujours m'encourager dans mes projets visionnaires.

Finalement, merci à la vie et à nos abeilles qui nous apportent de beaux fruits et légumes, et que nous devons protéger en choisissant de plus en plus les aliments biologiques d'ici.

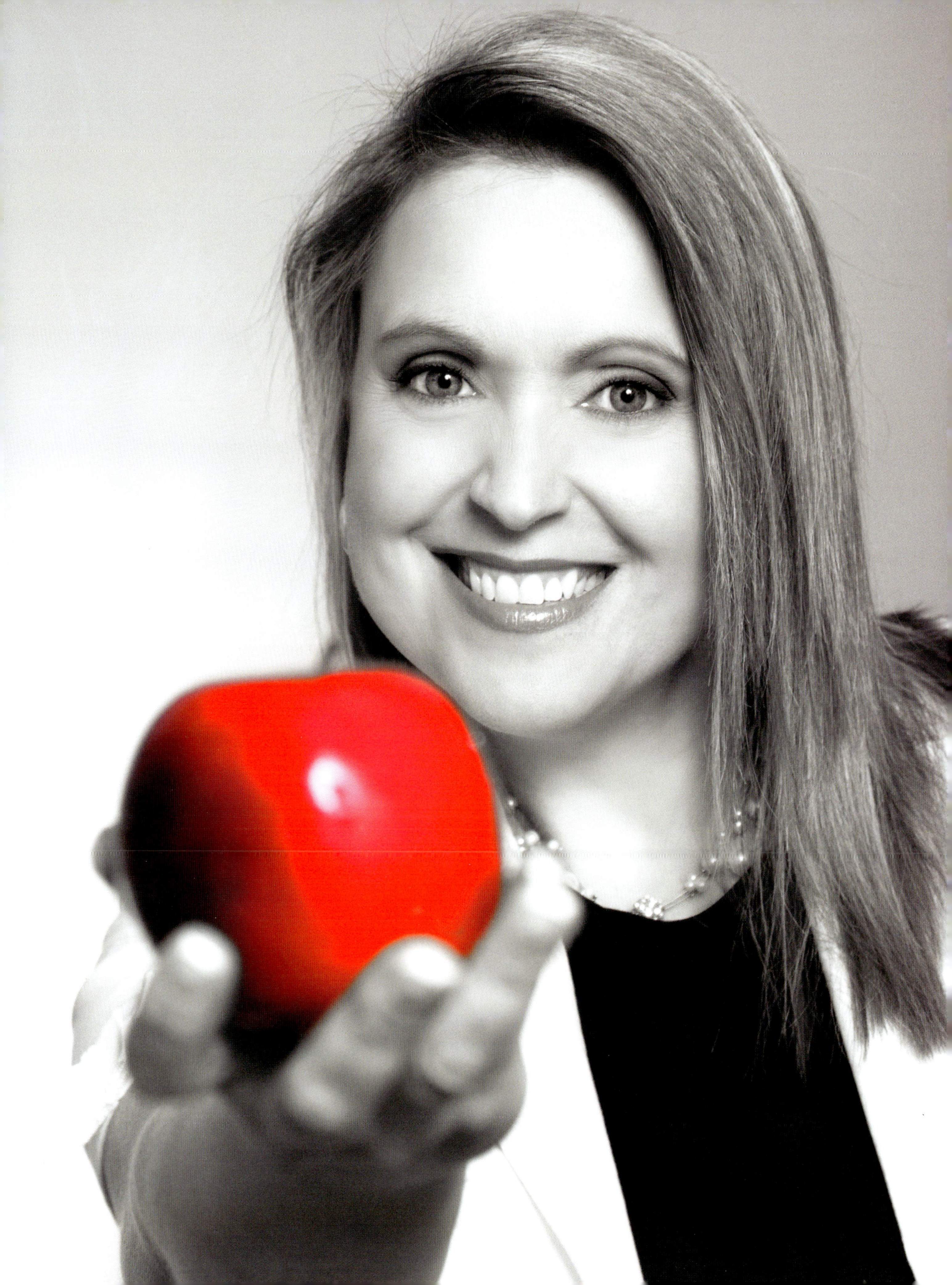

# **BIBLIOGRAPHIE**, SITES ET RÉFÉRENCES

abcdelices.com : Site d'information sur les aliments.

Association canadienne du diabète et Les diététistes du Canada : *Regardez l'étiquette.* Canada, 2007 [2 mai 2011]; En ligne : http://www.healthyeatingisinstore.ca/pdf/FR_RGB_FactSheet.pdf

Baribeau H. : *Le cancer se nourrit de sucre. Le saviez-vous ?* Canada, 2008 [2 mai 2011]; En ligne : http://blogue.passeportsante.net/helenebaribeau/2008/02/le_cancer_se_nourrit_de_sucre.html

Béliveau R., Gingras D. : *La Santé par le plaisir de bien manger.* Les Éditions du Trécarré. Montréal, 2009.

Berlingo A., Cometti V., Gasparini P., Marconi M., Smelkova L., Vassallo E. *Slow Food : Aux origines du goût.* Slow Food, Italie, 2009.

cardiopleinair.com : Site de références pour vous remettre en forme en plein air.

conseilsnutrition.tv : Site d'Isabelle Huot, nutritionniste.

Davis J. : *Breakfast and Weight Control.* États-Unis, 2009 [2 mai 2011]; En ligne : http://www.everydayhealth.com/health-report/healthy-breakfast/breakfast-and-weight-control.aspx

Davis J. : *The Importance of Eating Breakfast.* États-Unis, 2009 [2 mai 2011]; En ligne : http://www.everydayhealth.com/health-report/healthy-breakfast/importance-of-eating-breakfast.aspx

Dulan M. : *Healthy Choices for Eating Out.* États-Unis, 2009 [2 mai 2011]; En ligne : http://nutritionexpert.com/blog/2009/07/healthy-choices-for-eating-out/

Dulan M. : *How to Calculate Your Body's Water Needs!* États-Unis : Mitzi Dulan- America's Nutrition Expert; 2010 [2 mai 2011]; En ligne : http://nutritionexpert.com/blog/2010/11/how-to-calculate-your-bodys-water-needs/

Dulan M. : *Top Tips for Reading Nutrition Labels.* États-Unis, 2010 [2 mai 2011]; En ligne : http://nutritionexpert.com/blog/2010/03/top-tips-for-reading-nutrition-labels/

Emond I. : *La santé par les épices ?* Canada, 2008 [2 mai 2011]; En ligne : http://www.service-vie.com/bien-manger/aliments-et-supplements/la-sante-par-les-epices/a/527

Émond J. : *Bien manger à l'extérieur.* Plein Soleil Revue de Diabète Québec. 2003-2004.

extenso.com : Site de référence en nutrition de l'Université de Montréal.

Fondation des maladies du cœur : *Manger au restaurant.* Canada, 2011 [2 mai 2011]; En ligne : http://www.fmcoeur.com/site/c.ntJXJ8MMIqE/b.3562397/k.DC3/Mode_de_vie_sain__Manger_au_restaurant.htm

gitedelange.com : Site de Mélissa Pépin, chef et propriétaire du Gîte au lit de l'ange, qui a élaboré les recettes du livre.

harmoniesante.com : Site où vous retrouverez informations en nutrition.

Huot I. : *En savoir plus sur les protéines*. Canada, 2008-2011 [2 mai 2011];
En ligne : http://www.conseilsnutrition.tv/f-534_plus-sur-les-proteines.

Huot I. : *Fines herbes fraîches en folie*. Canada, 2008-2011 [2 mai 2011];
En ligne : http://www.conseilsnutrition.tv/f-71_fines-herbes-fraiches.

Huot I. : *Le sucre des fruits est-il meilleur pour la santé ?* Canada, 2008-2011 [2 mai 2011];
En ligne : http://www.conseilsnutrition.tv/f-359_sucre-fruits-sante.

Lliades C, MD. : *The Importance of Water in Your Diet Plan*. États-Unis : Everyday Health, Inc.; 2010 [2 mai 2011]; En ligne : http://www.everydayhealth.com/weight/the-importance-of-water-in-your-diet-plan.aspx.

Kashi : *Tout ce qu'il faut savoir sur les protéines*. 2011 [2 mai 2011];
En ligne : http://www.kashi.ca/fr/Articles/Article.aspx?id=118.

Kutlu N. : *10 trucs pour manger plus de légumes*. Canada, 2011 [12 mai 2011];
En ligne : http://styledevie.ca.msn.com/sante-mieux-etre/galeriedephotos.aspx?cp-documentid=22469437&page=1

Les diététistes du Canada : *Misez sur saveur et santé, partout où vous allez ! Au resto, au boulot ou sur la route... Manger mieux, C'est meilleur*. Canada, 2005.

Martory J, Evrard N. : *Le régime protéiné — régime hyperprotéiné*. Europe, 2011 [2 mai 2011];
En ligne : http://sante-az.aufeminin.com/w/sante/s110/nutrition/regime-proteine-hyperproteine/3.html

Moietcie : *Les vrais dangers du fast-food*. Moietcie. janvier 2009.

Nichols N. : *The Portion Distortion Guide — A List of Serving Sizes*. États-Unis, 2011 [2 mai 2011]; En ligne : http://www.sparkpeople.com/resource/nutrition_articles.asp?id=177

nutrisimple.com : Site où vous trouverez des informations nutritionnelles.

OPDQ.org : Site de l'Ordre professionnel des diététistes du Québec.

passeportsante.com : Site comprenant une foule d'informations en santé globale.

Protégez-vous. *Au restaurant*. Collection Protégez-vous — Guide pratique de l'alimentation : Bien acheter pour mieux manger. 2004.

Santé Canada : *Le tableau de la valeur nutritive - Qu'est-ce que le tableau de la valeur nutritive ?* Canada, 2010 [2 mai 2011]; En ligne : http://www.hc-sc.gc.ca/fn-an/label-etiquet/nutrition/cons/index-fra.php.

SOSCuisine.com : Site de menus et recettes santé et économiques.

TürlerInderbitzi S. : *Keep an eye on portion size*. NESTLÉ Professional Nutrition Magazine. 2007.

Une saine alimentation. Les bienfaits de l'eau. Canada, 2007 [3 mai 2011];
En ligne : http://www.saine-alimentation.com/2007/02/28/les-bienfaits-de-leau/

Winston C. : *Breakfast Importance — Start Your Day Right*. États-Unis, 2003-2011 [2 mai 2011]; En ligne : http://www.vegetarian-nutrition.info/nuggets/breakfast.php.

# GLOSSAIRE QUÉBEC-FRANCE

1 cuillère à thé – 1 cuillère à café

1 cuillère à soupe – 1 cuillère à table

1 lb – 454 g

1 oz – 1 once = 28 g

**B**

Bagel – pain en forme d'anneau

Biscuits sodas – craquelins, crackers

Bleuet – baie de l'Amérique du Nord qu'on peut remplacer par la myrtille

Bocconcinis – mozzarella moulée en petites boules

Boisson de soya – lait de soja

Bok choy – légume se situant entre le chou et la laitue

**C**

Canneberges – airelles, cranberries

Cari – curry

Cottage – fromage blanc

Courge – famille des potirons

Crème sure – crème aigre (on peut la faire soi-même en ajoutant un peu de citron à de la crème fraîche)

Crusine – alimentation crue

**F**

Farine de blé entier – farine type 110

Fettucine – tagliatelles

Filet de porc – filet mignon

**G**

Gruau – porridge, bouillie de flocons d'avoine

**H**

Huile de canola – huile de colza

**L**

Lime – citron vert

**M**

Maïs en crème – pour faire du maïs en crème, il faut une part de maïs pour deux parts d'eau. Porter l'eau à ébullition, puis ajouter le maïs avec un peu de sucre, un peu d'amidon de maïs et une pincée de sel. Faire bouillir le tout 5 à 7 minutes. S'il s'agit de maïs en conserve, il est préférable de le hacher grossièrement afin de libérer l'amidon.

Miso – aliment traditionnel en chine et au japon se présentant sous forme d'une pâte au goût très prononcé et très salé. Sa couleur varie du blanc crème au brun chocolat. Il est obtenu à partir de haricots de soja, de sel de mer et selon la fabrication de riz et d'orge.

Morue – cabillaud

## N

Noix de Grenoble – noix (fruit du noyer)

## P

Pacane – noix de pécan

Pain kaiser – pain spécial originaire du Québec qu'on peut remplacer par du pain ciabatta

Pain sous-marin – petit pain baguette

Panais – légume blanc ressemblant à la carotte

Pâte phyllo – on peut la remplacer par de la feuille de brick

Pétoncle – petite coquille Saint-Jacques

Poche (thé) – sachet

Pois mange-tout – pois gourmands

## R

Rutabaga – chou-navet

## S

Salsa – sauce épicée mexicaine à base de tomate

Sauce hoisin – sauce chinoise aussi appelée haixian

Sauce tamari – type de sauce soja

Barbotine – granité

Smoothie (lait frappé) – frappé aux fruits

## Y

Yogourt – yaourt

## Z

Zucchini – courgette

# INDEX GÉNÉRAL (ingrédients et autres)

**A**

**Ail en poudre** 83
**Amandes** 28, 29, 30, 33, 76, 138, 144, 155, 156, 160, 190, 194, 196
**Ananas** 150, 180, 188, 194, 196
**Aneth** 108, 192
**Anis étoilé** 22
**Asperges** 31, 36, 188
**Assiette Harmonie Santé** 5, 34
**Aubergine** 146
**Avocat** 26, 28
**Avoine** 21, 29, 33, 36, 37, 59, 64, 80, 133, 144, 155, 158, 160, 164, 166, 168, 170, 173, 194, 196, 204

**B**

**Bacon** 70
**Bagel** 21, 31, 184, 204
**Baguette de blé entier** 66, 68
**Banane** 21, 30, 173, 194, 26, 152, 170
**Barbecue** 83, 192, 205
**Barre de céréales** 196
**Barres tendres** 168
**Basilic** 24, 100, 118, 176, 180, 182, 186, 188, 192
**Beigne** 29
**Beurre d'amande** 30, 155, 168, 176
**Beurre d'arachide** 21, 32, 33
**Beurre de sésame** 176, 184
**Bleuets** 62, 148, 150, 158, 163, 166, 170, 173, 194, 196
**Bocconcinis** 68, 188, 204
**Bœuf** 80, 88, 100, 106, 113, 134, 143, 182, 186, 190, 192
**Boisson de soya** 18, 21, 30, 33, 34, 64, 76, 123, 148, 156, 158, 160, 182, 186, 194, 204
**Boisson gazeuse** 50
**Bok choy** 176, 182, 190, 204
**Bouillon de légumes** 38
**Bouillon de poulet** 66, 93, 140
**Boulgour** 21, 29, 37
**Brocoli** 38, 90, 110, 140, 180, 186, 190

**C**

**Café infusé chaud** 44
**Canneberges** 26, 158, 166, 180, 196, 204
**Cannelle** 26, 30, 64, 98, 100, 158, 196
**Cantaloup** 73, 150
**Cardamome** 26
**Cari** 76, 116, 184, 204
**Carottes** 38, 76, 126, 130, 155, 176, 182, 184, 192, 194
**Céleri** 86, 93, 100, 110, 126, 130, 133, 176, 180, 182, 184, 192, 194
**Céréales** 18, 26, 31, 33, 160, 196
**Champignons** 31, 84, 130, 136, 178, 182, 188, 190
**Châtaignes d'eau** 190
**Cheval** 186
**Chili** 118, 143
**Chocolat** 26, 28, 44, 168, 204
**Chou de Savoie** 190
**Chou râpé** 182
**Chou rouge râpé** 184
**Chou-fleur** 140, 176, 190
**Ciboulette** 25, 68, 178
**Citron** 17, 22, 42, 46, 50, 70, 73, 78, 88, 108, 113, 138, 152, 163, 166, 170, 173, 176, 178, 180, 184, 192, 194, 204
**Clou de girofle** 94
**Cocktails de jus** 26
**Collations** 5, 18, 31, 32, 33
**Compote de pommes** 158
**Concombre** 74, 130, 176, 178, 180, 184
**Coriandre** 182, 184
**Cornichons** 80, 133
**Courge à spaghetti** 100
**Courge musquée** 192
**Courge poivrée** 103

**Courgette** 114, 126, 205
**Couscous** 21, 29, 176
**Crabe émietté** 178
**Craquelins** 26, 28, 74, 76, 108, 176, 204
**Crème 15 % M.G.** 59, 123, 152
**Crème anglaise** 31, 62
**Crème fouettée** 150
**Crème sure** 120, 180, 204
**Crevettes** 130, 136, 188
**Croustade** 29
**Croûtons de grains entiers** 70, 73
**Crudités** 33
**Cumin** 94, 184
**Curcuma** 182, 184

**D**
**Dattes** 156, 158, 164, 168, 196
**Desserts au lait** 26
**Dinde** 190

**E**
**Eau citronnée** 17
**Eau de fleur d'oranger** 26
**Eau pétillante** 46, 48, 50, 192
**Échalote** 90, 136, 184, 186
**Endives** 180
**Épinards** 24, 31, 54, 104, 124, 176, 178, 180, 188, 194

**F**
**Farine d'épeautre** 60, 90, 114, 136, 138, 164, 166
**Farine de blé entier** 37, 59, 93, 123
**Farine de kamut** 140
**Farine de maïs** 93
**Farine de quinoa** 59, 60, 166, 168
**Feta** 188
**Fettucines** 123
**Feuilles de menthe** 59, 148, 152, 194
**Feuilles de pâte phyllo** 93, 110

**Fèves de soya** 32, 180
**Fèves rouges** 182
**Fibres** 36
**Filets de sole** 138
**Fines herbes** 24, 25, 38, 100, 128, 134, 143, 144, 186, 203
**Fleur de sel** 24
**Flocons d'avoine** 64, 80, 133, 144, 160, 164, 168, 194, 204
**Flocons d'érable** 64
**Flocons de quinoa** 76
**Fraises** 33, 148, 150, 152, 173, 194, 196
**Framboises** 33, 50, 62, 173, 194, 196
**Frites** 29, 73, 88, 94, 96, 98, 114, 146
**Fromage cottage** 31, 32, 33, 103, 188, 194
**Fromage de chèvre** 31
**Fromage de noix** 176
**Fromage en grains** 88
**Fromage gruyère** 184
**Fromage mozzarella** 110
**Fromage râpé** (20 % M.G. et Moins) 66, 70, 104, 136
**Fromage ricotta** 178, 188
**Fruits de mer** 21, 32, 136, 182, 186
**Fruits séchés** 26, 196
**Fruits surgelés** 22

**G**
**Garniture au thon** 184
**Garniture aux œufs** 184
**Gélatine** 150
**Germe de blé** 30
**Gingembre** 26, 113, 180, 182
**Gourganes** 182
**Gousse d'ail** 70, 94, 128, 133, 134, 143, 144, 146, 176
**Graines de chia** 26, 28, 30, 194
**Graines de lin** 26, 28, 30, 33, 59, 64, 160, 164, 170, 173, 180, 194, 196
**Graines de pavot** 190

Graines de sésame 25, 180
Graines de tournesol 33
Graines écalées 21
Granola 31, 33
Gruau 26, 29, 30, 64, 155, 204
Guacamole 26, 28, 176

**H**
Hamburger 38, 80, 96, 133
Haricots blancs 180, 186
Haricots noirs 182
Haricots verts 73
Herbes de Provence 25, 146, 186
Houmous 33, 74, 176, 184
Huile d'olive 78, 180, 184, 186, 188, 190
Huile du Périgord 186
Huile de sésame 190
Huile pimentée 188

**I**
Igname 21, 204

**J**
Jus d'orange 150, 190, 194
Jus de citron 17, 50, 70, 78, 88, 113, 152, 163, 166, 176, 178, 184
Jus de fruits 22, 46
Jus de légumes 106, 182
Jus de tomates 134, 143

**K**
Ketchup 83, 134
Kiwis 150, 194, 196

**L**
Laitue 36, 38, 70, 73, 80, 83, 96, 114, 130, 176, 180, 184, 204
Légumes féculents 21
Légumes feuillus cuits 21
Légumes frais ou surgelés 21

Légumineuses cuites 21
Lentilles germées 176
Lime 22, 192, 194, 204
Luzerne 96, 133, 184, 194

**M**
Macaronis de blé entier 90
Maïs en crème 86, 204
Maïs en épi 192
Mangue 194
Marinade 88, 116, 192
Marinade italienne 192
Mayonnaise 70, 180, 184
Mélasse 196
Menthe fraîche 130
Miel 26, 62, 83, 94, 103, 152, 168, 180, 188, 192, 196
Minéraux 15, 22, 33, 38
Miso 38, 182, 204
Morue 178
Moutarde 24, 70, 78, 80, 94, 108, 114, 180, 184, 188, 192
Muesli 31, 33
Muffins 7, 26, 31, 38, 52, 158, 166
Muffins anglais 52
Mûres 26, 56, 152, 170, 194, 196
Muscade 26, 110, 156, 196

**N**
Navet 205
Noix 14, 15, 21, 26, 28, 30, 31, 32, 33, 34, 144, 160, 176, 180, 186, 188, 190, 192, 194, 196, 204, 205
Noix d'acajou 192
Noix de coco 26, 28
Noix de Grenoble 26, 28, 33, 186, 194, 196, 204
Noix de pin 180, 186, 190, 192

**O**
Œuf 21, 32, 33, 52, 60, 80, 93, 106, 108, 114, 155, 158, 184

**Oignon jaune** 56, 83, 86, 93, 96, 100, 108, 116, 146
**Oignon rouge** 54, 104, 146
**Oignons perlés** 178
**Olives** 26, 28, 184, 188
**Orange** 22, 36, 46, 78, 150, 156, 163, 178, 180, 190, 194, 196
**Orge cuite** 182
**Orge mondé** 36, 190
**Origan** 86, 94, 118, 120, 186

**P**

**Pacanes** 173, 190
**Pain ciabatta** 184, 188, 205
**Pain de blé entier** 36, 94, 180
**Pain de grains entiers** 33
**Pain de viande** 38, 106, 144
**Pains à hamburger multigrains** 80, 133
**Pains pitas** 33, 74, 104, 126
**Pains sous-marins de blé entier** 116
**Palourdes** 182
**Pamplemousse** 26, 178, 180
**Panais** 21, 205
**Paprika** 24, 86, 98, 182
**Parmesan râpé** (20 % M.G. et moins) 70, 90
**Patates douces** 24, 34, 88, 96, 98, 106, 108, 113, 192
**Pâtes de blé entier** 37, 128, 143
**Pêches** 24, 196
**Persil frais** 68, 74, 90, 94, 100, 178
**Pesto** 68, 176, 186, 188, 192, 204
**Pétoncles** 136, 182, 190
**Pistaches** 103
**Pita** 21, 33, 126, 176, 188
**Pizza** 41, 84, 104, 116, 188
**Poireau** 93
**Poires** 56, 194, 196
**Pois chiches** 32, 36, 113, 144, 146, 176, 180, 182, 184
**Pois mange-tout** 116, 186, 190, 205

**Pois surgelés** 93
**Pois verts** 21, 36
**Poisson** 17, 29, 32, 96, 130, 178, 192
**Poisson pané** 29, 96
**Poissons gras** 26, 28
**Poivre de cayenne** 25
**Pommes** 24, 26, 29, 30, 34, 83, 86, 106, 113, 136, 158, 178, 192, 194, 196
**Pommes de terre** 24, 34, 86, 106, 113, 136, 192
**Porc** 140, 186, 192
**Pouding** 26, 156
**Poudre à pâte** 60, 158, 166, 205
**Poudre d'ail** 24, 123, 136, 180
**Poudre d'oignon** 24, 123, 186, 192
**Poudre de bouillon de bœuf** 106
**Poudre de cari** 116
**Poudre de chili** 118, 143
**Poulet** 29, 66, 84, 93, 94, 104, 120, 126, 140, 178, 180, 182, 186, 188, 190, 192
**Poutine** 29, 41, 88
**Prosciutto** 188
**Pruneaux** 26
**Psyllium en flocons** 36
**Punchs** 26
**Purée d'avocat** 26, 28, 176, 178
**Purée d'olive** 26, 28
**Purée de fruits** 26

**Q**

**Quinoa** 21, 36, 37, 59, 60, 76, 90, 94, 100, 113, 114, 136, 138, 140, 155, 164, 166, 168, 180, 182, 190, 194, 196

**R**

**Raisins rouges ou verts** 33, 150
**Raisins secs** 26, 156, 158
**Relish** 184
**Riz brun** 21, 37, 134, 138, 143, 146, 156, 182, 190
**Riz sauvage** 37, 190

**Romarin** 98
**Roquette** 176, 178, 180, 188
**Rutabaga** 205

**S**

**Salière sans sel** 25
**Salsa** 104, 143, 205
**Sarrasin** 21, 194, 196
**Sauce au poisson** 130
**Sauce aux tomates** 186
**Sauce barbecue** 192, 205
**Sauce hoisin** 190, 192, 205
**Sauce rosée** 186
**Sauce soya** 116, 130, 180, 190, 192
**Sauce tabasco** 108, 178
**Sauce tamari** 76, 130, 133, 144, 176, 205
**Sauce thaïe** 190
**Sauce tomate** 29, 84, 144, 188
**Sauce Worcestershire** 70
**Saucisses** 83
**Saumon** 96, 108, 124, 178, 180, 184, 188
**Simili bacon** 70
**Sirop d'érable** 26, 31, 46, 48, 60, 140, 152, 155, 158, 168, 196
**Smoothie** 30, 33, 148, 194, 205
**Son d'avoine** 33, 36, 37, 158, 160, 168, 170, 173, 194, 196
**Son de blé** 36, 37
**Soupes-repas** 182
**Spaghettis** 186
**Sucettes glacées** 170, 173
**Sucre d'érable** 60, 62, 148

**T**

**Tableaux de créations culinaires** 175
**Taboulé** 176
**Tahini** 176
**Tapenade** 26, 28
**Tapioca** 26
**Tartinades de légumineuses** 33

**Tempeh** 176
**Thé vert** 22, 194
**Thon** 24, 68, 178, 180, 184
**Thym frais** 178
**Thym séché** 66, 96
**Tofu** 21, 32, 38, 84, 88, 100, 106, 116, 133, 173, 176, 182, 186, 190, 192, 194, 196
**Tomate** 29, 52, 74, 80, 83, 84, 96, 100, 114, 120, 144, 178, 184, 186, 188, 205
**Tortillas** 84, 120

**V**

**Vanille** 26, 33, 59, 62, 148, 155, 166, 194
**Veau** 182, 186, 190
**Végé-pâté** 33, 76, 176, 184
**Vermicelles de riz brun** 146
**Viande hachée** 100, 186
**Vin** 17, 46, 136, 148, 163, 180, 192, 194
**Vinaigre** 73, 83, 180, 184, 190, 192
**Vinaigrette** 70, 73, 78, 180
**Vinaigrette italienne** 180
**Vinaigrette ranch** 180
**Volailles** 21, 176

**Y**

**Yogourt grec** 30, 31, 32, 33, 38, 170, 178, 194
**Yogourt nature** 31, 33, 59, 68, 70, 126, 148, 163, 166, 180, 184, 194

**Z**

**Zeste d'orange** 156, 163, 178
**Zeste de citron** 22, 73, 138, 163, 194

# INDEX VISUEL DES RECETTES

Biscuit ou barre tendre aux carottes, à l'avoine et au quinoa — 155

Carrés aux dattes oméga-3 — 164

Biscuits ou barres tendres découvertes — 168

Céréales matinales — 160

Boisson gazeuse aux baies rouges — 50

Chili aux haricots rouges — 118

Bouchées de houmous aux légumes — 74

Chili con carne — 143

Bruschetta au thon — 68

Club sandwich œuf et courgette — 114

Café chocolat simple — 44

Coquille Saint-Jacques — 136

211

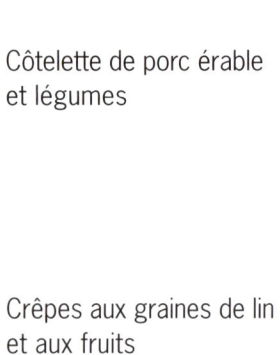

| | | | |
|---|---|---|---|
| Côtelette de porc érable et légumes | 140 | Fabuleuses galettes de pois chiches et quinoa | 113 |
| Crêpes aux graines de lin et aux fruits | 59 | Fajitas au poulet | 120 |
| Croque-monsieur inusité | 124 | Fettucine Alfredo léger | 123 |
| Croquettes de patates douces et de saumon | 108 | Filets de sole amandine | 138 |
| Déli-burger semi-végétarien | 80 | Gaufres maison de grains entiers | 60 |
| Dessert glacé | 152 | Gélatine aux fruits maison | 150 |

| | | | |
|---|---|---|---|
| Glace veloutée au tofu et aux fruits | 173 | Lasagne de courge rôtie au cottage et aux pistaches | 103 |
| Gruau fruité | 64 | Le Mélis sandwich au fromage grillé | 56 |
| Hamburger de saumon pané | 96 | Limonade peu sucrée | 48 |
| Hamburger végétarien | 133 | Macaroni au fromage et au brocoli | 90 |
| Hot dog maison | 83 | Muffins au quinoa et aux bleuets ou canneberges | 166 |
| Lait frappé aux petits fruits | 148 | Muffin au son d'avoine et aux pommes | 158 |

| | | | | |
|---|---|---|---|---|
| Omelette santé aux épinards | 54 | | Pâté chinois aux lentilles économique | 86 |
| Pain de viande écono-délicieux | 106 | | Pizza poulet, salsa et épinards | 104 |
| Pain doré aux raisins et aux fruits | 62 | | Pizza santé délice | 84 |
| Pain similiviande surprise | 144 | | Pouding au riz nutritif | 156 |
| Patates douces frites au four | 98 | | Poutine au tofu surprenante | 88 |
| Pâté au poulet à la phyllo | 93 | | Quiche brocoli céleri | 110 |

| | | | |
|---|---|---|---|
| Ratatouille mini | 146 | Sandwich petit-déjeuner ouvert aux œufs | 52 |
| Rouleau de printemps | 130 | Sangria express | 46 |
| Salade César simplifiée | 70 | Sauce à spaghetti à la tomate, à la viande et au quinoa | 100 |
| Salade de fruits au yogourt | 163 | Sauce à spaghetti aux lentilles | 128 |
| Salade de haricots verts, cantaloup et romaine | 73 | Savoureux pita au poulet | 126 |
| Sandwich de grillades de tofu et de légumes au cari | 116 | Soupe à l'oignon gratinée | 66 |

215

| | |
|---|---|
| Succulents poivrons farcis semi-végétariens 134 | Vinaigrette passe-partout 78 |
| Tendres cuisses de poulet croustillantes 94 | Yogourt grec en coupe ou en barre glacée 170 |
| Thé simple citronné 42 | |
| Végé-pâté ensoleillé 76 | |